Políticas públicas bem-sucedidas

LIÇÕES PARA PROMOVER O BEM COMUM

Este livro foi revisado segundo o Novo Acordo Ortográfico da Língua Portuguesa.

Direção editorial
Lizandra Magon de Almeida

Assistência editorial
Maria Ferreira

Preparação de texto
Sandra Silva

Revisão
Equipe Jandaíra

Capa, projeto gráfico e diagramação
Debs Bianchi | Biancheria

Dados Internacionais de Catalogação na Publicação (CIP) (Câmara Brasileira do Livro, SP, Brasil)

Políticas públicas bem-sucedidas : lições para promover o bem comum / organização e apresentação Marcos Mendes. -- 1. ed. -- São Paulo : Editora Jandaíra, 2025.

Vários autores. Bibliografia.

ISBN 978-65-5094-102-4

1. Direitos fundamentais sociais 2. Políticas públicas - Brasil 3. Sociedade - Brasil I. Mendes, Marcos.

24-213281 CDD- 361.61

Índices para catálogo sistemático:

1. Políticas públicas e garantia de direitos 361.61

Aline Graziele Benitez - Bibliotecária - CRB-1/3129

jandaíra

Rua Vergueiro, 2087 cj. 306 • 04101-000 • São Paulo, SP

11 3062-7909 editorajandaira.com.br

Editora Jandaíra @editorajandaira

Bruno Funchal, Bruno Kawaoka Komatsu, Camila Dias de Sá, Cristine Pinto, Eduardo Fagundes, Fernanda K. Lemos, Fernando B. Meneguin, Gabriela Fonseca, Joana Monteiro, João Manoel Pinho de Mello, Julia Guerra, Leandro Gilio, Marcos S. Jank, Mariane Crespolini, Naercio Aquino Menezes Filho, Natália Marchi, Paulo Furquim de Azevedo, Pedro Souza, Priscila Borin de Oliveira Claro, Sandro Cabral, Thayla Soares, Vinícius Botelho, Vladimir Ponczek

Políticas públicas bem-sucedidas

LIÇÕES PARA PROMOVER O BEM COMUM

Organização e apresentação: Marcos Mendes

1ª edição

jandaíra

Sumário

Biografias

Bruno Funchal é economista formado na Universidade Federal Fluminense (UFF), com doutorado em economia pela Escola Brasileira de Economia e Finanças da Fundação Getulio Vargas (FGV-EPGE) e pós-doutorado no Instituto de Matemática Pura e Aplicada (IMPA). Foi Secretário de Fazenda do estado do Espírito Santo (ES), Secretário do Tesouro Nacional e Secretário Especial do Tesouro e Orçamento. Atualmente, é CEO do Bradesco Asset Management.

Bruno Kawaoka Komatsu é pesquisador na Cátedra Ruth Cardoso e professor no Programa Avançado em Gestão Pública do Insper. Participa do Centro Brasileiro de Pesquisa Aplicada à Primeira Infância (CPAPI) e contribui com o Núcleo Ciência pela Infância (NCPI). Doutor e mestre em Teoria Econômica (2019 e 2013) pela Faculdade de Economia, Administração e Contabilidade da Universidade de São Paulo (FEA-USP), possui graduação em Ciências Sociais (2006) pela Faculdade de Filosofia, Letras e Ciências Humanas da Universidade de São Paulo (FFLCH-USP).

Camila Dias de Sá é gerente executiva do compromisso setorial Soy Roadmap to 1.5°C. Foi professora e pesquisadora no Insper Agro Global e assessora ad-hoc do Diálogo Agro-Político Brasil-Alemanha. É especialista em agronegócios com ênfase no nexo agroambiental, comércio internacional e coordenação de sistemas agroindustriais. Engenheira Agrônoma pela Escola Superior de Agricultura Luiz de Queiroz da Universidade de São Paulo (ESALQ-USP), com período de intercâmbio acadêmico na Universidade de Wageningen (WUR) na Holanda. Mestre e doutora em administração e economia das organizações pela Faculdade de Economia, Administração e Contabilidade da Universidade de São Paulo (FEA-USP).

Cristine Pinto é professora titular do Insper. Possui graduação em Ciências Econômicas pela Universidade Federal de Minas Gerais (UFMG), mestrado em Economia pela Pontifícia Universidade Católica do Rio de Janeiro (PUC-Rio), mestrado em Estatística e PhD em Economia pela Universidade da Califórnia, Berkeley. Pesquisa em Econometria Teórica e Economia da Educação.

Eduardo Fagundes é mestre em Economia pela Pontifícia Universidade Católica do Rio de Janeiro (PUC-Rio) e doutorando pela Universitat Pompeu Fabra de Barcelona. Foi pesquisador do Centro de Pesquisas do Ministério Público do Rio de Janeiro e é colaborador do Centro de Ciência Aplicada à Segurança Pública da Fundação Getulio Vargas (FGV).

Fernanda Kesrouani Lemos é PhD em Administração pela Faculdade de Economia, Administração e Contabilidade da Universidade de São Paulo (FEA-USP). Coordenadora executiva e pesquisadora associada ao Metricis e York University (Canadá). Possui experiência profissional em organizações privadas e como consultora de empresas, governos e organizações multilaterais no Brasil e no exterior no âmbito da promoção de sustentabilidade, inovação e bem-estar social.

Fernando B. Meneguin é doutor em Economia pela Universidade de Brasília (UnB) e realizou pós-doutorado em Análise Econômica do Direito pela Universidade da Califórnia, Berkeley. É Consultor Legislativo do Senado na área de Políticas Microeconômicas. É também Consultor Sênior da Charles River Associates e professor do Instituto Brasileiro de Ensino, Desenvolvimento e Pesquisa (IDP).

Gabriela Fonseca é doutora em Economia pela Escola de Economia de São Paulo da Fundação Getulio Vargas (FGV-EESP), mestre em Economia Aplicada pela Universidade de São Paulo - campus de Ribeirão Preto (FEARP-USP) e bacharel em Ciências Econômicas pela Universidade de São Paulo (USP). Dá aulas na graduação da FGV-EESP desde 2017 e se tornou coordenadora do curso em 2023. Trabalha com pesquisa aplicada em Economia da Educação.

Joana Monteiro é mestre e doutora em Economia pela Pontifícia Universidade Católica do Rio de Janeiro (PUC-Rio) e coordenadora do Centro de Ciência Aplicada à Segurança Pública da Fundação Getulio Vargas (FGV), na Escola Brasileira de Administração Pública e de Empresas da Fundação Getulio Vargas (FGV-EBAPE). Foi presidente do Instituto de Segurança Pública do governo do estado do Rio de Janeiro e coordenadora do Centro de Pesquisas do Ministério Público do Rio de Janeiro.

João Manoel Pinho de Mello é graduado em Administração Pública pela Fundação Getulio Vargas (FGV), mestre em Economia pela Pontifícia Universidade Católica do Rio de Janeiro (PUC-Rio) e PhD em Economia pela Stanford University. É professor de Políticas Públicas da Escola de Economia de São Paulo da Fundação Getulio Vargas (FGV-EESP) e sócio do Opportunity Asset Management. Foi Assessor Especial para Reformas Microeconômicas no Ministério da Fazenda e Diretor de Organização do Sistema Financeiro e Resolução do Banco Central do Brasil.

Julia Guerra é mestre em Economia pela Universidade Federal do Rio de Janeiro (UFRJ) e doutoranda em Administração Pública e Governo na Escola de Administração de Empresas de São Paulo da Fundação Getulio Vargas (FGV). Atuou como gerente executiva do Centro de Ciência Aplicada à Segurança Pública da Fundação Getulio Vargas (FGV), subcoordenadora do Centro de Pesquisas do Ministério Público e analista de políticas públicas no Instituto de Segurança Pública, todos no estado do Rio de Janeiro.

Leandro Gilio é pesquisador e professor do Insper Agro Global. Economista formado pela Faculdade de Economia, Administração e Contabilidade de Ribeirão Preto da Universidade de São Paulo (FEARP-USP), mestre e doutor em Economia Aplicada pela Escola Superior de Agricultura Luiz de Queiroz da Universidade de São Paulo (ESALQ-USP). Foi pesquisador da equipe de macroeconomia do Centro de Estudos Avançados em Economia Aplicada (CEPEA-ESALQ-USP), pesquisador Doutor do Instituto de Pesquisa Econômica Aplicada (IPEA), professor da Universidade Federal de São Carlos (UFSCar) e consultor do Ministério da Agricultura e Pecuária.

Marcos Mendes é graduado e mestre em Economia pela Universidade de Brasília (UnB) e doutor em Economia pela Faculdade de Economia, Administração e Contabilidade da Universidade de São Paulo (FEA-USP). É Consultor-Legislativo do Senado licenciado. Trabalhou no Tesouro Nacional e no Banco Central. Pesquisador Associado do Insper, foi Chefe da Assessoria Especial do Ministro da Fazenda durante as gestões de Henrique Meirelles e Eduardo Guardia. Estuda finanças públicas, federalismo fiscal e economia política de reformas econômicas. É colunista da Folha de S. Paulo.

Marcos Sawaya Jank é professor sênior de agronegócio global do Insper e coordenador do Insper Agro Global. Foi presidente da União da Indústria de Cana-de-Açúcar e Bioenergia (UNICA) e do Instituto de Estudos do Comércio e Negociações Internacionais (ICONE). Engenheiro Agrônomo formado pela Escola Superior de Agricultura Luiz de Queiroz da Universidade de São Paulo (ESALQ-USP), mestre em Política Agrícola pela Universidade de Montpellier, na França, doutor pela Faculdade de Economia, Administração e Contabilidade da Universidade de São Paulo (FEA-USP) e livre-docente na ESALQ-USP. Atua com agronegócio há mais de 35 anos e atualmente é membro do conselho de várias empresas do setor.

Mariane Crespolini dos Santos é graduada em Gestão Ambiental pela Escola Superior de Agricultura Luiz de Queiroz da Universidade de São Paulo (ESALQ/USP). Doutora em Desenvolvimento Econômico pela Universidade Estadual de Campinas (Unicamp), com pesquisa desenvolvida na Universidade de Edimburgo, na Escócia. Foi pesquisadora no Centro de Estudos Avançados em Economia Aplicada (CEPEA-USP). Foi diretora do Departamento de Sustentabilidade do Ministério da Agricultura. Professora na Fundação Getulio Vargas (FGV) e produtora rural.

Naercio Menezes Filho é professor titular da Cátedra Ruth Cardoso no Insper, professor associado da Faculdade de Economia, Administração e Contabilidade da Universidade de São Paulo (FEA-USP), membro titular da Academia Brasileira de Ciências e da Ordem Nacional do Mérito Científico, diretor do Centro Brasileiro de Pesquisa Aplicada à Primeira Infância (CPAPI) e Colunista do jornal Valor Econômico.

Natália Marchi é doutora em Economia pela Escola de Economia de São Paulo da Fundação Getulio Vargas (FGV-EESP) (2020). Graduada em Ciências Econômicas pela Faculdade de Economia, Administração e Contabilidade de Ribeirão Preto da Universidade de São Paulo (FEARP-USP) (2015) e em Direito pela Universidade Estadual Paulista (UNESP) (2007). Antes de cursar economia, foi advogada associada do escritório Veirano Advogados. Atualmente, dá aulas na graduação da FGV-EESP e é pesquisadora na área de Microeconomia Aplicada, com ênfase em Economia da Educação.

Paulo Furquim de Azevedo é professor titular da Cátedra Família Martinez-Goldberg e coordenador do Centro de Regulação e Democracia (CRD). Doutor em Economia pela Universidade de São Paulo (USP), foi também professor visitante no Instituto de Tecnologia de Massachusetts (MIT), pesquisador visitante na Universidade da Califórnia em Berkeley e Conselheiro do Conselho Administrativo de Defesa Econômica (CADE) de 2006 a 2009. Dedica-se às áreas de regulação, defesa da concorrência e Law and Economics.

Pedro C. L. Souza é PhD em Economia pela London School of Economics e professor associado da Universidade Queen Mary, em Londres, no Reino Unido. Anteriormente, foi professor da Universidade de Warwick e da Pontifícia Universidade Católica do Rio de Janeiro (PUC-Rio), onde também realizou seu mestrado. Sua pesquisa concentra-se em tópicos relacionados à avaliação de políticas públicas, em particular nas áreas de segurança, crime e policiamento.

Priscila Borin de Oliveira Claro é diretora de graduação e professora associada no Insper. É líder do Núcleo de Sustentabilidade e Negócios. Doutora em Administração pela Universidade Federal de Lavras (UFLA), mestre em Ciências Ambientais pela Universidade de Wageningen, na Holanda (2002), e bacharel em Administração de Empresas pela Universidade Federal de Lavras (UFLA) (2000).

Áreas de especialização: Estratégia e Sustentabilidade Corporativa, Amazônia e Clima, Objetivos de Desenvolvimento Sustentável (ODS) e ESG.

Sandro Cabral é professor de Estratégia e Gestão Pública no Insper e possui uma afiliação adicional à Universidade Federal da Bahia (UFBA). Aplica perspectivas de gestão estratégica para enfrentar desafios sociais relevantes, com o objetivo de beneficiar populações desfavorecidas e, ao mesmo tempo, aprimorar o desempenho organizacional. Tem publicado nos principais periódicos internacionais da área de Administração. Atualmente, é editor associado do periódico Academy of Management Perspectives e atua como assessor científico da Fundação de Amparo à Pesquisa do Estado de São Paulo (FAPESP), além de ser bolsista de produtividade do Conselho Nacional de Desenvolvimento Científico e Tecnológico (CNPq) desde 2010.

Thayla Amanda Soares é graduada em Economia pela Universidade Federal do ABC (UFABC) e doutoranda em Economia dos Negócios pelo Insper. Dedica-se ao estudo de políticas públicas urbanas, como saneamento básico e planejamento urbano.

Vinícius Botelho é graduado em Economia pelo Insper, mestre em Economia pela Pontifícia Universidade Católica do Rio de Janeiro (PUC-Rio) e doutorando em Economia pelo Insper. Foi secretário nacional nos Ministérios do Desenvolvimento Social e da Cidadania, além de pesquisador e consultor nas áreas de avaliação de políticas públicas, economia do setor público e desenvolvimento econômico.

Vladimir Ponczek possui graduação em Economia pela Universidade de São Paulo (USP) (1998), mestrado em Economia pela Universidade de São Paulo (USP) (2002) e doutorado em Economia pela Universidade de Princeton (2007). Atualmente, é professor associado na Escola de Economia de São Paulo da Fundação Getulio Vargas (FGV-EESP). Tem experiência na área de Economia, com ênfase em Economia da Educação e Economia do Trabalho. É coordenador do LEARN - Lab for Evaluation, Analysis da FGV.

Apresentação

Marcos Mendes

Em 2022 foi publicado, sob minha organização, um livro sobre políticas públicas que deram maus resultados e, com isso, prejudicaram o bem-estar da população brasileira[1]. Uma das reações ao livro, que recebi, foi a de que era preciso mostrar o outro lado da moeda: políticas bem-sucedidas. Aceitei o desafio, e aqui está um livro que mostra 11 casos de políticas públicas que contribuíram para melhorar o bem-estar dos brasileiros.

Cada um dos capítulos é escrito por especialistas de ponta nos temas abordados, os quais gentilmente aceitaram o convite para participar da publicação.

Ao ler os capítulos, o leitor poderá fazer uma lista de condições necessárias para que se tenha uma política pública eficaz. Essa lista é um tanto óbvia, mas difícil de ser cumprida na prática. Os capítulos mostram as dificuldades e os esforços para contorná-las.

Em primeiro lugar, **a política pública deve se originar de um problema concreto a ser resolvido, e que requeira intervenção pública para tal,** seja por envolver bens públicos (de difícil comercialização privada), externalidades, redução de pobreza ou desigualdade, ou outras das razões que a teoria de finanças e de políticas públicas identifica como de difícil solução pelo mercado privado. Ou seja, o setor público deve entrar onde há questões que as organizações privadas da sociedade não conseguem resolver.

Infelizmente, muitas políticas públicas malsucedidas, analisadas no livro anterior, originaram-se de interesses de grupos organizados, que conseguiram encontrar justificativas supostamente meritórias para colocar na lei regras que, na verdade, tinham por objetivo principal garantir benefícios privados. Não havia uma falha de mercado ou um problema

1 MENDES, Marcos. *Para não esquecer: políticas públicas que empobrecem o Brasil.* Rio de Janeiro: Ed. Insper/Brava/Autografia, 2022.

distributivo claramente identificado a ser resolvido. Blindar as políticas públicas desse tipo de distorção não é trivial.

O capítulo deste novo livro sobre o marco legal do saneamento ilustra um caso em que se removeu uma distorção dessa natureza: o viés da legislação em favor das companhias estatais de saneamento, o que dificultava a entrada de empresas privadas no setor, retardando os investimentos e a redução no déficit de fornecimento de água e de coleta e tratamento de esgoto.

Planejamento e cuidadoso processo de implementação também fazem diferença. No capítulo sobre o uso de câmeras corporais por policiais, por exemplo, temos dois casos bem planejados e bem-sucedidos, em São Paulo e Santa Catarina, e outro menos cuidadoso, no Rio de Janeiro, que parece não ter dado resultado. No Rio, sequer havia dados suficientes para avaliação da política.

Uma coisa é colocar câmeras na farda dos policiais e mandá-los para as ruas. Outra coisa é estabelecer o protocolo de uso, treinar os policiais, adaptar o desenho do fardamento, introduzir gradualmente o uso com grupos de controle, para permitir a avaliação da política, instalar e gerir equipamentos de arquivamento e classificação de imagens, utilizar as imagens como ferramenta de treinamento, de promoção e de punição etc.

O mesmo se observa na política de ensino médio em tempo integral. Não basta ampliar o tempo em sala de aula, é preciso redesenhar o processo de ensino. Iniciativas do Estado de São Paulo e do Governo Federal que só estenderam a jornada, sem mudanças pedagógicas ou de gestão, não mostraram resultados. Já a iniciativa pernambucana teve planejamento cuidadoso, com mudança nos critérios de seleção de diretores, incentivos aos professores, indicadores e avaliações, redesenho de conteúdos e horários de estudo orientados. O resultado aferido, neste caso, foi positivo, e o modelo passou a ser copiado por uma nova iniciativa do próprio Governo Federal.

No caso de parcerias público-privadas (PPP), temos dois exemplos relacionados à gestão de estádios de futebol: um projeto bem desenhado na Bahia prosperou, enquanto outro, frágil, em Pernambuco, naufragou.

O Plano de Agricultura de Baixo Carbono é um dos casos retratados neste livro que não contou com uma estratégia de avaliação que permitisse isolar os seus efeitos de outros fatores que também contribuíram para menor emissão de gases. Os autores mostram como isso dificulta a identificação de como e onde melhorar a política pública.

Não adianta, portanto, ter uma boa ideia e correr para implementá-la. A mesma ideia pode dar ótimos ou péssimos resultados. Faz muita diferença o desenho da política, a avaliação ex-ante, a criação de condições para que haja estatísticas e métodos que viabilizem uma avaliação ex-post, o cuidado com os detalhes no desenho.

Uma boa prática é estar atento aos avanços teóricos e práticos ao redor do mundo. Quando queremos resolver um problema, a primeira pergunta deve ser sobre como outros países estão resolvendo tal problema, o que a teoria tem a dizer sobre como resolvê-lo.

As políticas mostradas neste livro estão todas baseadas em teoria e prática internacional. Contudo, **o contexto em que são aplicadas também importa muito.** O capítulo que descreve o sucesso do Cadastro Único para Programas Sociais (CadÚnico), por exemplo, mostra que em alguns países a elegibilidade de uma família para programas sociais é baseada em modelos estatísticos de predição de vulnerabilidade. No entanto, o governo brasileiro preferiu usar a autodeclaração de renda que facilitava o cadastramento a baixo custo, mas, a princípio, enfrentava o problema de facilitar a manipulação pelos candidatos a benefícios sociais, levando à inclusão de pessoas não pobres.

Esse problema, contudo, foi minorado pelo uso de estratégias que desestimulam declarações falsas, associado à checagem por meio de cruzamento de bases de dados. Com esses procedimentos, o Programa Bolsa Família está entre as experiências internacionais mais bem-sucedidas na focalização de transferência de renda.

No caso das práticas de agricultura de baixo carbono, o desenvolvimento de tecnologia adaptada às condições climáticas locais fez do Brasil um dos pioneiros na técnica de plantio direto. O clima quente e úmido dispensa a necessidade de revolver a terra, como nas regiões mais frias. A técnica requer menos irrigação, uso mais reduzido de fertilizantes e emite menos gases.

Um diagnóstico adequado quase sempre identifica múltiplas causas para um problema, o que exige que as políticas públicas atuem em diferentes frentes, não havendo balas de prata. A redução de desmatamento na Amazônia não pode ser obtida apenas mediante repressão, sendo necessárias, também, políticas de ordenamento fundiário e rural, além de incentivos a atividades produtivas que substituam a renda obtida pela via do desmatamento. Da mesma forma, não basta dar crédito subsidiado para estimular o uso de tecnologias agrícolas de baixo carbono. É preciso difundir essas novas tecnologias, capacitar agentes técnicos, fazer um trabalho de assistência técnica e extensão rural, disponibilizar insumos.

Políticas com boa fundamentação teórica e sucessos práticos já observados, em algumas circunstâncias, podem não funcionar. No capítulo sobre iniciativas de uso de economia comportamental em políticas públicas, por exemplo, vemos um caso em que foram tentados três métodos para estimular a quitação de dívidas tributárias junto à Receita Federal, usando-se o "kit" tradicional de incentivos da teoria. Apenas um funcionou a contento. Daí a necessidade de sempre avaliar os resultados, para evitar a perpetuação de iniciativas malsucedidas, ainda que desenhadas conforme as boas práticas teóricas.

Manter e aperfeiçoar as políticas por muitos anos, fazendo com que elas resistam às trocas de governo, e não sejam vítimas de voluntarismo e iniciativas eleitoreiras, também é grande desafio. O Pix foi desenhado e aprimorado ao longo de várias gestões. A Estratégia de Saúde da Família é uma política que resistiu e cresceu no tempo. Tendo sua origem em 1994, aprendeu com a experiência e tem produzido impacto significativo nos indicadores de saúde, que são crescentes ao longo do tempo, à medida que a política é aperfeiçoada.

Políticas consolidadas e vigentes há muitos anos, porém, não estão imunes a retrocessos. O CadÚnico, por exemplo, a despeito do seu sucesso ao longo de vários governos, está sofrendo revés por conta da decisão de garantir um valor mínimo transferido por família, o que tem estimulado uma fictícia divisão de famílias, visando aumentar os valores recebidos. Corrigir esse tipo de distorção não é simples, por resistências políticas.

O Plano de Ação para Prevenção e Controle do Desmatamento na Amazônia Legal (PPCDAm) teve grande sucesso inicial na redução do desmatamento, mas os resultados refluíram ao longo dos anos, o que exige uma revisão dos instrumentos e da aplicação prática da política.

As PPP têm sofrido com arroubos voluntaristas e eleitoreiros, de quebra de contrato por parte de alguns governantes. Apesar disso, elas têm crescido graças à existência de fundos garantidores, que diminuem o risco dos agentes privados, bem como pelo uso de desenho de contratos com adequados incentivos financeiros, barreira a empresas aventureiras e estímulo à concorrência.

O desenho dos empréstimos na modalidade crédito consignado também buscou a expansão do mercado de crédito em um ambiente no qual há pouca proteção ao credor, tendo sido bem-sucedido em reduzir os juros dessas operações e ampliar o acesso ao crédito.

Muitas vezes o judiciário interpreta a lei de forma a fragilizar a política pública. A nova lei de recuperação judicial e falências, por exemplo, teve seu potencial de recuperação de crédito enfraquecido ao longo do tempo em decorrência de decisões e práticas judiciais que conflitavam com os objetivos do legislador. O capítulo sobre PPP mostra, também, um caso em que a justiça impediu o saque de recursos do fundo garantidor por uma empresa privada em situação em que o parceiro público não cumpriu os pagamentos contratuais.

Órgãos públicos bem estruturados, com servidores bem treinados, são uma fonte importante de estabilidade para os programas de modernização. Um ponto fundamental do sucesso das PPP está na criação de capacidade pública, por meio das unidades de PPP, que treinam e desenvolvem carreiras de profissionais especializados no tema.

Outro exemplo está na Agenda BC#, do Banco Central, construída ao longo dos anos, que propôs diversas reformas (a maioria já aprovada) visando ampliar a concorrência no mercado bancário e de crédito, reduzir custos de transação e incluir a população nos serviços bancários. O Pix, um sucesso de nível internacional, é um dos frutos dessa agenda, baseada em muito estudo da teoria e da prática internacional, e que surgiu de iniciativa do corpo técnico do banco.

A adequada governança envolvendo União, estados e municípios é essencial para políticas públicas em que as tarefas são compartilhadas. O caso mais emblemático mostrado no livro é o da regulação do saneamento. A Constituição deu aos municípios a titularidade para a regulação e concessão do serviço. Porém saneamento é um caso clássico em que há economias de escala, e seria importante que municípios contíguos fossem atendidos por um mesmo serviço, sujeito a regras uniformes. Daí o avanço do marco regulatório ao dar poderes de coordenação aos governos estaduais, que passaram a organizar blocos de municípios para a prestação do serviço.

A coordenação entre União, estados e municípios é fundamental, também, no caso da gestão do SUS e, particularmente, na Estratégia de Saúde da Família, em que há comitês com participação de técnicos dos três níveis de governo. Outro exemplo está nos incentivos financeiros para induzir os municípios a serem eficientes no cadastramento de famílias no CadÚnico. O Plano de Agricultura de Baixo Carbono é operacionalizado, em cada estado, por grupos gestores, liderados pelas secretarias de agricultura, de modo a adaptar o plano nacional à realidade e vocação agrícola local.

Igualmente importante é o **trabalho conjunto de diferentes órgãos dentro de um mesmo nível de governo e sua integração com instituições externas ao setor público.** Ainda no Plano de Agricultura de Baixo Carbono, seis ministérios participaram, com uma empresa pública (Embrapa) selecionando as tecnologias a serem impulsionadas pelo programa, trabalhando em conjunto com o Banco Mundial e o Sistema S (Senar). O Plano de Ação para Prevenção e Controle do Desmatamento na Amazônia Legal (PPCDAm) também teve como desafio central organizar a governança entre diferentes instituições públicas e privadas.

Capacidade computacional, integração das diferentes bases de dados já disponíveis nos governos, uso de inteligência artificial. Todas essas ferramentas permitem um conhecimento mais detalhado das necessidades dos diferentes públicos-alvo das políticas públicas.

Evoluções tecnológicas dão grande contribuição, como no caso do barateamento e melhoria da qualidade de imagens de satélites, que facilitam a identificação de áreas de atividade ilegal na Amazônia, e a introdução de tecnologia de rastreamento de produtos agropecuários e florestais, que vão agregar mais um instrumento às ações de fiscalização e repressão, na nova fase do PPCDAm.

Efeitos colaterais negativos e dilemas precisam estar sempre na mira, para se buscar correções de rumo: expansão do ensino médio integral estaria drenando recursos e piorando o ensino fundamental? Câmeras nos uniformes policiais estariam desestimulando abordagens em situações de maior risco de conflito? As regras de recuperação judicial de empresas estariam ajudando empresas inviáveis a bloquear a sua inevitável falência? Fazer leilões de concessão de saneamento pela modalidade de maior outorga sobrecarrega excessivamente o preço da tarifa?

Em suma, este livro descreve casos concretos de políticas bem-sucedidas para, ao mesmo tempo, mostrar que elas são possíveis, mas requerem muito esforço, organização e disciplina.

Concluo esta apresentação registrando que o esforço feito nesta publicação se soma a iniciativas de diversas instituições empenhadas em divulgar, online, boas políticas que possam ser copiadas por gestores de todo o País.

O Centro de Liderança Pública (CLP), por exemplo, criou o Ranking de Competitividade dos Estados, que analisa dez dimensões: segurança pública, infraestrutura, sustentabilidade social, solidez fiscal, educação, sustentabilidade ambiental, eficiência da máquina pública, capital humano, potencial de mercado e inovação. A ideia é estimular os estados a usarem esse ranking como um guia sobre quais dimensões e indicadores precisam melhorar. Assim, cria-se um ambiente de competição e de difusão de informação.

O mesmo CLP mantém a "casoteca", um banco de dados com relatos sobre centenas de iniciativas bem-sucedidas, indicando o gestor de referência para aquela política pública

A Escola Nacional de Administração Pública (ENAP), em cooperação com o Instituto de Mobilidade e Desenvolvimento Social (IMDS) e o Centro de Aprendizagem em Avaliação de Resultados para a África Lusófona e o Brasil (CLEAR-FGV) criaram o "Prêmio Evidências em Políticas Públicas" e o "Troféu IMDS de Mobilidade Social". O objetivo é estimular a replicação de experiências bem-sucedidas e o uso de dados científicos nas ações de governos em todo o País.

A Comunitas, organização que tradicionalmente presta consultoria em gestão pública a estados e municípios, criou a "Rede Juntos", uma plataforma que oferece treinamento online e divulga políticas públicas de sucesso.

Há, também, diversos laboratórios de inovação em políticas públicas disponíveis na internet, ressaltando-se a qualidade daquele conduzido pela Prefeitura de São Paulo.

Na área de educação destaca-se a plataforma "Qedu", que sistematiza dados de desempenho escolar e forma pessoas para usar esses dados no planejamento escolar. A "Conviva Educação" oferece ferramentas de gestão escolar às secretarias municipais de educação, para atividades como planejamento de aulas, calendário escolar, gestão financeira ou cardápio de merendas. A iniciativa "Vozes da Educação" conecta pessoas, organizações e redes de ensino com ideias e conhecimentos para resolver problemas inerentes à educação básica.

O Insper Metrics, centro de pesquisa voltado a estudos sobre impacto socioambiental decorrentes de ações públicas e privadas, disponibiliza um conjunto de informações úteis aos interessados na conciliação de resultados econômicos e sociais. Foi organizado um banco de dados e um dicionário sobre contratos de pagamento baseados em resultados socioambientais, com informações sobre esse tipo de arranjo em vários países do mundo, cuja característica básica é a utilização de métricas objetivas de resultados socioambientais como gatilho para o pagamento a prestadores de serviços e investidores envolvidos em projetos com potencial para gerar valor público.

Temos, portanto, um crescente ecossistema que une governos, terceiro setor e instituições de ensino e pesquisa. São iniciativas que vão além das palavras de ordem e chavões. Buscam resolver, na prática, os nós que trazem dificuldades até mesmo para políticas públicas bem planejadas e bem executadas.

O presente livro mostra que há coisas positivas se movendo nas políticas públicas, e esse movimento precisa aumentar, impulsionado por iniciativas de divulgação e treinamento.

CAPÍTULO 1

Ensino Médio Integral

Gabriela Fonseca
Natália Marchi
Vladimir Ponczek
Cristine Pinto

1. INTRODUÇÃO

A extensão da jornada escolar é uma prática recorrente nos sistemas educacionais pelo mundo e é também um tema estudado por diversos pesquisadores. Aumentar o tempo diário de interação com os jovens no ambiente escolar pode ser uma maneira de melhorar a qualidade educacional, pois permite a inclusão de iniciativas de reforço escolar ou mesmo de aprendizado socioemocional na formação básica - sem que isso concorra com o cumprimento de outras diretrizes educacionais. Ainda, a extensão da jornada escolar pode funcionar como um elemento motivador para os jovens investirem em suas carreiras e valorizarem mais a escolaridade, e, muitas vezes, pode atuar como elemento de proteção à exposição desses jovens a realidades adversas.

Neste capítulo buscaremos contextualizar uma das maiores iniciativas brasileiras de extensão da jornada escolar - o Ensino Médio Integral (EMI) -, resumir as evidências internacionais e nacionais sobre a eficácia destas iniciativas e promover reflexões que consideramos relevantes para este debate que envolve tanto a formulação de políticas públicas quanto o avanço acadêmico.

De fato, escolas com jornadas acima de 4 ou 5 horas diárias existem no Brasil há bastante tempo. Na década de 1980, o Estado da Bahia já contava com escolas no modelo integral, chamadas de escolas-classe e escolas-parque. Os dados do Censo Escolar indicam que em 1997 cerca de 2% das escolas de ensino fundamental tinham jornada acima de 5 horas diárias, sendo que esse número chegou a 8% em 2005.[1]

Já o programa de Ensino Médio Integral (EMI), em vigor atualmente no Brasil, nasceu em 2004 por meio de uma parceria público-privado. Mais especificamente, em 2000, alguns membros da sociedade civil se uniram para restaurar o prédio e a excelência de ensino da escola pública mais antiga no Brasil, o Ginásio Pernambucano. Para isso, foi criado o Instituto de Corresponsabilidade pela Educação (ICE), que deu início a um modelo inovador de escola e que foi a base do EMI atualmente existente em todos os estados brasileiros. Em 2004, esse modelo de escola foi implementado em apenas uma escola de ensino médio em Pernambucano, e, em 2014, 544 escolas de ensino médio já recebiam o programa.[2]

Paralelamente à implementação do EMI, surgiram outras iniciativas nacionais de aumento da jornada escolar como o "Mais Educação", que foi um programa do governo federal iniciado em alguns estados a partir de 2007, e o programa "Escola de Tempo Integral", implementado no Estado de São Paulo em 2006.

O programa "Mais Educação" era uma iniciativa federal que aumentava a jornada escolar nas escolas participantes para pelo menos 7 horas diárias. As horas extras deveriam ser gastas em algumas atividades em um dos seguintes campos: acompanhamento pedagógico; educação ambiental; esporte e lazer; direitos humanos em educação; cultura e artes; cultura digital; promoção da saúde; comunicação e uso de mídias; investigação no campo das ciências da natureza e educação econômica.[3] As escolas participantes do programa recebiam recursos adicionais do governo federal, e tinham liberdade para escolher as atividades que integrariam o programa na escola.

Já o programa de Tempo Integral ampliava a jornada das escolas públicas de São Paulo para 9 horas diárias, incluindo lanches e almoço. As disciplinas do currículo regular eram relacionadas em um turno, e no contraturno, a escola realizava oficinas como: "Hora da Leitura", "Experiências Matemáticas", "Língua Estrangeira Moderna", "Informática Edu-

1 Ver Oliveira (2010) para detalhes do cálculo dessas estimativas baseadas no Censo Escolar de 1997.

2 Ver Kawahara (2019) para uma descrição da expansão do Ensino Médio Integral nos estados brasileiros até 2015.

3 http://portal.mec.gov.br/programa-mais-educacao/apresentacao?id=16689.

cacional", "Atividades Artísticas, Esportivas e Motoras" e "Atividades de Participação Social".[4]

Essas duas iniciativas focavam no aumento da jornada para escolas de ensino fundamental, e não promoviam mudanças pedagógicas mais amplas e de gestão. Por este motivo, portanto, focaremos em evidências do impacto do EMI que se tornou uma iniciativa federal, fazendo parte das metas do Plano Nacional de Educação (PNE).

De fato, a expansão do programa de EMI está prevista na meta 6 do PNE que prevê que até 2024 tenhamos 50% das escolas públicas em tempo integral, correspondendo a pelo menos 25% das matrículas totais dos jovens. Os dados do Censo Escolar de 2022 indicam que cerca de 18,6% das matrículas do ensino médio são realizadas em uma escola de ensino médio integral, ainda que este percentual varie muito por unidade da federação. A Figura 1 indica estados aquém e além da meta do PNE: Pernambuco tem 56,51% das matrículas em ensino médio em período integral, Paraíba com um percentual de 50,99%, que vem seguido pelo Ceará (38,57%), Sergipe (26,75%) e Amapá (24,31%). Enquanto outros estados estão bem abaixo da meta, como Paraná (4,83%), Pará (5,13%) e Rio Grande do Sul (5,24%).

Figura 1 - Percentual de Matrículas Ensino Médio Integral - Censo Escolar 2022

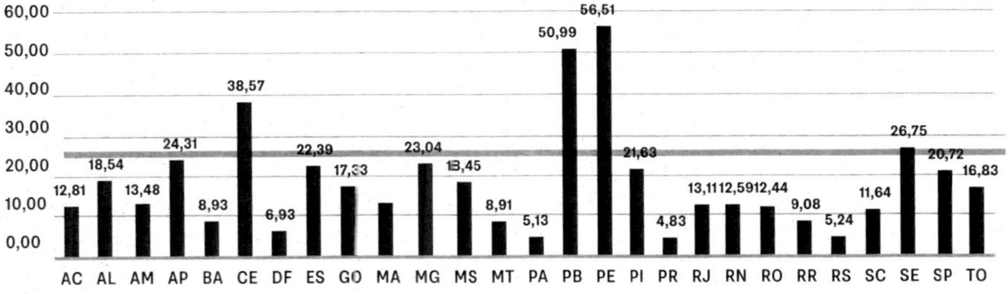

A transição para o EMI é um processo bastante complexo; afinal, o programa representa muito mais que uma ampliação da jornada para 9 horas diárias, totalizando 1.400 horas anuais. Existe também uma mudança nas práticas pedagógicas e de gestão voltadas para o desenvolvimento integral do aluno, tanto em aspectos cognitivos como socioemocionais. Na filosofia do EMI, os alunos seriam

4 De Aquino (2011) apresenta uma descrição detalhada do programa de Tempo Integral do Estado de São Paulo.

os grandes protagonistas de seus próprios processos de aprendizagem, desenvolvendo um projeto de vida ao longo do ensino médio. Para tal, há a adaptação do currículo para dar aos jovens as ferramentas para desenvolvimento deste projeto de vida.

Além de um número maior de aulas de disciplinas do currículo básico (como matemática e português), o currículo envolve a inclusão de disciplinas eletivas voltadas para o desenvolvimento do projeto de vida. E mais, para além das mudanças pedagógicas, o projeto inclui também uma mudança na gestão com critérios específicos para a seleção dos diretores da escola, seleção e desligamento dos professores, sistema de incentivos para o professor baseado nos resultados atingidos pelo docente e respectivos alunos, além da criação de um sistema de gestão que incluí planos de ação, indicadores, avaliação de resultados e solução de problemas.

Não é surpreendente, portanto, que para sustentar esse novo modelo educacional, as escolas de EMI precisem investir em infraestrutura e em gestão. A Tabela 1 compara as escolas com matrículas de Ensino Médio Integral com as escolas regulares. Enquanto, somente 10,4% das escolas com matrículas no EMI são rurais, temos 32,25% das escolas com matrículas de ensino médio na área rural.

Quando comparamos a infraestrutura escolar dos dois tipos de escolas fica evidente que as escolas de EMI são mais bem-equipadas. Enquanto, 89% dessas escolas têm biblioteca ou sala de leitura, somente 46,13% das escolas regulares de ensino médio possuem esse espaço; 80,83% das escolas de Ensino Médio Integral têm computadores desktops para alunos, enquanto somente 41,37% das escolas de ensino médio regular possuem esse recurso. As diferenças permanecem quando olhamos para laboratório, quadras de esporte e internet para alunos. No aspecto da gestão escolar, os dados indicam a mesma tendência: somente 44,83% das escolas com matrículas regulares têm apoio pedagógico de um coordenador ou supervisor pedagógico comparado a 68,39% das escolas de EMI que têm esse profissional.

Tabela 1 - Infraestrutura Escolar

	Ensino Médio	
	Regular	Integral
% de Escolas Rurais	32,25	10,41
% de Escolas com Biblioteca ou Sala de Leitura	46,13	89,00
% de Escolas com Laboratório de Ciências	5,03	48,84
% de Escolas com Laboratório de Informática	24,11	70,48
% de Escolas com Quadras de Esporte	30,47	78,04
% de Escolas com Computador para o aluno	41,37	80,83
% de Escolas com Internet para o aluno	31,33	74,37
% de Escolas com Coordenador ou Supervisor Pedagógico	44,83	68,39

Fonte: Censo Escolar, 2022

O fato de que as escolas integrais têm estrutura superior às escolas parciais é bastante lógico, afinal a existência do contraturno tem exigências sobre a estrutura física e da gestão escolar. Esta diferença de estrutura traz consigo, porém, alguns complicadores. Primeiro, para a própria expansão do EMI - especialmente para escolas com menor infraestrutura. Mas, também, para a compreensão do real impacto que o EMI tem sobre os jovens, pois em princípio as escolas com melhor infraestrutura têm maior facilidade em implementar o programa. Naturalmente, associado à implementação do EMI, surgem perguntas como: Os jovens aprendem mais neste tipo de iniciativa? Existem efeitos sobre quais dimensões? E quanto deste impacto está associado a cada um dos mecanismos do EMI: componente pedagógico, gestão e infraestrutura? Na seção seguinte nos debruçamos sobre os principais achados da literatura internacional e experiência de outros países para entender, principalmente, o que podemos esperar destes efeitos associados à extensão da jornada escolar.

2. LITERATURA INTERNACIONAL

A noção de que as horas diárias passadas na escola tenham um efeito sobre a escolaridade dos jovens é uma questão central na educação, e determinar a duração ideal dessa jornada é uma decisão importante para gestores escolares e formuladores de políticas públicas. Há, de fato, uma grande variação no tempo de instrução em fases equivalentes ao ensino médio entre diversos países.

O gráfico abaixo ilustra o número de horas anuais do ano letivo nas fases avançadas do ensino secundário de países da Organização para a Cooperação e Desenvolvimento Econômico (OCDE) para o ano de 2018 (pré-pandemia). Percebe-se que a jornada escolar média varia de um pouco mais de 400 horas/ano (Dinamarca) a até mais de 1.200 horas/ano (Costa Rica).[5] Já a média anual entre os países da OCDE foi de 682 horas, enquanto a média para países dá União Europeia foi de 688 horas.

Países da América Latina que fazem parte da OCDE apresentaram números maiores que a média da OCDE em termos de jornada escolar, como Costa Rica com 1.267, Chile com 1.063, Colômbia com 880 e México com 696 horas-aula. Vale ressaltar a comparação com o Brasil que, pelo projeto do Novo Ensino Médio aprovado em 2017,[6] deveria paulatinamente passar de cerca de 800 para 1.400 horas-aula ano.

Figura 2 - Horas-aula por ano no ensino secundário

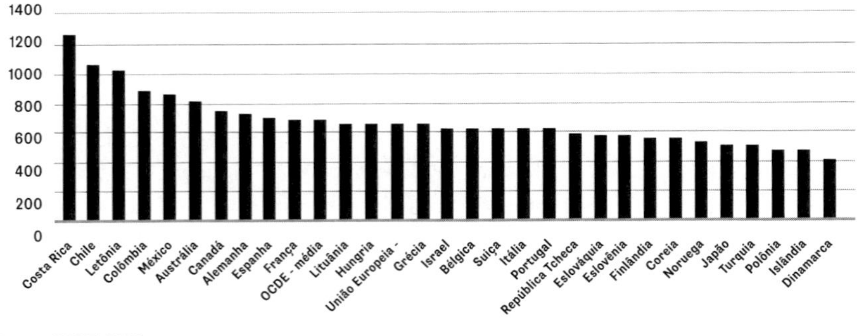

Fonte: OCDE, 2019

Naturalmente, a relação entre tempo de instrução e o desempenho acadêmico dos alunos já foi objeto de estudos em diversas pesquisas. De um modo geral, a literatura mais antiga[7] identifica uma relação positiva, embora pequena, e estatisticamente significativa entre a jornada e o aprendizado - sendo mais forte para alunos com maior dificuldade de aprendizado. Além disso, esse efeito não parece ser o mesmo para toda hora adicional na escola. Na verdade, quanto maior já for a jornada, menor é o efeito de horas adicionais de ensino. Gran-

5 Ver OCDE, 2001.

6 Ver art. 1º da Lei nº 13.145 de 16 de fevereiro de 2017.

7 Ver, por exemplo, Pattal, E. A.; Cooper, H.; Allen, A. B. (2010).

de parte desses estudos utilizou variações de jornadas entre regiões dos Estados Unidos para estimar estas correlações. Estes estudos, no entanto, têm alguns problemas metodológicos, como pequenas amostras com problemas de seleção amostral, o que torna mais complicada a interpretação dos resultados como sendo efetivamente o efeito que a jornada estendida possa ter sobre o aprendizado.

Mais recentemente, no entanto, a literatura internacional ganhou contribuições bastante relevantes para esta discussão, com metodologias mais robustas que facilitam a interpretação dos resultados. Por exemplo, em 2007 o México expandiu seu programa de ensino integral atingindo cerca de 25 mil escolas. As escolas atingidas elevaram sua jornada diária em cerca de 3 horas e meia. Embora os estudos foquem em alunos do ensino fundamental os resultados são robustos e podem - com a devida cautela - ser úteis para uma análise de possíveis efeitos no ensino médio. As pesquisas que avaliam essa expansão mostram que houve aumento em aprendizado, medido através de testes padronizados, no curto (um ano após a mudança) e longo prazo (cinco anos após a mudança). Também foram encontrados efeitos em exames de acesso para escolas do ensino médio e na escolha por escolas mais seletivas.[8]

De forma complementar, usando dados vindos da Colômbia de irmãos que mudam de uma escola regular (turno único) para uma escola integral de ensino fundamental,[9] o aumento da jornada escolar foi associado com redução da evasão escolar e repetência naquele país. Em resumo, com maior rigor nos estudos, as pesquisas internacionais mais atuais têm sucesso em relacionar o aumento da jornada escolar diária com melhores resultados educacionais - especialmente aqueles medidos pela proficiência e indicadores de fluxo escolar.

3. LITERATURA NACIONAL

Felizmente, a cultura de que a implementação e/ou manutenção de políticas educacionais sejam baseadas em evidências empíricas tem ganhado cada vez mais adeptos e maior legitimidade no Brasil. O cerne da questão,[10] quanto a utilizar as evidências como insumos na tomada de decisão, seria a presença de parâmetros para des-

8 Cabrera-Hernandez et al. (2023).
9 Garcia et al. (2013).
10 Ver Santos, D. (2022, p. 2).

continuar políticas ineficazes e de fundamentos para a prestação de contas dessas políticas.

De fato, essa atmosfera parece permear o EMI no Brasil. De um lado, vemos que pesquisadores, secretarias de governo e instituições da sociedade civil estão cada vez mais interessados em analisar os possíveis resultados decorrentes dessa política; de outro, o contínuo e crescente investimento público para ampliação de matrículas nessa modalidade, juntamente com o discurso dos gestores ao anunciarem tais investimentos, parecem indicar que o conhecimento adquirido - com evidências nacionais ou internacionais - a respeito dessa política tem, de alguma forma, permeado sua condução.[11]

Assim como na literatura internacional, grande parte dos estudos nacionais atuais versam sobre a relação entre o EMI e indicadores do desempenho educacional, como proficiência, taxas de aprovação e de evasão escolar. No que se refere à proficiência, os resultados têm se mostrado promissores. Alguns estudos já divulgados,[12] considerando alunos da rede pública, indicam que os estudantes que cursaram o EMI obtiveram notas de matemática e língua portuguesa, em média, maiores do que os estudantes do ensino regular.

Para poder interpretar melhor a magnitude destes efeitos podemos usar a classificação feita pelo movimento “Todos pela Educação”,[13] o qual define que, em três anos de ensino médio com um nível de aprendizagem adequado, os jovens deveriam ter um crescimento de 50 pontos em matemática e 25 pontos em língua portuguesa na escala Saeb (Sistema Nacional de Avaliação da Educação Básica). Usando esta escala, os resultados mais conservadores reportados pelos estudos nacionais indicam que um estudante do EMI obteve quase meio ano adicional de aprendizagem em matemática e pouco mais de meio ano adicional de aprendizagem em língua portuguesa ao logo do ensino médio. A Figura 3, abaixo, traz um resumo dos resultados desses estudos traduzidos para anos adicionais de estudo:

11 Ver Brasil, Ministério da Educação. (2023).

12 Ver Barros, R. et al. (2022, p.14); Rosa, L. et al. (2022, p. 24); Scorzafave, L.; Rosa, L. (2022, p. 31); Scorzafave, L.; Rosa, L. (2023, p. 25).

13 Ver Todos pela Educação (2017, p. 50).

Figura 3 - Resultados do EMI para proficiência - em anos de estudo

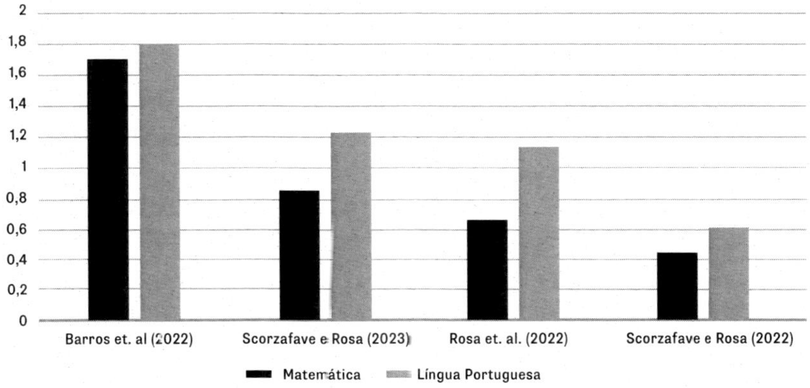

Fonte: Elaboração própria

O EMI parece ter efeitos positivos também sobre a performance dos alunos do EMI no Exame Nacional do Ensino Médio (Enem), atualmente um dos principais resultados considerados para ingresso no ensino superior público brasileiro.[14] As análises indicam que os alunos do EMI de escolas públicas alcançaram notas maiores, tanto na prova de múltipla escolha quanto na prova de redação do Enem. Além disso, o estudo aponta[15] que, para o ano de 2013, os resultados equivaleriam a algo em torno de 20 pontos adicionais na nota global do exame, o que permitiria aos alunos se inscreverem em mais 30 cursos em universidades públicas se comparado com os alunos de ensino médio das escolas públicas não integrais.

Assim como acontece para proficiência, os resultados sobre taxas como aprovação e evasão escolar também têm se mostrado promissores. Temos menos investigações que consideram esses indicadores, mas estudos indicam ganhos de 4 a 8 pontos percentuais nas taxas de aprovação[16] e quedas na taxa de evasão escolar entre 3,3 pontos percentuais e 10,6 pontos percentuais ao longo do ensino médio.[17] O peso da redução da taxa de evasão, por exemplo, depende da taxa geral observada para o

14 Ver Kawahara, L. (2019).

15 Ver Kawahara, L. (2019, p. 44).

16 Estudo próprio, a partir de dados das escolas públicas disponibilizados pelo INEP para o ano de 2019, e Kawahara, L. (2019, p. 44), respectivamente.

17 Ver Scorzafave, L.; Rosa, L. (2022, p. 32); e Scorzafave, L.; Rosa, L. (2023, p. 14), respectivamente.

grupo considerado na análise, mas apenas para termos um indicativo de como as evidências apontam para um impacto considerável, no caso do menor resultado reportado acima, o estudo indica que a redução representaria aproximadamente 20% da evasão observada.[18]

De qualquer forma, ainda que grande parte das investigações apontem para ganhos significativos do ensino integral, é preciso ressalvar que nem todos os resultados são unânimes nessa direção. No caso da proficiência, encontramos ao menos três investigações[19] que reportam no mínimo uma diferença não significativa[20] entre os resultados analisados. Da mesma forma, também encontramos nos estudos analisados ao menos um resultado não significativo para as taxas de evasão.[21] Esses resultados parecem indicar que precisamos ter alguma cautela na análise e comparação entre os diferentes estudos, uma vez que eles podem ser sensíveis a diversos fatores como a metodologia de análise de dados adotada e o universo amostral considerado, por exemplo.

Além de documentar a eficácia do EMI sobre aprendizado e indicadores educacionais, a literatura nacional se debruçou em compreender melhor os mecanismos deste feito. Ao que parece, no Brasil, o simples aumento do tempo que o estudante fica na escola não seria suficiente para implicar em ganhos nos indicadores educacionais. Durante a vigência do Programa Mais Educação - que tinha características associadas à ampliação da jornada escolar por meio de atividades optativas,[22] mas sem os mesmos elementos de gestão e pedagógicos do EMI -, diversos trabalhos não conseguiram encontrar efeitos positivos e significativos do programa sobre a proficiência dos estudantes.[23]

Alguns estudos têm procurado investigar os mecanismos responsáveis pelos resultados do EMI, mas as evidências disponíveis ainda não nos permitem levantar hipóteses totalmente claras. Por exemplo, um dos es-

18 Ver Scorzafave, L.; Rosa, L. (2022, p. 31).

19 Ver Scorzafave, L.; Rosa, L. (2022, p. 31), além de dois estudos próprios. No "Estudo 1" utilizamos dados de alunos de escolas regulares e integrais de cinco estados brasileiros coletados no ano de 2018 e no "Estudo 2" utilizamos dados de alunos de escolas regulares e integrais de 11 estados brasileiros coletados no ano de 2019. Em ambos os estudos os dados nos foram disponibilizados por uma organização sem fins lucrativos com trabalho voltado para a área da educação.

20 Diferenças não significativas se referem a testes estatísticos que não nos permitem descartar a possibilidade de que os resultados do ensino integral foram estatisticamente iguais aos resultados do ensino regular.

21 Ver Scorzafave, L.; Rosa, L. (2022, p. 32).

22 Ver Brasil, Ministério da Educação.

23 Ver Almeida, R. et al. (2016, p. 2).

tudos, que analisou um programa em que as horas adicionais foram de forma preponderante para os componentes básicos do currículo (português, matemática e ciências), argumenta que, apesar de o programa alterar uma grande gama de atributos da escola, os aumentos na quantidade de tempo dedicados ao currículo básico seriam os componentes cruciais da mudança.[24] Outro estudo traz evidências de que o fato de os alunos fazerem mais eletivas vinculadas a língua portuguesa e matemática não se traduziria em aumento de notas ou queda na evasão escolar.[25]

Além disso, nem sempre os trabalhos investigam os mesmos mecanismos. De qualquer forma, as evidências para a análise de uma gama diversa de atributos das escolas integrais nos fornecem algumas pistas. Dentre os estudos que analisaram os possíveis mediadores dos resultados do ensino integral, os principais fatores identificados com potencial de influenciar as notas dos alunos foram aqueles que englobam o processo de seleção e afastamento de professores e diretores;[26] e os relacionados ao ensino e a diversificação do currículo.[27] Tratando-se de elementos individualmente considerados, a informação do aluno de que teria horários dedicados a estudo com orientação do professor;[28] e a informação do diretor de que o Núcleo de Trabalho, Pesquisas e Práticas Sociais[29] era efetivo em sua escola foram os que apresentaram a maior correlação tanto com a nota de matemática quanto de língua portuguesa.

Além da preocupação natural com a eficácia geral do programa e seus mecanismos de ação, outro fator que poderíamos questionar é

24 Ver Rosa, L. et al. (2022, p. 2).

25 Ver Scorzafave, L.; Rosa, L. (2022, p. 39).

26 Ver Kawahara, L. (2019, p. 63).

27 Estudo próprio utilizando dados de escolas integrais e semi-integrais de um estado brasileiro coletados no ano de 2015, os quais nos foram disponibilizados por uma organização sem fins lucrativos com trabalho voltado para a área da educação. Cada fator analisado como potencial "alavanca" considerava um número diverso de variáveis. O fator "Ensino do Currículo" englobava variáveis como a informação do aluno de que o professor utilizava tempo para esclarecer dúvidas e informação do diretor a respeito do número de aulas dispensadas por falta de professor. O fator "Diversificação do Currículo" incluía variáveis como a informação do aluno de que teria horários dedicados a estudo com orientação do professor e de que teria protagonismo na escola.

28 Estudo próprio, conforme mencionado na nota anterior.

29 Ver Scorzafave, L.; Rosa, L. (2022, p. 43). O núcleo é definido como "um componente curricular integrador e indutor de novas práticas que tem como finalidade o desenvolvimento de competências socioemocionais por meio da pesquisa, da interdisciplinaridade, do protagonismo estudantil, contribuindo fortemente para um ambiente escolar mais integrado, motivador e favorável à produção de conhecimentos". Para maiores informações ver: https://www.seduc.ce.gov.br/e-o-que-e-o-ntpps/.

se os impactos do EMI dependem do tempo de exposição das escolas e dos estudantes ao programa. Sobre esse ponto também não temos muita clareza na resposta diante das evidências disponíveis. Alguns estudos de fato investigaram a possível presença de efeitos heterogêneos de acordo com o ano de implementação do ensino integral nas escolas, mas os resultados não são robustos. Enquanto em certos casos os trabalhos não identificam a presença de correlações heterogêneas,[30] em um estudo que realizamos, com dados do Saeb para o ano de 2019, foram observados ganhos em proficiência para as escolas com maior tempo de implementação. Já no que se refere ao tempo de exposição dos estudantes, encontramos evidências em um dos trabalhos que apontam para um efeito crescente do ensino integral, tanto para o aumento das notas quanto para redução da evasão escolar.[31]

Até aqui falamos muito sobre evidências envolvendo resultados acadêmicos de curto prazo, mas a própria proposta do EMI vai muito além das habilidades cognitivas, permeando temas socioemocionais e a criação de um projeto de vida. No entanto, nos estudos que conduzimos, os resultados sobre habilidades socioemocionais não foram robustos. Em um dos casos[32] coletamos um número bem diverso de indicadores socioemocionais e não encontramos diferenças significativas para nenhum deles. Porém, em outro trabalho,[33] os resultados indicam que os estudantes do EMI teriam níveis maiores de engajamento com os outros, fator que inclui competências como iniciativa social, assertividade e entusiasmo, bem como seriam mais abertos ao novo, o que inclui competências relacionadas à curiosidade para aprender, imaginação criativa e interesse artístico.[34]

Quanto ao projeto de vida e como o EMI pode se relacionar com as escolhas feitas pelos jovens ou caminhos que traçam, a literatura traz uma evidência interessante sobre criminalidade.[35] De fato, a violência é um fator crítico no Brasil e, entre os jovens, ela se torna ainda mais preocupante. No ano de 2013 o homicídio foi a principal causa de mortes dos jovens nessa faixa etária, respondendo, em média, por 43% do total de

30 Ver Rosa, L. et al. (2022, p. 26) e "Estudo 2", conforme definido em nota anterior.
31 Ver Scorzafave, L.; Rosa, L. (2023, p. 26).
32 "Estudo 1", conforme definido em nota anterior.
33 "Estudo 2", conforme definido em nota anterior.
34 Ver Instituto Ayrton Senna. (2020, p. 4).
35 Ver Rosa, L. et al. (2022, p. 3).

óbitos.[36] De lá para cá, os jovens continuaram sendo as principais vítimas de homicídio, e encontrar meios para mudar essa realidade é o foco de muitos especialistas. As evidências indicam que a implementação do EMI reduziria as taxas de homicídios dos municípios analisados em 12 pontos percentuais, o que representaria uma redução de 30% a 50% nas taxas médias de homicídios, e colocam o EMI como uma possível intervenção capaz de mitigar a mortalidade entre os jovens no Brasil. De qualquer forma, o estudo aponta que seriam necessárias novas pesquisas para entender se o programa tem efeitos de longo prazo.

Em linhas gerais, as investigações de longo prazo são bastante insipientes no Brasil, e alguns resultados de pesquisas com egressos do EMI já apontam possíveis influências do programa[37] sobre aspectos da vida adulta. Com relação à escolaridade atingida, observamos aumento na probabilidade de ingressar no ensino superior público. Essa evidência, de fato, estaria em linha com o resultado já reportado anteriormente, de que os estudantes do EMI alcançaram notas maiores no Enem. Além disso, em ao menos um dos estudos, também encontramos uma diferença positiva em favor do ingresso no próprio ensino superior.

Sobre a atuação no mercado de trabalho encontramos aumento da participação dos egressos de escolas integrais em atividades ligadas ao setor financeiro, educacional e de saúde, e um deles aponta para um possível incremento de renda, dado pelo aumento da probabilidade de estarem em faixas de renda superiores.

Ainda, acerca da redução de desigualdades, os resultados nem sempre são muito claros. No que se refere à desigualdade entre brancos e pretos/pardos, enquanto algumas evidências indicam uma redução na diferença salarial, outras indicam um possível aumento na desigualdade – dada uma menor probabilidade de pretos, pardos e indígenas, egressos do EMI, estarem nas faixas mais altas de renda, em comparação com brancos e amarelos. Por outro lado, no âmbito da escolaridade, encontramos alguma evidência em favor dos egressos pretos e pardos, os quais teriam maior probabilidade de ingressar no ensino superior público.

No caso da desigualdade de gênero, os estudos não observam diferenças significativas entre homens e mulheres egressos de escolas inte-

36 Ver Waiselfisz, J. (2015, p. 20).

37 Ver Instituto Sonho Grande (2019) e Estudo próprio utilizando dados de egressos de escolas integrais e regulares de 1 Estado brasileiro coletados no ano de 2021, os quais nos foram disponibilizados por uma organização sem fins lucrativos com trabalho voltado para a área da educação.

grais para a maior parte das variáveis analisadas, ou seja, no geral, não haveria uma ampliação nem tampouco uma redução nas desigualdades de gênero. Apesar disso, um dos trabalhos observa um potencial movimento em favor das mulheres, quando indica um aumento no ingresso de mulheres no mercado de trabalho, para as egressas mais velhas, as quais já tiveram mais tempo para cursar alguma faculdade, por exemplo.

Por fim, os egressos do EMI parecem ter hábitos diferentes dos egressos de escolas parciais, especialmente na maior frequência a atividades culturais e maior participação em projetos sociais de suas comunidades.

Como vimos, as evidências disponíveis indicam que o EMI está associado a diversos efeitos benéficos como melhorias nos indicadores educacionais e do mercado de trabalho, com potenciais efeitos sobre aspectos como criminalidade e hábitos de vida. Entendemos também o papel de alguns mecanismos como a importância do diretor e do processo de seleção e retenção de professores na efetivação desses potenciais benefícios. Ainda assim, a agenda de pesquisas permanece extensa, para termos maior clareza sobre as alavancas do programa, efeitos sobre habilidades socioemocionais e, também, efeitos de longo prazo.

4. REFLEXÕES FINAIS

Alguns cuidados são necessários ao interpretar os resultados apresentados neste capítulo. Os estudos a respeito da eficácia do ensino integral diferem uns dos outros em alguns aspectos cruciais, fazendo com que a comparação direta entre os resultados tenha que ser cautelosa. A primeira e mais importante diferença está nas caraterísticas dos diversos desenhos de EMI implementados no Brasil. Ainda que todos tenham em comum uma carga horária estendida, a forma como essas horas adicionais são utilizadas podem ser bem diferentes entre os estados e mesmo entre escolas do mesmo estado.

A diretriz federal associada ao Ensino Médio Integral declara que o objetivo da iniciativa é a redução da evasão escolar e da repetência. Aliado a isso, a Base Nacional Curricular Comum (BNCC) explicita um compromisso com uma formação completa dos jovens - preparando-os não apenas para a jornada acadêmica, mas para a vida -, ressaltando a importância da construção de um projeto de vida. Por isso, as orientações vão na direção de focar no desenvolvimento de competências, explorar o protagonismo juvenil e a interdisciplinaridade.

Como os estados brasileiros partem todos dessa mesma diretriz federal, é comum que os objetivos declarados dos programas de educação integral sejam bem parecidos. A dificuldade está em compreender a forma em que o programa chega no dia a dia dos jovens. Por exemplo, algumas iniciativas estaduais relacionam a escola em tempo integral com o desenvolvimento das habilidades para o século 21 e declaram que os estudantes são colocados como protagonistas de seus próprios aprendizados. Apesar disso, diferentes estados podem estar conduzindo o desenvolvimento destas habilidades de formas bem diferentes. Isso torna mais difícil a compatibilização dos resultados encontrados por diferentes estudos e a compreensão de quais são os mecanismos dos efeitos.

Adicionalmente, mesmo dentro de um mesmo estado, em que todas as escolas recebem as mesmas diretrizes, as avaliações de impacto raramente vêm acompanhadas de avaliações de monitoramento. Com isso, não sabemos precisar com qual intensidade as escolas implementaram as diretrizes e mais: para as que não seguiram as diretrizes perfeitamente o que foi feito no contraturno? Esta variabilidade na implementação também pode ajudar a explicar as diferenças de magnitude de resultados encontrados.

Há também limitações de cunho metodológico nos estudos realizados para o Brasil - assim como os estudos internacionais mais antigos. Alguns estudos mencionados neste texto são experimentais - o que significa dizer que as escolas que transitaram para o regime integral foram escolhidas por sorteio. Esta metodologia de estudo é mais rigorosa e facilita a argumentação de que a diferença encontrada entre escolas integrais e não integrais seja inteiramente relacionada às horas adicionais que os estudantes permaneceram na escola.

Outros estudos, por outro lado, são observacionais, ou seja, a escolha de quais escolas se tornariam integrais não foi feita por sorteio. É de se esperar, nestes casos, que as escolas que tenham sido escolhidas primeiro para migrarem para o turno estendido sejam aquelas com melhor infraestrutura - maiores, com mais salas, mais professores, gestão mais organizada. Ainda, é possível que a transição de escolas ao modelo integral tenha gerado uma realocação de recursos escolares dentro das secretarias - como alocação de professores, recursos físicos e demais insumos.

De fato, evidências descritivas mostradas no início deste capítulo explicitam as diferenças observadas entre escolas integrais e não integrais no Brasil, indicativas de que as escolas integrais têm uma infraestrutura superior às escolas regulares. Ainda, existem efeitos negativos de transbordamento do programa, ou seja, a presença de escolas integrais poderia representar uma redução dos resultados educacionais das demais escolas.[38] Desta forma, provavelmente, parte do resultado que os estudos associam ao ensino integral se deve, na verdade, a estas outras características das escolas, sejam estas características inerentes das escolas ou fruto da realocação de recursos dentro das secretarias.

Mesmo em estudos experimentais, no entanto, dificilmente a escolha dos estudantes por escolas regulares ou em tempo integral seria aleatória; pelo contrário, os próprios estudantes se selecionam para o ensino integral. Será que jovens que escolhem estudar no EMI não são intrinsecamente diferentes daqueles que ativamente tomam a decisão contrária? E mais, será que essa diferença não pode implicar que os resultados que até agora nós atribuímos ao programa possam ser decorrentes desse processo de escolha dos estudantes e não da política em si? Se apenas jovens mais motivados buscam o EMI, por exemplo, os efeitos identificados acima podem vir, na verdade, da motivação e não da jornada estendida. De fato, a implementação do EMI alterou algumas características das escolas participantes que não deveriam ser resultado do programa: os estudantes do EMI se diferem dos demais em características correlacionados com anos de estudo, renda e melhor estrutura familiar.[39]

Parece relevante, portanto, buscarmos identificar se esse problema de autosseleção existe e se isso efetivamente ameaça a eficácia identificada do EMI. Será que os jovens efetivamente utilizam a informação da escola ser de EMI na hora de tomar sua decisão de matrícula? Ao que parece, ao serem mais bem-informados sobre a oferta de escolas integrais, os jovens e suas famílias reagem a esta informação e passam a candidatar-se a uma quantidade maior de escolas, explorando, portanto, uma gama maior de oportunidades.[40] Apesar disso, ainda que os resultados apontem para a presença do problema de autosseleção, a magnitude deste problema parece pequena e incapaz de explicar todo o efeito encontrado para o ensino médio integral, mantendo, assim, a perspectiva promissora da política.

38 Ver Kawahara, L. (2019, p. 53).
39 Ver Kawahara, L. (2019, p. 54).
40 Ver, por exemplo, Elaqua et al. (2022).

Com isso, apesar de existirem preocupações metodológicas válidas com os estudos já feitos e diversas razões para a variabilidade observada nos impactos, em linhas gerais a eficácia destas iniciativas está documentada - com maior ou menor magnitude - sobre aumento de proficiência, melhores índices de retenção, menor mortalidade por causa violenta e até em indicadores de maior longo prazo como hábitos de vida, renda, empregabilidade e escolaridade atingida.

Além de seus efeitos diretos sobre os egressos, o EMI traz consequência indiretas que afetam toda a sociedade: aumento da produtividade do trabalho e no crescimento econômico, por exemplo. De fato, estima-se que o custo-benefício do EMI possa ser tal que o benefício chega a ser seis vezes maior que o custo, ao considerarmos todos os efeitos positivos do EMI para a sociedade.[41] Desta forma, ainda que exista bastante espaço de pesquisa para complementarmos nosso entendimento sobre o EMI, esta parece ser uma política que veio para ficar e que traz consigo mais espaço para que a escola continuamente se adeque melhor ao mundo e adapte-se às necessidades formativas dos jovens.

Referências bibliográficas

ALMEIDA, R. et al. Assessing the impacts of Mais Educacao on educational outcomes: Evidence between 2007 and 2011. *World Bank Policy Research Working Paper*, n. 7644, 2016.

BARROS, R.; MACHADO, L.; ABREU, L. *Impactos econômicos de médio e longo prazo de uma educação integral*. São Paulo: Centro de Evidências da Educação Integral, 2022. Disponível em: https://www.insper.edu.br/wp-content/uploads/2022/07/Educacao-Tempo-Integral-Digital-2022-07-21.pdf. Acesso em: 01 de julho de 2023.

BELLEI, C. Does lengthening the school day increase students' academic achievement? Results from a natural experiment in Chile. *Economics of Education Review*, v. 28, n. 5, p. 629-640, 2009.

BRASIL. *Ministério da Educação*. Governo institui Programa Escola em Tempo Integral. 2023. Disponível em: https://www.gov.br/mec/pt-br/assuntos/noticias/2023/julho/governo-institui-programa-escola-em-tempo-integral. Acesso em: 07 de agosto de 2023.

BRASIL. *Ministério da Educação*. Saiba Mais - Programa Mais Educação. Disponível em: http://portal.mec.gov.br/programa-mais-educacao/apresentacao?id=16689#:~:text=O%20Programa%20Mais%20Educa%C3%A7%C3%A3o%2C%20criado,jornada%20escolar%20nas%20escolas%2Cp%C3%BAblicas%2C. Acesso em: 07 de agosto de 2023.

41 Ver Barros, R., Machado, L.; Abreu, L. (2022).

CABRERA-HERNÁNDEZ, F.; PADILLA-ROMO, M.; PELUFFO, C. Full-time schools and educational trajectories: Evidence from high-stakes exams. *Economics of Education Review*, v. 96, 2023.

GARCIA, S.; FERNANDEZ, C.; WEISS, C. Does lengthening the school day reduce the likelihood of early school dropout and grade repetition: Evidence from Colombia. *Documentos de Trabajo EGOB*, n. 4, 2013.

INSTITUTO Ayrton Senna. *Ideais para o desenvolvimento de competências socioemocionais. Engajamento com os outros*. 2020. Disponível em: https://institutoayrtonsenna.org.br/app/uploads/2022/10/IAS_Macro_Engajamento_2020.09.09.pdf. Acesso em: 14 de agosto de 2023.

INSTITUTO Sonho Grande. *Mais integral, mais oportunidades. Um estudo sobre a trajetória dos egressos da rede estadual de ensino de Pernambuco*. 2019. Disponível em: https://www.sonhogrande.org/storage/estudo-sobre-a-trajetoria-dos-egressos-da-rede-estadual-de-ensino-de-pernambuco.pdf. Acesso em: 14 de agosto de 2023.

KAWAHARA, L. *Understanding the impacts of a full-time schooling program*. Dissertação (Mestrado em Economia de Empresas) - Escola de Economia de São Paulo, Fundação Getulio Vargas. São Paulo. 2019.

LINK, C. R.; MULLIGAN, J. G. The merits of a longer school day. *Economics of Education Review*, v. 5, n. 4, p. 373-381., 1986.

OECD. Education at a Glance 2019. OECD Indicators. Paris: OECD Publishing, 2019.

PATALL, E. A.; COOPER, H.; BATTS ALLEN, A. Extending the school day or school year. *Review of Educational Research*, v. 80, n. 3, p. 401-436, 2010.

ROSA, L.; BRUCE, R.; SARELLAS, N. Effects of school day time on homicides: The case of the full-day high school program in Pernambuco, Brazil. *Instituto de Estudos para Políticas de Saúde*, n. 16, 2022.

ROSA, L. et al. The effects of public high school subsidies on student test scores: The case of a full-day high school in Pernambuco, Brazil. *Economics of Education Review*, 87, 102201, 2022.

SANTOS, D. Política baseada em evidências públicas e políticas públicas baseadas em evidência. *Revista Brasileira de Avaliação*, v. 11, n. 3 spe, p. 1-5, 2022.

SCORZAFAVE, L.; ROSA, L. *Avaliação de impacto - Escolas de ensino médio de tempo integral (EEMTI) no estado do Ceará*. Relatório. Não publicado. 2022.

SCORZAFAVE, L.; ROSA, L. *Avaliação de impacto do Programa Ensino Integral (PEI) no ensino médio - Secretaria da Educação do Estado de São Paulo*. Relatório. Não publicado. 2023.

TODOS pela Educação. De olho nas metas. Sétimo relatório de monitoramento das 5 metas do Todos Pela Educação. 2017. Disponível em: https://www.mprj.mp.br/documents/20184/1330165/De_olho_nas_metas.pdf. Acesso em: 07 de agosto de 2023.

WAISELFISZ, J. *Mapa da Violência 2015*. São Paulo: Centro Brasileiro de Estudos Latino-Americanos; Faculdade Latino-Americana de Ciências Sociais, 2015.

CAPÍTULO 2

Evidências do uso de câmeras corporais pelas polícias brasileiras

Eduardo Fagundes
Julia Guerra
Joana Monteiro
Pedro Souza

1. POR QUE DEVEMOS NOS PREOCUPAR COM O USO EXCESSIVO DA FORÇA POLICIAL?

O crime e a violência urbana representam desafios críticos em países em desenvolvimento e em regiões marginalizadas de nações mais ricas. O aumento da presença policial é frequentemente adotado como abordagem central dos governos para garantir a segurança pública. As polícias desempenham um papel crucial na manutenção do funcionamento adequado do Estado, sendo responsável por assegurar a lei e a ordem, e é a principal representação do monopólio do uso da força no dia a dia dos cidadãos. Além disso, a sua presença está associada à redução da criminalidade (Chalfin; McCrary, 2018; Di Tella; Schargrodsky, 2004; Levitt et al., 1997).

Por outro lado, em muitos países há uma palpável desconfiança da população em relação à polícia. Por exemplo, nos Estados Unidos, apenas 30% da população negra reporta confiar nos serviços dos agentes da lei.[1] A percepção sobre o excesso de força policial é, em geral, apon-

1 Pesquisa disponível em: https://www.nytimes.com/2020/08/12/us/gallup-poll-police.html. Acesso em: 20 set. 2023.

tada como uma das raízes para a perda de confiança. Essa situação é ainda mais acentuada em países com elevada desigualdade, onde a relação entre agentes policiais e a sociedade civil é frequentemente tensionada.

No Brasil, de acordo com a Constituição Federal de 1988, o uso da força policial deve ser empregado para preservar o interesse público e sempre com respeito à dignidade humana. As diretrizes vigentes estipulam que os agentes devem seguir princípios como legalidade, necessidade, proporcionalidade, moderação e conveniência no exercício de suas funções. No entanto, o nível das mortes decorrentes de intervenção policial (MDIP) no País se mantém elevado há anos. Em 2022, ações policiais resultaram em 6.429 mortes no Brasil (FBSP, 2023), o que equivale a uma taxa de 3,2 MDIP por 100 mil habitantes. Esse número representa um aumento de 190% entre 2013 e 2022. A incidência entre os estados varia consideravelmente, com taxa oscilando entre 16,6 (Amapá), 10,4 (Bahia) e 0,5 (Distrito Federal) por 100 mil habitantes.

O avanço das tecnologias de captação e armazenamento de imagens tem proporcionado às forças de segurança a oportunidade de adotar abordagens inovadoras para melhorar as práticas policiais e aumentar a confiança da população no trabalho dessas instituições. A implementação de câmeras corporais nos uniformes dos policiais tem sido adotada em países como Estados Unidos e Inglaterra, desde pelo menos 2005, e ganhou ainda mais relevância após casos de uso excessivo de força policial ao redor do mundo. No Brasil, o uso das câmeras corporais passou a ser amplamente defendido e citado na mídia como medida necessária ao controle da atividade policial. Nesse contexto, a maioria das polícias estaduais começaram a adotar a tecnologia ou considerar seu uso. De acordo com levantamento da Secretaria Nacional de Segurança Pública do Ministério da Justiça, realizado em março de 2023, dez estados estavam utilizando a tecnologia de forma permanente, cinco unidades da federação estavam em fase de teste e outras nove estavam estudando a sua implementação.[2]

2 Levantamento apresentado no Encontro do Fórum Nacional de Segurança Pública, realizado em junho de 2023. Os dez estados que estavam usando a câmera de forma permanente eram: AP, CE, DF, MG, RJ, RR, RS, SP, SC e RO. Os cinco estados realizando testes eram: MT, ES, BA, PI e PE. Apenas RN, SE e AC não estavam estudando a possibilidade de implementação.

A forte adoção da tecnologia torna premente a necessidade de se discutir os impactos do seu uso. Este capítulo discute as evidências científicas mais recentes sobre os efeitos das câmeras corporais no contexto internacional e no Brasil. Em especial, analisamos as experiências de São Paulo e Santa Catarina, que foram objetos de avaliação de impacto com metodologias rigorosas, e apresentamos brevemente a experiência do Rio de Janeiro.

Para uma avaliação precisa dos benefícios de qualquer política pública, é fundamental ter uma estimativa confiável do cenário contrafactual, ou seja, um cenário hipotético sobre a evolução dos indicadores de impacto na ausência da política adotada. No caso das câmeras em análise, estamos interessados em identificar o impacto desses dispositivos sobre o uso da força policial, que tem sido um dos principais questionamentos à forma como a atividade é exercida no Brasil. Nesse caso, estamos interessados em obter uma estimativa sobre a evolução dos indicadores de violência policial caso as câmeras não tivessem sido implementadas.

Idealmente, a abordagem mais robusta é a condução de um experimento aleatorizado controlado, como foi feito em Santa Catarina (Barbosa et al., 2021); seguido por avaliações observacionais com a construção de um grupo de comparação (controle ou contrafactual) não afetado pela política, como no estudo de São Paulo. Neste último caso, os pesquisadores exploraram a implementação faseada e o grande número de observações para garantir uma avaliação rigorosa. Ambas as pesquisas corroboram a percepção de que as câmeras contribuem para a redução do uso da força policial.

As avaliações aqui resumidas indicam que o uso das câmeras corporais é um instrumento importante para elevar os padrões de conduta policial, reforçar a transparência e a responsabilidade, e, por conseguinte, aprimorar a confiança da comunidade nas forças de segurança. A próxima seção abordará as principais evidências internacionais sobre o impacto nessas dimensões e em outras, como percepções dos agentes policiais e efeitos organizacionais. Na sequência, serão discutidas as evidências nacionais sobre o impacto da implementação das câmeras na força policial, com foco nos casos de Santa Catarina e São Paulo, além de uma análise preliminar do Rio de Janeiro. Em seguida apresentaremos as lições aprendidas e, por fim, concluiremos.

2. EVIDÊNCIAS INTERNACIONAIS

A hipótese central subjacente à adoção generalizada de câmeras corporais é a de que o seu uso aprimora a supervisão, a gestão da polícia e, consequentemente, contribui para fortalecer os vínculos de confiança com a sociedade. A literatura indica que o impacto da adoção de câmeras, potencialmente, atua por ao menos três canais: 1) aumenta a conformidade da ação policial com os procedimentos operacionais padrão a partir do aumento da supervisão e treinamentos internos; 2) aumenta a cooperação de cidadãos nas interações com policiais; e 3) reduz o esforço de combate ao crime por parte de policiais receosos de punição por potenciais erros (Kim, 2019). Enquanto os dois primeiros canais tendem a contribuir para a redução do crime, o último tem o efeito contrário. Os três mecanismos, por sua vez, tendem a reduzir o uso da força.

O uso de câmeras corporais é um caso raro de inovação na área de segurança pública extensamente estudado. Essa preocupação em entender a efetividade das câmeras corporais se justifica, em parte, pelo alto investimento na aquisição e manutenção dos equipamentos, além da complexidade da logística requerida para o gerenciamento e armazenamento das imagens capturadas e pela resistência ao seu uso por meios policiais e políticos. A sua implementação também é complexa, pois requer capacitações específicas na adoção de protocolos para preservar a privacidade dos policiais que estão sendo monitorados, de modo a garantir a validade dos registros como provas em um possível processo penal.

Os efeitos potenciais do uso das câmeras corporais pelas polícias podem atuar em diversas direções. Por um lado, o uso do equipamento pode levar os agentes a atuar de maneira excessivamente cautelosa para evitar o cometimento de erros ou acusações de desrespeito a protocolos, mesmo em situações em que o uso da força seria adequado, um fenômeno conhecido na literatura como "de-policing" (Devi; Fryer Jr., 2020). Por outro lado, as câmeras têm potencial para melhorar as interações entre policiais e cidadãos e reduzir o uso excessivo da força. Além disso, as gravações das ações policiais podem aprimorar o treinamento e o cumprimento de protocolos policiais ao produzir imagens sobre a rotina de policiamento. Por fim, seu uso pode contribuir para aprimorar o Sistema de Segurança

Pública e Justiça ao produzir evidências que contribuem para tornar as decisões judiciais mais céleres e precisas.

Lum et al. (2019) e Williams Jr. et al. (2021) produziram meta-análises que consolidaram os resultados encontrados por avaliações prévias, as quais buscam medir o impacto do uso do equipamento e utilizam métodos experimentais ou quase experimentais. É possível afirmar que há ampla evidência de que as câmeras corporais reduzem as queixas de civis contra a polícia e que há forte aceitação do seu uso tanto entre a população quanto entre policiais. Os estudos não encontraram, no entanto, evidências sistemáticas de que as câmeras reduzem a proatividade policial, que alterem a condução de prisões e o relacionamento entre a polícia e a população. As evidências também não apontam efeitos na confiança na polícia ou na sensação de medo e insegurança da população. Em especial, ainda se sabe pouco a respeito do efeito das câmeras sobre a produção de provas. Esse efeito pode ser particularmente relevante em investigações de casos de violência doméstica em que os registros em flagrante podem elevar a robustez do conjunto de provas do inquérito penal.

Por fim, tais meta-análises apontam para efeitos inconclusivos sobre o uso de força. Barbosa et al. (2021) apontam vários desafios metodológicos e problemas nas avaliações anteriores que contaminam as análises sobre uso da força. Em particular, os autores ressaltam que muitos estudos prévios analisam os efeitos das câmeras utilizando como grupo de comparação policiais que não foram selecionados para utilizar as câmeras, mas que trabalham nas mesmas unidades de policiais que as receberam (Braga et al., 2018; Ariel et al., 2017). Nessa estratégia, o grupo de controle pode ser potencialmente afetado direta ou indiretamente pelos seus colegas, o que contribui para subestimar o efeito. Barbosa et al. (2021) argumentam também que o nível de análise da pesquisa - policial, ocorrência ou turno - afeta as estimativas de impacto e pode explicar parte dos estudos inconclusivos.[3]

3 Além dos argumentos acima, nos contextos em que a maioria dos estudos prévios foi conduzido, como EUA e Reino Unido, o uso da força é um evento de baixa frequência, o que torna difícil mensurar estatisticamente as diferenças nos resultados entre grupos de tratamento e controle.

A próxima seção apresenta, de forma resumida, três estudos que avaliam o impacto das câmeras corporais no uso da força no contexto brasileiro. Em especial, o caso de Santa Catarina e São Paulo mostram resultados substanciais na redução do uso da força.

3. AS EXPERIÊNCIAS BRASILEIRAS

Santa Catarina

A implementação de câmeras corporais em Santa Catarina se deu em duas fases. No final de 2018, um projeto-piloto foi implementado com a utilização de 73 câmeras corporais, distribuídas em cinco batalhões de Polícia Militar (Florianópolis, São José, Biguaçu, Tubarão e Jaraguá do Sul), e com a participação de 450 policiais em todos os turnos de serviço. Desse total de policiais, um terço foi designado para receber as câmeras (grupo de tratamento) e o restante permaneceu sem câmeras (grupo de controle). Esta implementação-piloto foi avaliada por Barbosa et al. (2021). Em 2019, período subsequente a esta análise, a Polícia Militar de Santa Catarina adquiriu mais de 2.200 câmeras em parceria com o Tribunal de Justiça. As câmeras foram implementadas em fases, cobrindo todo o efetivo e batalhões.

O estudo de Barbosa et al. (2021) seguiu a rígida metodologia de experimentos aleatorizados. Para tal, foram selecionadas como candidatos para uso das câmeras todos os policiais que tinham funções com interação com o público, excluindo-se, portanto, policiais com funções unicamente administrativas. Em passo seguinte, os policiais para o grupo de tratamento foram selecionados aleatoriamente. Este processo evita, por exemplo, viés de seleção que ocorreria se houvesse discricionariedade no uso da câmera. Neste caso, o cálculo do efeito do uso da câmera seria influenciado pelas características do policial. Também se estipulou que os policiais do grupo de tratamento não utilizariam a câmera em dois dias da semana. Esses dias foram escolhidos aleatoriamente e os policiais eram comunicados na noite anterior ao seu turno. A existência desses dias de controle, em que nenhum policial da corporação utilizava as câmeras, permitiu observar se os efeitos sobre os policiais tratados se dão apenas quando usam as câmeras (efeito monitoramento) ou se persistem mesmo quando elas não estão sendo utilizadas (efeito aprendizado).

É importante ressaltar várias outras salvaguardas no desenho experimental. Por exemplo, os atendentes das ligações de 190, que eram responsáveis por despachar viaturas às ocorrências, não tinham conhecimento sobre qual viatura utilizava as câmeras. Desta forma, evitou-se que os próprios atendimentos às ocorrências fossem endogenamente determinados pela presença dos dispositivos. Segundo, a colaboração contou com forte apoio da Polícia Militar à época: houve um cuidadoso processo de inserção das câmeras que contou com especialistas da área jurídica, de fardamento, de tecnologia da informação e de operações policiais. Ressalta-se que, naquele momento, a polícia atualizou o Protocolo de Operações (POP 1/2018) que estabelecia que o policial deveria acionar o modo de gravação quando houvesse qualquer interação com o cidadão (com exceções bem delimitadas) e informar: *"Senhor(a), para registro, essa conversa está sendo gravada por câmera policial, conforme protocolo da Polícia Militar."*

Os autores avaliaram os efeitos das câmeras a partir da observação de 13.274 Boletins de Ocorrência da Polícia Militar, também conhecidos como BO-PM, registrados pelos policiais na operação em tablets no aplicativo preexistente conhecido como PMSC Mobile, durante os primeiros três meses de operação do equipamento. As análises principais foram conduzidas a partir da comparação entre os despachos de viaturas com câmera, quando pelo menos um policial estava portando o equipamento (tratamento), e despachos nos quais nenhum policial portava câmeras (controle).

Os autores verificam, em primeiro lugar, que as câmeras melhoram a qualidade e coleta dos dados no sistema do PMSC Mobile. Quando há o uso de câmeras, os boletins de ocorrência passam a ter 20,1% mais vítimas - reproduzindo a redução da subnotificação. Também observam que o tipo de infração reportada muda. Há uma redução em 5% de despachos relacionados como "sem informação" (equivalente a mais de 370 despachos no período de análise) e um substancial aumento de casos reportados de violência doméstica em 69,2% (correspondendo a aproximadamente mais 180 casos reportados). Os resultados sugerem, assim, que as câmeras são eficazes em reduzir a subnotificação particularmente presente para casos de violência contra a mulher. Também se verifica que o Boletim de Ocorrência no âmbito da Polícia Militar transforma-se em registro na Polícia Civil em frequência 9,2% maior, o que sugere a maior evolução dos casos ao longo do sistema de Justiça.

Os resultados indicam que o uso das câmeras está associado a uma redução significativa de 61% no uso da força. O uso de força, neste caso, é autorreportado e pode compreender qualquer gradação de uso de força, de verbal a letal. Espera-se que a introdução de câmeras reduza a subnotificação de uso de força, e este efeito, se prevalente, sugere que a redução efetiva do uso da força seria ainda maior. Os autores também construíram um "índice de interação negativa" entre polícia e cidadãos - que compreende qualquer interação na qual houve o uso de força, algemas, prisões, desacato, desobediência ou resistência. Os autores estimam uma queda de 44% em um índice de interação negativa entre polícia e cidadãos.

Esses efeitos principais são complementados por evidências que ajudam a compreender quando e por que as câmeras funcionam. Analisando a heterogeneidade do efeito por severidade e risco do despacho policial militar, os autores mostram que os efeitos se concentram em ocorrências que foram classificadas inicialmente como de baixo risco, o que sugere que seu uso previne a escalada de situações potencialmente conflituosas.

O estudo também permite observar os efeitos por graduação do policial - isto é possível porque a câmera é distribuída de forma aleatória entre os policiais. Encontra-se que câmeras são mais frequentemente acionadas, e efeitos de forma geral são acentuados, quando policiais relativamente jovens, com a patente de soldado, portam as câmeras. Há várias interpretações possíveis para este resultado: é possível que policiais no início da carreira tenham maior facilidade a se adequar a novas tecnologias, melhor adequação às mudanças no protocolo, ou simplesmente estejam mais perto do foco de ação dentro da atuação e abordagem policial. Dentre seus efeitos principais, o estudo também aponta que efeitos são maiores em locais com maior uso de força antes do início da introdução de câmeras corporais.

O trabalho também se debruça sobre o que não acontece quando câmeras são introduzidas; e, para isto, testam-se hipóteses potencialmente plausíveis. Uma hipótese cogitada na literatura é que policiais com câmeras possam passar a patrulhar locais com menor uso de força, evitando ativamente o mecanismo de monitoramento que a câmera permite ao tornar menos provável que instâncias de uso de força sejam capturados. Os autores testam para esta hipótese e não encontram que policiais no grupo de tratamento e controle estão significativamente em locais distintos: com iguais níveis de uso de força antes da inserção de câmeras, com a mesma latitude e aproximadamente a mesma longitude. Também não encontram que guarnições ou viaturas se encontram em bairros mais ricos, ou que tenham demorado mais para atender um chamado.

Por fim, um dos aspectos ressaltados na literatura prévia e na introdução a este capítulo é o potencial que câmeras corporais induzam uma espécie de passividade policial, ou "de-policing". Os autores tampouco encontraram diferença na frequência de delitos capturados em flagrantes. Em suma, a evidência aponta para interpretação que não há mudança na localização das ocorrências ou forma de atuação policial.

Finalmente, o trabalho faz um ponto importante sobre a metodologia previamente empregada na literatura internacional e, desta forma, mostra como trabalhos anteriores sofreram problemas de contaminação e subestimaram o efeito no uso de força. Isto se faz possível porque o desenho experimental de Santa Catarina é mais granular do que estudos anteriores, permitindo, assim, reproduzir suas metodologias. Mais especificamente, estudos anteriores avaliaram o efeito de uso das câmeras apenas comparando o uso de força entre policiais de tratamento versus controle, sem considerar que policiais de controle formam guarnições com policiais de tratamento e, por isso, também são indiretamente tratados. Ao fazer a mesma análise em Santa Catarina, observa-se que o efeito estimado em uso de força é substancialmente atenuado, a despeito da sua existência em especificações mais granulares e adequadas. Desta forma, o estudo traz evidências concretas que as conclusões de trabalhos anteriores podem sofrer de problemas metodológicos e, como consequência, a subestimação dos benefícios das câmeras policiais para a redução do uso da força policial.

São Paulo

A adoção das câmeras corporais pela Polícia Militar de São Paulo é um caso raro de uma política pública que foi desenhada e planejada em detalhes. O departamento de tecnologia da informação da Polícia Militar de São Paulo (PMESP) começou a estudar o uso das câmeras corporais em 2014 e comprou as primeiras 130 câmeras em 2016, quando realizou um piloto em três unidades por um trimestre. Esse piloto apontou várias falhas na tecnologia e em suas regras de uso;

e foi crucial para identificar os desafios de implementar essa tecnologia de forma eficaz.[4]

Em 2018, outro piloto foi realizado, comparando dispositivos de três empresas diferentes. Esse processo de aprendizado ajudou a polícia a elaborar um protocolo detalhado antes de iniciar o uso generalizado das câmeras corporais. No início de 2019, o Comando Geral da corporação e os policiais que estudaram o tema apresentaram ao então governador uma proposta para utilizar as câmeras corporais. O governador apoiou o projeto e garantiu os recursos orçamentários para implementá-lo com um desenho amplo: todos os policiais de rua deveriam usar uma câmera corporal ligada durante todo o turno. Ressalta-se que, com um efetivo de mais de 80 mil policiais, a PMESP representa uma das maiores forças policiais da América Latina.

No âmbito do Programa Olho Vivo, após realizar um terceiro piloto com três batalhões em agosto de 2020, a PMESP adquiriu 2.500 câmeras que foram distribuídas entre 18 batalhões em junho de 2021 para todos os policiais de rua, incluindo dez batalhões territoriais da Região Metropolitana. Cada um desses batalhões de polícia tem de 2 a 5 companhias responsáveis por patrulhar uma área específica, totalizando 39 unidades tratadas. O programa foi expandido em mais duas etapas, em fevereiro de 2022 (oito batalhões e 30 companhias) e abril de 2022 (12 batalhões e 46 companhias).[5] Essa distribuição faseada é explorada por Monteiro et al. (2022) para mensurar o efeito da introdução das câmeras corporais sobre o uso da força, investigando também mecanismos que podem explicar os resultados.

O programa implementado pela PMESP se diferencia de muitos outros departamentos policiais, pois todas as equipes de agentes de rua em companhias específicas foram equipadas com câmeras. As câmeras corporais realizam gravações automáticas e contínuas durante todo o turno, além de permitirem gravações intencionais com áudio.[6] Além disso, possuem funcionalidades como GPS ativo, acesso remoto e

4 Em 2017, as câmeras corporais foram objeto de uma tese de doutorado na Academia de Polícia (Cabanas, 2017). Esse trabalho foi utilizado como base para um projeto de dois anos para detalhar todos os passos necessários para a adoção da tecnologia pela polícia.

5 Uma quarta etapa ocorreu em agosto de 2022, mas não faz parte da avaliação em Monteiro et al. (2022).

6 Informações sobre procedimentos e implementação das câmeras estão disponíveis no site desenvolvido pela PMESP: https://sites.google.com/view/bodycam. Acesso em: 04 mai. 2023.

transmissão de voz, possibilitando a comunicação durante as ocorrências. O procedimento padrão prevê que todas as imagens capturadas sejam armazenadas em nuvem por um período de 90 dias a um ano, a depender do tipo de gravação.

Outro aspecto marcante é a transformação substancial que essa inovação tecnológica traz aos padrões de supervisão e controle. Conforme os protocolos internos, os supervisores revisam diariamente filmagens selecionadas e devem relatar se os oficiais seguiram os protocolos de procedimentos operacionais. Casos que envolvem trocas de tiros ou acidentes, ocorrências de vulto, segundo protocolos, devem ser submetidos a uma comissão de avaliação para verificar se o comportamento dos oficiais seguiu as recomendações. Caso contrário, medidas corretivas são aplicadas por superiores. Tradicionalmente, o sistema de supervisão é realizado por oficiais intermediários responsáveis pela supervisão de oficiais de baixa patente nas ruas. Assim, as câmeras corporais potencializam o protocolo de supervisão, ao impor que oficiais de patente superior assistam aos vídeos de seus subordinados de forma contínua. Ademais, agentes de outros órgãos do Sistema de Segurança Pública e Justiça Criminal podem solicitar acesso ao conteúdo das gravações das câmeras, o que gera evidências mais robustas e fortalece as investigações.

No artigo de Monteiro et al. (2022), os autores exploram a distribuição faseada das câmeras corporais nas unidades policiais da Região Metropolitana de São Paulo entre junho de 2021 e julho de 2022. O estudo segue os avanços das técnicas econométricas de diferenças-em-diferenças para avaliar de maneira rigorosa o efeito da introdução das câmeras sobre o uso da força policial. Nesse caso, as companhias que não receberam as câmeras representam um grupo de referência (controle) para a trajetória contrafactual das unidades que receberam as câmeras (tratamento).

O principal resultado aponta que as câmeras reduziram, em média, o número de mortes decorrentes de intervenção policial em 0,22 por bimestre nas companhias tratadas em comparação às unidades que não receberam as câmeras. Isso representa uma redução de 57% em relação à média de 0,38 mortes por bimestre antes do início do Programa Olho Vivo. Fagundes et al. (2023) analisam a heterogeneidade desse efeito e mostram que a queda é concentrada em vítimas negras, grupo para o qual o uso das câmeras está associado a uma redução de 79% das mortes por intervenção policial. O impacto para vítimas brancas é estatisticamente não significante e muito inferior em termos de magnitude.

Os autores exploram três possíveis canais de impacto que podem explicar esse resultado de redução de episódios de uso da força. Primeiro, é possível que as câmeras corporais tornem os policiais receosos de realizar abordagens para não incorrerem em erros que gerem punições, diminuindo sua proatividade e esforço. No entanto, a evolução do número de flagrantes não se alterou de maneira diferencial nas unidades que receberam as câmeras em comparação às demais. Mais ainda, crimes como roubos, furtos e homicídios também não se alteraram por causa da introdução das câmeras. Não há evidências, portanto, que exista um custo dessa política pública em termos de aumento da criminalidade para o caso paulista.

Um segundo canal em potencial para a diminuição da violência policial diz respeito a uma mudança de comportamento por parte dos civis e suspeitos ao interagirem com policiais. É possível que, ao saberem que estão sendo filmados, indivíduos se tornem menos hostis com os agentes, evitando a escalada de abordagens mais violentas. A análise dos dados sobre resistência e desacato não sugere predominância desse canal, visto que não há uma redução significativa dessas ocorrências devido à introdução das câmeras corporais.

Por fim, a existência dos mecanismos de supervisão mencionados pode gerar uma mudança de comportamento policial que adeque suas ações aos protocolos da corporação. Esse é um canal particularmente difícil de testar uma vez que é necessário utilizar microdados sobre os vídeos assistidos pela estrutura de supervisão da polícia. Porém uma evidência que corrobora essa hipótese é o aumento de notificações de ocorrência observado nos registros internos da polícia. As câmeras induziram um aumento de 12% nos registros totais e em particular na notificação de ocorrências que são tipicamente subnotificadas, como violência doméstica, cujos registros aumentaram em 102%. Essa variação sugere uma mudança no comportamento de notificação, inclusive por parte de cidadãos. Ou seja, a criação de evidências robustas, os vídeos produzidos pelas COP, pode contribuir para aumentar a taxa de elucidação de crimes tradicionalmente sub-reportados e, consequentemente, aprimorar todo o fluxo do Sistema de Segurança Pública e Justiça.

Rio de Janeiro

A primeira experiência de uso de câmeras no Rio de Janeiro foi uma iniciativa de pesquisadores da Universidade de Stanford que propuseram à Polícia Militar do Rio de Janeiro (PMERJ) fazer um experimento aleatorizado controlado para testar o uso de câmeras corporais na Unidade de Polícia Pacificadora da Rocinha. O experimento foi conduzido entre dezembro de 2015 e novembro de 2016, com a distribuição aleatória de câmeras entre cinco tipos diferentes de policiamento. Para a maioria das equipes, a aleatorização dos turnos foi feita no nível do tipo de patrulhamento (patrulhamento a pé, radiopatrulha e operações táticas) e por turno. O protocolo de uso teve que ser mudado ao longo do experimento e, na maior parte do tempo, previa que todos os policiais da guarnição estivessem com a câmera e ligassem o aparelho no início de uma ocorrência.

Os resultados relatados em Magaloni et al. (2022) indicam uma grande resistência dos policiais em acionar as câmeras durante o patrulhamento. Em alguns períodos do estudo, menos de 10% dos policiais acionaram o equipamento em um mês de patrulhamento e, mesmo após mudanças de protocolo, o tempo de uso da câmera foi mínimo, em média, 1,4 minuto por hora. O estudo estima que, nesse contexto de baixa aderência à nova tecnologia, os policiais que receberam as câmeras diminuíram as interações com a população, medida pelo número de abordagens e atendimentos ao 190. Essas evidências sugerem que iniciativas pontuais de introdução de câmeras não serão capazes de remover as enormes barreiras da cultura organizacional e, portanto, devem estar associadas a protocolos claros de uso e supervisão para que o equipamento seja utilizado.

No ano de 2021, a PMERJ deu início a um programa institucional para a implementação de câmeras. A criação deste programa se deu em resposta a uma determinação do Supremo Tribunal Federal (STF), no âmbito da Arguição de Descumprimento de Preceito Fundamental (ADPF) 635, que propôs medidas voltadas à redução do uso excessivo da força por parte da PMERJ.[7] O pedido foi atendido pelo ministro Edson Fachin em junho de 2020, durante a pandemia de covid-19, após casos de forte au-

7 A ADPF 635 é fruto de iniciativa popular e foi apresentada ao STF em novembro de 2019. A ADPF tem como objetivo cobrar a adoção de medidas concretas para atenuar os índices de violência policial no Rio de Janeiro.

mento da letalidade policial e com a repercussão envolvendo a morte de um menino em casa durante uma operação da Polícia Civil.

O governo do estado iniciou a contratação de câmeras corporais em 2021 e a distribuição em 2022. Em fevereiro de 2023, a PMERJ tinha 8.945 câmeras instaladas e sendo utilizadas por todos os serviços da atividade-fim nos batalhões territoriais dos sete Comandos de Policiamento de Área. De acordo com Instrução Normativa 168 da PMERJ de 30/11/2022, todos os policiais militares dessas unidades escalados para serviço ostensivo devem portar uma câmera, com exceção de situações excepcionais como os grandes eventos, quando o número de efetivo policial é muito grande. Até fevereiro de 2023, os batalhões especiais e as Unidades de Polícia Pacificadora não contavam com as câmeras (PMERJ, 2023).

A PMERJ concluiu a primeira fase de instalação no fim de junho de 2022 no 7º Comando de Policiamento de Área (CPA), Região Serrana do estado, expandindo para os demais seis comandos de área até dezembro do mesmo ano. A estreita janela temporal de implementação impossibilita que seja aplicada uma avaliação de impacto similar à empregada no caso de São Paulo (Monteiro et al., 2022), visto que as unidades que poderiam ser utilizadas como grupo de controle foram rapidamente tratadas. E não é possível replicar a metodologia utilizada no caso de Santa Catarina (Barbosa et al., 2021), pois as unidades não foram escolhidas de forma aleatória.

No entanto, a análise dos dados mensais divulgados pelo Instituto de Segurança Pública indica um total de mortes por intervenção policial 14% menor entre janeiro e julho de 2023, comparado ao mesmo período do ano anterior. Não é possível estabelecer se esta redução ocorreu devido ao uso de câmeras, visto que não há um bom contrafactual (grupo de controle), e comparações do tipo antes e depois não são robustas a variações de outros fatores no tempo que são independentes da introdução das câmeras. Ou seja, essas evidências devem ser entendidas apenas como sugestivas. Se comprovada, a redução de 14% de mortes decorrentes de atividade policial seria inferior àquelas observadas em São Paulo e Santa Catarina. Como ressaltamos na seção abaixo, isso pode ser explicado, em parte, pelas diferenças fundamentais na implementação da tecnologia.

4. APRENDIZADOS

Esta seção busca resumir os aprendizados dos estudos sobre os impactos das câmeras corporais sobre o uso da força, no contexto brasileiro e internacional. Os estudos de Santa Catarina e São Paulo trazem evidências consistentes de que as câmeras corporais são um instrumento importante para redução do uso excessivo da força no contexto brasileiro. Em ambos os casos, a redução medida é de mais de 50% de uso da força, uma queda muito expressiva. Esses resultados são especialmente relevantes porque são baseados em duas pesquisas de metodologias rigorosas, que utilizam grupos de controle.

Os resultados indicam ainda que os efeitos são concentrados em casos classificados ex-ante como de baixo risco (em SC) e envolvendo pessoas negras (em SP), o que sugere que as câmeras corporais são especialmente importantes para não escalar eventos de menor gravidade e reduzir abusos contra grupos historicamente discriminados. Ainda, os resultados de Santa Catarina indicam que o uso de câmeras é especialmente importante para reduzir o uso da força entre policiais de baixa patente, que ainda estão incorporando as práticas policiais.

Entretanto, experiências passadas de sucesso não garantem que os mesmos efeitos serão observados em implementações futuras, como sugere o caso do Rio de Janeiro. A estratégia metodológica adotada nos estudos analisados não abarca a explicação do porquê dos resultados encontrados. Entretanto, é possível conjecturar os fatores que contribuíram para um resultado tão diferente entre os estados.

Sobre o protocolo de uso, os casos de SP, SC e RJ diferem em dois pontos fundamentais: se todos os policiais devem utilizar (SP, RJ) versus pelo menos um policial da guarnição (SC), e se a câmera deve ficar ligada durante o turno inteiro (SP, RJ) e não apenas quando acionada pelo agente no momento que a ocorrência se inicia (SC). Essas diferenças sugerem que esses não são pontos cruciais para o sucesso da política.

Analisando os casos, chama atenção que a experiência de SP conta com um processo de supervisão e uso de imagens bastante rigoroso e que a instituição implementou outras iniciativas que complementam o Projeto Olho Vivo, mostrando seu compromisso em reduzir esse problema. Em SP, além das câmeras corporais permitirem a verificação de imagens na apuração da conduta policial em eventos de alta repercussão, foi implementado um sistema detalhado de monitoramento proativo. Os sargentos de cada companhia possuem como meta a avaliação mensal de pelo menos 30 registros de ações capturadas pelas câmeras para analisar o cumprimento dos Procedimentos Operacionais Padrão (POP) da PMESP. Esses vídeos são disponibilizados pelo sistema de armazenamento de imagens da PMESP e são avaliados pelos supervisores dentro da agência da Polícia Militar. As avaliações podem se referir a diferentes questões, como adesão a protocolos operacionais, e podem gerar indicação para um retreinamento, orientações verbais, elogios formais ou procedimentos de Polícia Judiciária Civil ou comum. Ainda, os policiais que tiveram as suas ações avaliadas devem ser notificados com os resultados das análises.

Dentre os outros instrumentos para aumentar o cumprimento de protocolos policiais em SP, destaca-se a Comissão de Mitigação de Não Conformidades. Ela ocorre em nível de comando regional, com o objetivo de identificar não conformidades, aprimorar protocolos de atuação e ajustar procedimentos operacionais em novas ocorrências. A comissão analisa ocorrências em que há vítimas ou policiais com ferimentos graves ou mortes. As sessões e encaminhamentos da comissão são independentes do inquérito da Polícia Judiciária Militar e possuem caráter técnico e educativo ao avaliar exclusivamente o cumprimento dos Procedimentos Operacionais Padrão da PMESP. Ainda assim, os oficiais presentes na reunião possuem capacitação que os habilitam a avaliar a dinâmica de ocorrências policiais sob enfoques legais, técnicos e estratégicos, de modo que o resultado de tais reuniões pode gerar instauração de procedimentos apuratórios de natureza criminal ou disciplinar em decorrência de eventuais inconformidades que venham a ser observadas.

5. CONSIDERAÇÕES FINAIS

A análise das experiências com o uso de câmeras corporais no Brasil revela impactos substanciais na redução do uso da força, mas ao mesmo tempo mostra nuances importantes sobre seu impacto na segurança pública. A observação de contexto em que essas câmeras foram adotadas sem respaldo institucional evidencia que, por si só, não constituem uma solução mágica para os problemas de violência policial e desvios de conduta. O simples uso do dispositivo, quando não acompanhado por uma estrutura sólida de supervisão e prestação de contas que incentive a conformidade com os protocolos internos, não parece garantir mudanças no comportamento policial.

No caso específico de São Paulo, por exemplo, a implementação das câmeras corporais foi resultado de um processo de maturação institucional que se estendeu por oito anos, e incluiu desde prospecção da tecnologia a produções acadêmicas, intercâmbio com outras polícias e pilotos antes da implementação em 2021. Esse planejamento parece ter tido um papel central para que o projeto tenha sido bem implementado e aponta para a necessidade de associar a introdução das câmeras a protocolos claros de uso e supervisão para não tornar a tecnologia inócua. Iniciativas pontuais de introdução de câmeras dificilmente serão capazes de remover as barreiras da cultura organizacional.

Outro aspecto relevante é a possibilidade de compartilhamento dos registros com diversas instituições, como o Poder Judiciário, Ministério Público, Polícia Civil e Polícia Técnico-Científica. Essa colaboração permite que as imagens sejam utilizadas como evidências digitais em processos de Polícia Judiciária comum ou militar, enriquecendo o corpo probatório. No entanto, o uso efetivo das evidências provenientes das câmeras corporais depende não apenas da disponibilidade dessas imagens, mas dos incentivos que os agentes de outras instituições têm em usar as imagens como um elemento de prova. O impacto das imagens no Sistema de Justiça Criminal é algo que merece atenção em pesquisas futuras.

Em suma, as câmeras corporais têm o potencial de ser uma ferramenta valiosa no contexto da segurança pública, desde que sejam implementadas de forma cuidadosa e acompanhadas por uma estrutura adequada de supervisão e prestação de contas. É fundamental destacar, no entanto, que esse avanço institucional depende de um compromisso contínuo por parte do comando da instituição para controlar o uso da força. É responsabilidade desse comando manter ativa a vigilância sobre o contrato de serviço e garantir a utilização adequada da tecnologia. Sem esse compromisso, as câmeras corporais podem ser facilmente negligenciadas, levando ao desaparecimento de todos os seus impactos.

Referências bibliográficas

BARBOSA, D. et al. De-escalation technology: The impact of body-worn cameras on citizen-police interactions. *Cage*, n. 581, 2021.

BRAGA, A. et al. *The benefits of body-worn cameras:* New findings from a randomized controlled trial at the Las Vegas Metropolitan Police. Arlington: CNA, 2017.

CABANAS, R. *A câmera de gravação de vídeo individual como estratégia para o incremento da transparência e legitimidade das ações policiais e afirmação da cultura profissional:* Uma proposta de sistematização na Polícia Militar do Estado de São Paulo. Polícia Militar do Estado de São Paulo, Academia de Polícia Militar do Barro Branco. Tese de Doutorado. Volume I. São Paulo, 2017.

CHALFIN, A.; MCCRARY, J. Are us cities under policed? Theory and evidence. *Review of Economics and Statistics*, v. 100, n. 1, p. 167-186, 2018.

DEVI, T.; FRYER Jr., R. G. *Policing the police:* The impact of "pattern-or-practice" investigations on crime. Massachusetts: National Bureau of Economic Research, 2020.

DI TELLA, R.; SCHARGRODSKY, E. Do police reduce crime? Estimates using the allocation of police forces after a terrorist attack. *American Economic Review*, v. 94, n. 1, p. 115-133, 2004.

FAGUNDES, E.; MONTEIRO, J.; SOUZA, P. (working paper). *Monitoring street-level bureaucrats:* The impact of body-worn cameras on police performance. 2023.

FBSP, Fórum Brasileiro de Segurança Pública. *Anuário Brasileiro de Segurança Pública*, v. 16, 2023.

KIM, T. *Facilitating police reform:* Body cameras, use of force, and law enforcement outcomes. Use of Force, and Law Enforcement Outcomes. 2019. Disponível em: https://ssrn.com/abstract=3474634. Acesso: 16 abr. 2024.

LEVITT, S. D.; et al. Using electoral cycles in police hiring to estimate the effect of police on crime. *American Economic Review*, v. 87, n. 3, p. 270-290, 1997.

LUM, C. et al. Research on body-worn cameras: What we know, what we need to know. *Criminology & public policy*, v. 18, n. 1, p. 93-118, 2019.

MAGALONI, B.; MELO, V.; ROBLES, G. *Warriors and vigilantes as police officers:* Evidence from a field experiment with body-cameras in Rio de Janeiro. 2022. Disponível em: https://ssrn.com/abstract=4005710. Acesso: 16 abr. 2024.

MONTEIRO, J. et al. *Relatório de pesquisa:* Avaliação do uso das câmeras corporais pela Polícia Militar do Estado de São Paulo. 2022. Disponível em: https://drive.google.com/file/d/1zX7C1iu6__POkd191zFH4GbZizrlIC7Y/view

PMRJ, Polícia Militar do Rio de Janeiro. Comunicação Interna SEPM/DGTIT/DIT N. 192. 2023.

WILLIAMS Jr. et al. *Body-worn cameras in policing:* Benefits and costs. Massachusetts: National Bureau of Economic Research, 2021.

CAPÍTULO 3

A Estratégia Saúde da Família e os novos desafios no Brasil

Naercio Aquino Menezes Filho
Bruno Kawaoka Komatsu

1. INTRODUÇÃO

A Estratégia Saúde da Família (ESF) é o modelo majoritário do funcionamento atual da Atenção Primária à Saúde (APS) do Sistema Único de Saúde (SUS), o sistema público de saúde no Brasil. Ela foi introduzida como parte de um conjunto de ações no sentido de reestruturar a APS, visando prover acesso universal à saúde, coordenar e expandir a cobertura para níveis mais complexos de cuidado e implementar ações entre diferentes setores (com organizações da sociedade civil, escolas das comunidades e serviços de assistência social) para a promoção de saúde e prevenção de doenças.

Quando foi implementada em 1994 (ainda como um programa, com o nome Programa Saúde da Família), a ESF introduziu uma nova abordagem para o acesso à APS, por meio de equipes de saúde multidisciplinares, que tinham o papel de promover a saúde através de prevenção e provisão de cuidados básicos em visitas domiciliares.

A ESF teve uma rápida expansão do número de equipes e da sua cobertura no território ao longo dos anos. A proporção de municípios com equipes da ESF passou de menos de 5% em 1996 para quase 100% em 2023 (DataSUS, 2023). Atualmente, há quase 50 mil equipes da ESF em atuação, cujo atendimento abrange 74% da população brasileira (DataSUS, 2023). A ESF também representou a incorporação da APS na política de saúde brasileira (Escorel et al., 2007), transformando o modelo de atenção anterior, centrado nos hospitais.

Neste capítulo, temos como objetivos descrever a introdução da ESF no contexto da implementação do SUS e os efeitos gerados por essa iniciativa sobre a mortalidade, especialmente a infantil, e o estado de saúde da população no Brasil.

A ESF tem como objetivos a prevenção e provisão de cuidados básicos por meio do acesso às equipes compostas por médicos, enfermeiros, técnicos de enfermagem e agentes comunitários de saúde, que atendem diretamente a população cadastrada. Sua estruturação ocorreu em um contexto de descentralização do sistema de saúde público e representou uma reorganização da APS como a porta de entrada para níveis da atenção de saúde de maior complexidade.

Essa reorganização do sistema de saúde gerou diversos efeitos sobre a mortalidade e o estado de saúde da população. Houve impactos para a redução da mortalidade em geral e, de forma mais intensa, da mortalidade infantil, ao reduzir doenças crônicas e mortes evitáveis; e para o aumento da eficiência dos recursos investidos, diminuindo assim a necessidade de procedimentos mais complexos e de internações por doenças que poderiam ter sido resolvidas na atenção primária. Mais recentemente, mudanças nas regras de financiamento da ESF trazem dúvidas sobre como a Estratégia seguirá mantendo esses efeitos positivos no futuro.

Além dessa introdução, a próxima seção apresenta um breve histórico da ESF e do SUS; na terceira seção, descrevemos o funcionamento da ESF. Na quarta seção, apresentamos os impactos da ESF sobre resultados de saúde e outras variáveis, e na quinta seção trazemos algumas conclusões.

2. BREVE HISTÓRICO DO SUS E DA ESF

A caracterização da ESF passa pela sua inserção no SUS, que é hoje o maior sistema de saúde pública do mundo. O SUS foi criado em 1990 sobre o princípio da Constituição Federal de 1988 de que o acesso à saúde é um direito do cidadão e um dever do Estado, em um momento em que a pobreza estava em níveis elevados no Brasil em comparação aos anos mais recentes. O País não contava com programas federais de transferência de renda e grande parte da população estava fora do sistema de atendimento público à saúde (Castro et al., 2019; Paim et al., 2011, Bastos et al., 2017). Apesar de problemas e limitações diversas para usuários e profissionais, o

SUS introduziu uma possibilidade de acesso a serviços de saúde a populações em situação de pobreza e extrema pobreza, que não seriam capazes de arcar com os custos de consultas, exames e tratamentos na rede privada de saúde.

O modelo de sistema de saúde anterior à implementação do SUS era centralizado em hospitais públicos e em áreas urbanas (Rocha; Soares, 2010), fragmentado e caracterizado por grandes desigualdades em relação ao acesso e a desfechos de saúde (Castro et al., 2019). Os serviços de saúde eram ligados a categorias profissionais e, posteriormente, a sindicatos, através de um sistema de institutos de pensão e aposentadoria, e eram fornecidos com diferentes níveis de cobertura, abrangendo somente cerca de 50% da população (Pinto; Giovanella, 2018). As pessoas que estavam fora desse sistema eram atendidas por serviços públicos, cuidado filantrópico e serviços privados que davam ênfase ao pronto atendimento, ao atendimento ambulatorial e à atenção especializada (Pinto; Giovanella, 2018; Paim et al., 2011).

Alguns anos após a criação do SUS, o Ministério da Saúde desenvolveu estratégias que focavam na prevenção de doenças e promoção à saúde e com o objetivo de expandir o acesso à saúde para toda a população, coordenar e ampliar a cobertura para níveis mais complexos de cuidado e implementar ações intersetoriais (com organizações da sociedade civil, escolas das comunidades e serviços de assistência social) (Paim et al., 2011; Giovanella; Mendonça, 2012). Fazem parte dessas iniciativas o Programa de Agentes Comunitários de Saúde, criado em 1991, e a ESF, a principal estratégia da APS (Castro et al., 2019; Paim et al., 2011, Bastos et al., 2017).

A ESF foi criada em 1994 como Programa Saúde da Família (PSF)[1] e representou uma profunda mudança em relação à forma de oferta de serviços de saúde no modelo anterior ao SUS. A ESF se fundamentou sobre os seguintes princípios:

- Avanços no processo de descentralização da saúde;
- Integralidade e hierarquização;
- Territorialização e cadastramento da clientela;
- Participação e controle social;
- Atuação com base em equipes multiprofissionais.

1 Instituída como Programa Saúde da Família pela Portaria do Ministério da Saúde no 692 de março de 1994.

O trabalho do PSF foi organizado em equipes de saúde multidisciplinares - compostas por médicos, enfermeiros, técnicos de enfermagem e agentes comunitários que atendem diretamente a população cadastrada -, que têm um papel abrangente, envolvendo visitas domiciliares, assistência nas clínicas e ações educativas voltadas a indivíduos ou populações. A atuação das equipes também envolve a mediação em ações intersetoriais e ações conjuntas com instituições presentes no território, visando a promoção da saúde. O PSF contribuiu com o processo de municipalização da saúde, ao formar equipes de saúde mínimas nos municípios (Giovanella; Mendonça, 2012).

Desde 1996, a ESF expandiu sua operação e cobertura na população de forma acelerada. O Gráfico 1 mostra a evolução da proporção dos municípios cobertos pela ESF, que passou de 5% em 1996 para 99,2% em 2023, com uma forte expansão nos primeiros dez anos. Ao mesmo tempo, o número de equipes da saúde da família passou de 3 mil em 1998, atendendo a 3,2 milhões de pessoas (2% da população), para 49 mil em 2023, alcançando 156 milhões de pessoas (77% da população). Já a APS como um todo atendia a 81% da população em 2023, o que corresponde a 164 milhões de pessoas (DataSUS, 2023).

Gráfico 1 - Proporção de Municípios Brasileiros Cobertos pela ESF

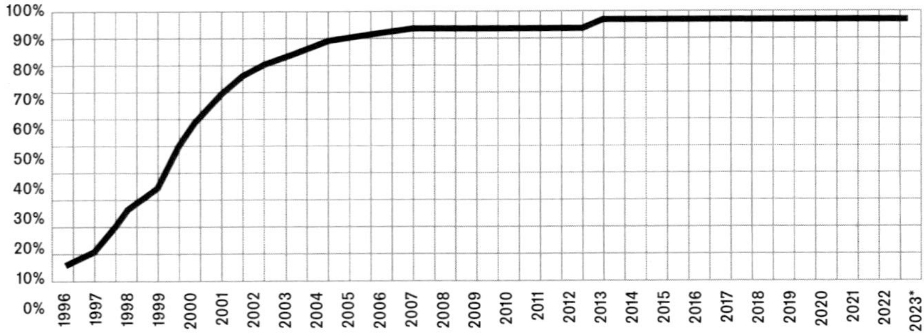

Fonte: DataSUS. Elaboração própria. Considerou-se um município coberto pela ESF quando possui ao menos uma equipe da ESF. Para lidar com a variação no número de municípios ao longo do tempo, trabalhamos com Áreas Mínimas Comparáveis (AMC), que totalizam 4.267 em cada ano. *O ano de 2023 considera os dados até o mês de maio

Ao longo dos anos, a ESF sofreu várias modificações, com a introdução de programas e alterações de regras. Em 1996, foi criado um financiamento específico do então PSF, o Piso da Atenção Básica

(PAB),[2] que representou um incentivo estratégico para a expansão e consolidação do PSF no território (Giovanella; Mendonça, 2012; Massuda et al., 2022), através da modalidade variável, em que o valor da transferência depende da adoção de programas do Ministério da Saúde. Além disso, no final dos anos 1990, o PSF passou a funcionar como uma estratégia estruturante do sistema municipal de saúde, reorganizando o modelo da APS em articulação com os demais níveis de saúde do SUS (Escorel et al., 2007; Giovanella; Mendonça, 2012). A Unidade de Saúde da Família passou a constituir a porta de entrada preferencial do SUS nos municípios e um primeiro nível de cuidado de forma integrada com os níveis de maior complexidade (Giovanella; Mendonça, 2012).

Uma terceira mudança importante foi a criação de modalidades distintas de equipes de saúde da família para atender a necessidades ou populações específicas. Nesse sentido, as equipes de saúde bucal foram criadas em 2001 (Soares et al., 2011) e, em 2011, houve a incorporação das equipes do Consultório de Rua à APS e a criação das equipes de Saúde da Família Ribeirinha e de Saúde da Família Fluvial a partir desse ano para atender áreas remotas da Amazônia Legal e do Pantanal.

Por último, em 2008, o Ministério da Saúde criou os Núcleos de Apoio à Saúde da Família (NASF), com os objetivos de ampliar a oferta de serviços especializados de saúde e aumentar o índice de resolução das ações. Os NASF são formados por equipes de profissionais de diversas especialidades,[3] que apoiam as equipes da ESF, com a construção conjunta de projetos terapêuticos através de discussões de casos clínicos e o atendimento compartilhado, intervenções específicas dos profissionais dos NASF em pacientes encaminhados pelas equipes da ESF, ou desenvolvendo ações intersetoriais no território, com foco em prevenção e promoção da saúde (Giovanella; Mendonça, 2012).

Além dessas mudanças, alguns programas contribuíram para lidar com problemas específicos de abrangência e funcionamento da APS e da ESF. Em primeiro lugar, o Projeto de Expansão e Consolida-

2 Pela Norma Operacional Básica do SUS de 1996 (NOB SUS 01/96).

3 As especialidades são: psicólogo, assistente social, farmacêutico, fisioterapeuta, fonoaudiólogo, profissional de educação física, nutricionista, terapeuta ocupacional, médico ginecologista, médico homeopata, médico acupunturista, médico pediatra e médico psiquiatra.

ção da Saúde da Família (PROESF) foi implementado para expandir a cobertura da ESF nos grandes centros urbanos, onde havia lentidão da implementação do programa (Escorel et al., 2007). Além disso, o Programa de Melhoria do Acesso e da Qualidade da Atenção Básica (PMAQ-AB), que operou entre 2011 e 2018, teve o objetivo de avaliar sistematicamente as equipes e a qualidade dos serviços da APS através de um pagamento por performance das equipes de saúde usando indicadores contratualizados com os municípios (Medeiros et al., 2020).

Uma última iniciativa que procurou lidar com um problema de funcionamento da APS é o Programa Mais Médicos (PMM). Iniciado em 2013, esse programa lida especificamente com a dificuldade de retenção de médicos e de sua alocação em áreas remotas e com maior incidência de pobreza extrema. Suas ações se concentram em três eixos: a provisão emergencial de médicos para as APS daquelas áreas, reformas para o aumento do número de faculdades de medicina e de residências ligadas à APS, e financiamento para a melhoria da infraestrutura da APS.

3. FUNCIONAMENTO DA ESTRATÉGIA SAÚDE DA FAMÍLIA

Atualmente, a ESF tem como objetivo promover a saúde e intervir em fatores de risco, posicionando equipes de profissionais dentro das comunidades. Cada equipe é responsável pelo cuidado de um número fixo de famílias (entre 800 e 1.000) e de pessoas (até 4.000 pessoas) e é alocada em um território pré-determinado (Brasil, 2019). As equipes são compostas por no mínimo um médico (generalista, especialista em saúde da família, ou médico da família e comunidade), um enfermeiro (generalista, ou especialista em saúde da família), um auxiliar ou técnico de enfermagem e agentes comunitários de saúde (ACS). O número de ACS deve ser suficiente para abranger toda a população cadastrada. A equipe pode ter também a parte de saúde bucal, com um cirurgião-dentista (generalista ou especialista em saúde da família), um auxiliar ou técnico em saúde bucal (Brasil, 2012).

As equipes da ESF estão territorialmente vinculadas às Unidades Básicas de Saúde (UBS) e, além de realizar atividades nessas unidades, também fazem visitas domiciliares, atendem em escolas e colaboram com organizações comunitárias. Suas tarefas incluem identificar problemas de saúde comuns e riscos através do diagnóstico, realizar consultas médicas e de enfermagem, aplicar vacinas, conduzir exames de rotina, implementar ações de vigilância à saúde e epidemiológica. A ESF também procura garantir a continuidade do tratamento, fazendo o encaminhamento de casos, promover a saúde por meio de atividades de educação sanitária, estabelecer parcerias com organizações na comunidade para enfrentar problemas de forma integrada, enfatizar os direitos à saúde e incentivar a participação nos conselhos locais de saúde (Brasil, 2019).

O foco principal das ações da ESF junto às famílias é capacitar os familiares e cuidadores, fornecendo-lhes recursos, conhecimento e habilidades para garantir cuidados de saúde abrangentes, com o objetivo de melhorar as práticas de saúde básica, prevenção e detecção precoce de doenças, além de coordenar esforços por meio de interações regulares com as famílias. Esse contato frequente permite que os profissionais induzam mudanças de hábitos e ensinem boas práticas de higiene e de preparação de alimentos e estratégias para lidar com problemas simples de saúde que não requerem atendimento especializado (Rocha; Soares, 2010). Adicionalmente, essas interações também permitem aos profissionais detectar sintomas iniciais de doenças mais complexas, de crianças e adultos, que poderiam demandar cuidado especializado (Bhalotra; Rocha; Soares, 2019).

Outro aspecto importante da ESF é funcionar como a porta de entrada para o sistema de saúde pública local, expandindo a atenção primária e integrando-se com os níveis de cuidado de maior complexidade, como hospitais especializados (Paim et al., 2011; Rocha; Soares, 2010; Brasil, 2000; Giovanella; Mendonça, 2012). Isso contribui para redirecionar a demanda de atendimento e recursos hospitalares de forma mais adequada para casos mais complexos.

Atualmente, as pessoas em situação de pobreza dependem mais da ESF para obterem atenção à saúde, porém a proporção de pessoas que não estão em situação de pobreza e que utilizam serviços públicos de saúde tem crescido. Dados de pesquisas domiciliares recentes[4] indicam que a proporção da população abrangida pela co-

4 Utilizamos dados da Pesquisa Nacional de Saúde de 2013 e 2019, e definimos as pessoas em situação de pobreza a partir da renda domiciliar per capita e das linhas de pobreza estabelecidas a partir de cestas de consumo regionalizadas por Rocha e Franco.

bertura da ESF passou de 63% em 2013 para 70% em 2019. Entre as pessoas em situação de pobreza, a cobertura passou de 73% para 79% no mesmo período, enquanto, entre as pessoas que não estavam em situação de pobreza, o crescimento foi ligeiramente mais acentuado, passando de 61% para 70%. Tendências semelhantes ocorreram entre áreas rurais e urbanas. Nas áreas rurais, a cobertura passou de 81% para 86% entre 2013 e 2019, enquanto nas áreas urbanas, de 60% para 68%.

4. IMPACTOS DA ESF

Para esta seção, realizamos um levantamento de artigos acadêmicos publicados e *working papers* que avaliam os efeitos da ESF sobre desfechos de saúde e outros resultados, selecionando artigos que utilizam metodologias que envolvem comparações com grupo de controle.

No geral, a criação da ESF e a reorganização do sistema de saúde geraram vários efeitos sobre indicadores de saúde, contribuindo para a redução da mortalidade em geral e, especialmente, da mortalidade infantil. Esses efeitos passam pela redução da incidência de doenças crônicas e mortes evitáveis e aumento da eficiência dos recursos investidos, diminuindo assim a necessidade de procedimentos mais complexos e de internações por doenças que podem ser resolvidas na APS.

4.1. Impactos sobre mortalidade infantil

Há na literatura de avaliação de impacto um consenso de que a ESF de fato reduziu a mortalidade infantil (de crianças com menos de 1 ano de idade) (Bastos et al., 2017; Rocha; Soares, 2010; Bhalotra; Rocha; Soares, 2019; Macinko et al., 2007; Guanais; Macinko, 2009; Aquino; Oliveira; Barreto, 2009; Macinko; Guanais; Souza, 2006; Hone et al., 2023; Hunt; Bhalotra; Williams, 2022). A maioria desses estudos utiliza dados agregados no nível do município e explora a variação da adesão do município à ESF ao longo do tempo. Seus resultados no geral indicam que, além de a ESF reduzir a mortalidade infantil, a magnitude dos seus efeitos aumenta ao longo do tempo, e eles começam a ser mensuráveis somente depois de alguns anos do início das atividades da ESF no município.

Rocha e Soares (2010) e Bhalotra, Rocha e Soares (2019) estimam que a ESF reduz a taxa de mortalidade infantil em, respectivamente,

3% e 9% no segundo ano após a adesão do município, valores que chegam, respectivamente, a 20% e 34% oito anos após a entrada no município. Essas magnitudes são grandes quando comparamos com a redução de 49% da taxa de mortalidade infantil no mundo no triplo do tempo (entre 1990 e 2015).

Estudo mais recente, utilizando dados longitudinais no nível do indivíduo de coortes nascidas no Rio de Janeiro, corrobora a evidência anterior e mostra que bebês de mães que utilizaram a ESF nos dois primeiros trimestres da gravidez tiveram um risco de óbito 33% menor, em comparação com bebês de mães que não utilizaram a ESF (Hone et al., 2023).

Os efeitos também foram mais intensos em municípios em que a proporção da população atendida pela ESF era maior (Macinko et al., 2007; Guanais; Macinko, 2009; Aquino; Oliveira; Barreto, 2009; Macinko; Guanais; Souza, 2006), o que sugere que políticas de expansão da cobertura da ESF dentro de grandes municípios (PROESF) pode gerar os efeitos desejados sobre mortalidade infantil. Nas regiões Norte e Nordeste, a ESF teve efeitos mais fortes (Rocha; Soares, 2010; Macinko et al., 2007; Guanais; Macinko, 2009), o que é consistente com o fato de aquelas regiões terem níveis socioeconômicos menores e proporções maiores de usuários do SUS na população. Os efeitos de exposição à ESF também foram maiores entre os filhos de mães com menor escolaridade (Bhalotra; Rocha; Soares, 2019), de baixa renda, branca ou parda e sem emprego formal (Hone et al., 2023).

Os efeitos da ESF sobre mortalidade infantil podem ter sido em parte mediados pela expansão do Programa Bolsa Família (PBF) ao longo dos anos 2000. Entre as condicionalidades de saúde do PBF se encontram exigências que podem afetar a mortalidade infantil, como o acompanhamento da gravidez com sete ou mais consultas pré-natais, o cumprimento do calendário de vacinação de crianças e o acompanhamento nutricional de crianças. Nesse sentido, uma pesquisa conclui que os efeitos complementares dos dois programas ocorrem pela combinação de aumento da demanda por serviços de saúde pelas famílias atendidas pelo Bolsa Família e pelo aumento da oferta daqueles serviços pela cobertura da ESF (Guanais, 2015). Um estudo mostra que o Bolsa Família possui efeito sobre mortalidade de crianças menores de 5 anos, independentemente da presença da ESF, mas que, quando a cobertura da ESF é levada em conta, o efeito é maior (Rasella et al., 2013). Outro estudo, que usa dados de uma coorte de 100 milhões de brasileiros, mostra que o PBF só teve impacto detectável sobre a mortalidade materna em áreas onde a cobertura da ESF é suficientemente alta - mais de 70% da população coberta (Alves et al., 2022).

Todos esses efeitos parecem ter contribuído para a trajetória fortemente declinante da mortalidade infantil no Brasil, de 30 óbitos por 1.000 nascidos vivos em 1996 para 14 óbitos por 1.000 nascidos vivos em 2021 (DataSUS, 2023). Com essa trajetória, o Brasil conseguiu atingir antecipadamente em 2012 a meta do Objetivo de Desenvolvimento do Milênio 4, de redução da taxa de mortalidade infantil para 15,7 por 1.000 até 2015.

Há diversos mecanismos pelos quais a ESF pode afetar a mortalidade infantil. Em primeiro lugar, ela altera comportamentos das mães sobre cuidados pré-natais, especialmente entre as mães com menos escolaridade, e aumenta os nascimentos em hospitais (Bhalotra; Rocha; Soares, 2019; Hone et al., 2023), que podem contribuir para reduzir riscos ligados a possíveis complicações durante a gravidez e o parto. Bhalotra, Rocha e Soares (2019) estimam que após oito anos da entrada da ESF no município, a proporção de mães que vão a sete ou mais consultas pré-natais aumenta 7 pp. e a proporção de nascimentos em hospitais aumenta 1,8 pp. (respectivamente, 16% e 1,9% das proporções no ano inicial da avaliação).

De forma consistente a essas mudanças, estudos também estimam associação negativa entre a ESF e nascimentos prematuros e com baixo peso (Hone et al., 2023) e ainda efeitos da ESF no sentido de diminuir os óbitos por doenças do período perinatal (que vai de 22 semanas de gestação a dez dias depois do parto), o que explica em grande parte a redução da taxa de mortalidade infantil (Rocha e Soares, 2010).

Outro canal de efeitos pode estar relacionado ao fornecimento de informações sobre cuidados básicos de saúde e práticas de higiene nos domicílios. A ESF reduz a prevalência de doenças infecciosas e parasitárias (incluindo as diarreias), além de doenças endócrinas, nutricionais ou metabólicas e doenças respiratórias (Rocha; Soares, 2010; Macinko, 2009; Bhalotra; Rocha; Soares, 2019). Além disso, ela também aumenta a cobertura vacinal contra pólio, sarampo e a vacina tríplice bacteriana em crianças com menos de 1 ano (Aquino; Oliveira; Barreto, 2009), o que é consistente com o efeito sobre as doenças infecciosas.

Um terceiro canal de efeitos é a melhora da saúde de outros membros da família além das crianças, especialmente as mães. A ESF conseguiu alcançar melhorias expressivas na saúde materna após oito anos de funcionamento nos municípios, reduzindo a taxa de mortalidade materna em 53,1%, enquanto a mortalidade entre mulheres na faixa etária reprodutiva de 10 a 49 anos foi reduzida em 41,2% no mesmo período. Esses resultados são notáveis quando comparados à redução da taxa de mortalidade materna no mundo como um todo, de 44% ao longo de um período de 25 anos, de 1990 a 2015 (Bhalotra; Rocha; Soares, 2019).

Por último, a ESF reduz a mortalidade de crianças em diferentes fases ao longo do primeiro ano de vida. Enquanto a mortalidade neonatal (nos primeiros 27 dias de vida) é mais sensível a cuidados de especialistas em hospitais, as mortes pós-neonatais (entre 28 dias e 1 ano de vida) estão mais relacionadas a cuidados nas famílias e estão mais diretamente sujeitas aos efeitos da Estratégia (Macinko et al., 2007). Apesar dessa diferenciação, as evidências mostram que após oito anos de programa, a ESF reduz de forma expressiva tanto a mortalidade neonatal quanto a mortalidade pós-neonatal (Bhalotra; Rocha; Soares, 2019; Hone et al., 2023; Pasklan et al., 2022). Juntamente com a mortalidade fetal (que também é reduzida pela ESF após oito anos), a redução da mortalidade neonatal pode estar ligada à melhora da saúde das mães e ao aumento do número de mães que têm o parto em hospitais (Bhalotra; Rocha; Soares, 2019).

4.2. Impactos sobre outros indicadores

Uma revisão sistemática de literatura indica que os estudos empíricos até então não traziam um consenso claro sobre a existência da associação entre a ESF e as internações sensíveis à atenção primária (CSAP) (Bastos et al., 2017). Internações como essas incluem problemas de saúde tipicamente atendidos na APS, e cujas evoluções, quando não tratados, podem levar a internações, de modo que esse indicador constitui uma medida de efetividade da APS (Nedel et al., 2010).

Estudos mais recentes, no entanto, têm encontrado evidências de que a ESF reduz as internações e mortalidade por CSAP (Hone et al., 2022; Diaz et al., 2022). Hone et al. (2022) usam dados de pessoas, seguindo uma coorte de 1,2 milhão de adultos no Rio de Janeiro entre 2012 e 2016, e encontram que usuários da ESF possuem uma taxa de internações emergenciais por CSAP 3,5% menor do que a de não usuários, e uma taxa de reinternações por CSAP 57% menor em relação ao mesmo grupo. Os efeitos são mais acentuados sobre pessoas com mais idade, menores níveis educacionais, desempregados ou com níveis intermediários de renda (Hone et al., 2022).

Diaz et al. (2022) encontram efeitos de longo prazo da ESF, no sentido de reduzir a mortalidade por CSAP entre adultos, em 30%, após 13 anos de exposição à Estratégia e em 64%, após 20 anos de exposição. Esses efeitos foram explicados por municípios atendidos por uma densidade alta de equipes da ESF por habitantes (até 3.450 pessoas atendidas por equipe), enquanto entre os municípios com densidade menor (mais de 3.450 atendidas por equipe) não se observou efeitos (Diaz et al., 2022).

Estudos também mostram efeitos da ESF sobre indicadores de saúde da população adulta em geral. Rocha e Soares (2010) encontram um efeito de redução da mortalidade entre adultos de 0,38 óbito por 1.000 habitantes após oito anos desde a entrada da ESF, uma estimativa com magnitude relativamente grande, considerando uma redução da taxa de mortalidade total no mundo em 24 anos (1993-2016) de 0,85 óbito por mil habitantes.[5] Outro estudo usa dados longitudinais de 1,2 milhão de indivíduos de baixa renda do Rio de Janeiro e encontra uma associação negativa entre o uso da ESF e o risco de vir a óbito por qualquer causa depois de cinco anos (Hone et al., 2020).

Além disso, há evidências de efeitos da ESF sobre mortes e internações ligadas a causas específicas, como doenças cardiovasculares (Rocha; Soares, 2010; Nishijima; Sarti; Schor, 2019; Rasella et al., 2014), sobre a recorrência de derrames cerebrais e infartos de miocárdio (Cabral et al., 2012) e sobre a resolução de casos de tuberculose (Durovni et al., 2017). Em relação aos efeitos sobre doenças cardiovasculares, Rocha e Soares (2010) estimam um impacto negativo em 0,03 óbito devido a doenças circulatórias por mil habitantes após seis anos da entrada da ESF no município, efeito que depois de oito anos se torna pequeno.

Outros estudos encontram associações negativas entre a abrangência da cobertura da ESF na população e as internações e mortalidade por doenças relacionadas ao sistema circulatório (Nishijima

5 Calculamos as taxas de mortalidade de pessoas com 15 a 59 anos no mundo a partir das estimativas de óbitos e de população das Nações Unidas (2022).

et al., 2019; Rasella et al., 2014). Por exemplo, Rasella et al. (2014) estimam que municípios com a ESF intermediária (cuja cobertura é de 30% a 70% da população) ou consolidada (cuja cobertura é de 70% da população ou mais) possuem taxas de mortalidade por doenças cerebrovasculares, respectivamente, 14% e 18% menores do que municípios sem cobertura da ESF. Além disso, as taxas de mortalidade por doenças cardíacas entre município com cobertura intermediária ou consolidada foram, respectivamente, 19% e 21% menores do que municípios sem cobertura da ESF (Rasella et al., 2014). Cabral et al. (2012) estimam um risco 15% menor de recorrência de derrame ou ataque cardíaco em seis anos quando associado ao cuidado da ESF em comparação ao cuidado tradicional de atenção primária.

Há ainda aspectos interessantes sobre a implementação e funcionamento da ESF que mostram efeitos adicionais e limitações dessa iniciativa. Em primeiro lugar, um estudo com dados individuais em regiões metropolitanas (RMs) brasileiras examina a associação entre o cadastro na ESF e a probabilidade de anormalidades em marcadores biológicos associados a doenças e encontra associação negativa quando examina marcadores relacionados a infecções (Postali et al., 2021). O mesmo estudo encontra uma associação negativa entre a cobertura da ESF nas RMs, mantendo constante o cadastro na ESF, e marcadores relacionados a insuficiência renal, anemia e pressão alta, o que sugere que a ESF pode afetar pessoas não atendidas diretamente por ela. Esse efeito pode estar relacionado à integração das ações de profissionais da ESF com outros agentes (Postali et al., 2021).

A ESF também parece ter efeitos de longo prazo maior sobre a saúde de crianças expostas mais cedo a ela. Estudo compara irmãos com entre 5 e 7 anos em 2008, que foram ou não expostos à ESF desde o nascimento, mantendo fixos fatores específicos às famílias e que não variam no tempo, e encontra que a ESF desde o nascimento de um dos irmãos tem efeitos de reduzir a prevalência de dias de repouso devido a problemas de saúde em 1,9 pp. e o número desses dias em 0,08 (Reis, 2014). Esses efeitos são grandes, levando em consideração as médias de, respectivamente, 4% de prevalência de dias de repouso e de 0,15 dia de repouso (Reis, 2014). Esses resultados são consistentes com a literatura sobre efeitos de políticas e programas sociais durante a primeira infância, que apresentam retornos maiores em relação ao desenvolvimento infantil em comparação com intervenções em momentos posteriores da vida da criança (Comitê Científico do NCPI, 2016).

Além dos impactos sobre resultados de saúde, a ESF também influenciou resultados educacionais das crianças. Há evidência de efeitos imediatos da ESF sobre a proporção de crianças que frequentam a escola. Comparando jovens de municípios que são atendidos ou não pela ESF, constata-se que, depois de oito anos de programa, ela aumenta essa frequência escolar em 4,5%, e esses efeitos são relativamente maiores para os jovens de 15 a 17 anos (11% para homens e 9% para mulheres) (Rocha; Soares, 2010).

Adicionalmente, há estudos que mostram efeitos de longo prazo da ESF sobre resultados escolares. Comparando gerações de indivíduos que foram ou não expostas à ESF desde o nascimento e até a idade escolar, um estudo encontra associações positivas entre o tempo de exposição à ESF e o número de matrículas (Funtowicz; Komatsu; Menezes Filho, 2018). Outro estudo verifica que as crianças expostas à ESF desde o nascimento possuem desempenho melhor em exames padronizados de matemática e língua portuguesa quando elas chegam ao 5º ano do ensino fundamental, em comparação às crianças expostas desde 1 ano depois do nascimento (Gunes; Tsaneva, 2022). Os efeitos médios da ESF sobre as notas de matemática e língua portuguesa são de, respectivamente, 0,021 desvio padrão (d.p.) e 0,030 d.p. das notas, e os efeitos médios sobre os tratados (respectivamente, 0,123 d.p. e 0,086 d.p.) possuem magnitudes relativamente próximas às de efeitos de programas em outros países em desenvolvimento focados na saúde de bebês e crianças pequenas (Gunes; Tsaneva, 2022).

5. CONSIDERAÇÕES FINAIS

A ESF representou uma transformação na forma como os serviços de saúde pública da APS foram entregues à população e foi usada como um modo de reestruturar e organizar a APS em relação aos outros níveis de atenção no SUS. Ela gerou efeitos desejáveis e de grande magnitude para a redução da mortalidade infantil, da mortalidade materna e de mulheres adultas, além de reduzir a mortalidade e o número de internações por causas evitáveis e outros tipos de doenças.

Os efeitos de redução de mortalidade aumentaram ao longo do tempo, verificam-se no longo prazo e são maiores conforme a densidade de equipes da ESF nos municípios. Os efeitos também foram mais intensos sobre a população em condições de vulnerabilidade social, que é uma das que mais depende do sistema público de saúde. Essas conquistas ocorreram apesar de inúmeros desafios de implementação e de problemas recorrentes, cujo enfrentamento foi objeto de programas específicos, como o Projeto de Expansão e Consolidação do Saúde da Família (PROESF), o Programa de Melhoria do Acesso e da Qualidade da Atenção Básica (PMAQ-AB) e o Programa Mais Médicos.

Novos desafios se colocam para a manutenção das conquistas da ESF nos últimos anos. Em 2019, uma nova política de financiamento para a APS foi introduzida, o programa Previne Brasil (PPB),[6] com os objetivos de incentivar os municípios a melhorar os registros de famílias cadastradas na APS e ampliar o acesso à APS. Seus efeitos sobre o acesso aos serviços de saúde pela população ainda não são conhecidos e geram preocupações (Massuda et al., 2022). O PPB veio substituir o PAB por um mecanismo de pagamento em que as transferências federais aos municípios passam a depender do número de famílias e pessoas cadastradas pelas equipes da ESF e da APS (chamado de captação), com uma ponderação por vulnerabilidade socioeconômica, de um sistema de pagamento por performance das equipes, e de um incentivo financeiro por ações e programas prioritários do Ministério da Saúde (Massuda, 2020; Harzherim et al., 2022).

Apesar da vantagem de o cadastramento de pessoas possibilitar o reconhecimento de perfis epidemiológicos para o planejamento de ações de saúde, ele pode também permitir que gestões gerem barreiras de acesso para pessoas que usam o sistema com muita frequência ou que usam tratamentos caros (Massuda, 2020). Além disso, outras possíveis consequências são a mudança do caráter universal do financiamento da APS, passando a ser somente para a população cadastrada, as dificuldades de cadastramento nas áreas onde as populações são mais vulneráveis, o incentivo para o aumento do cadastro sem atenção para a qualidade dos serviços e o foco na performance segundo indicadores sem um impacto correspondente sobre a saúde da população (Massuda, 2020).

6 Pela Portaria nº 2.979, de 12 de novembro de 2019.

Além disso, a nova política encerrou o financiamento federal específico aos NASF, o que gerou o receio de que a resolutividade das equipes da ESF pudesse ser reduzida (Massuda, 2020; Mendonça et al., 2023). Por outro lado, essa mudança aumentou a autonomia dos municípios para estabelecer as equipes multiprofissionais que consideram mais adequadas. Além disso, um dos critérios de desempenho a ser considerado para as transferências aos municípios envolve equipes multidisciplinares na APS e, adicionalmente, na transição para o novo modelo de financiamento; os valores previstos em 2020 sem considerar os NASF eram maiores do que os de 2019 com os NASF (Harzheim et al., 2022; Brasil, 2020). Por último, se verificou um aumento de 16% no número de profissionais de ensino superior passíveis de compor equipes dos NASF na APS entre 2019 e 2021 (Harzheim et al., 2022), o que sugere que, apesar de não se manter com o formato dos NASF, as equipes multiprofissionais ainda parecem permanecer.

Adicionalmente, a Política Nacional de Atenção Básica de 2017 introduziu uma nova modalidade de equipe de saúde, a Equipe de Atenção Primária (EAP), que não conta com o agente comunitário de saúde e cuja carga horária mínima do profissional é menor, de 10 horas. Essa nova modalidade representou a introdução de um modelo alternativo de cuidado, com foco diretamente no indivíduo e sem o componente de promoção de saúde na comunidade, um dos pilares do funcionamento da ESF. Além disso, há incerteza sobre os efeitos da redução da carga horária dos profissionais, que pode levar a uma redução da qualidade do atendimento, porque esse vínculo de trabalho deixa de ser o principal (Mendonça et al., 2023).

Face aos novos desafios e à permanência de desafios estruturais do SUS, é preciso avaliar como essas novas mudanças impactarão o acesso e o estado de saúde da população, especialmente entre os mais vulneráveis.

Referências bibliográficas

ALVES, F. J. O. et al. Association of conditional cash transfers with maternal mortality using the 100 million brazilian cohort. *Jama Network Open*, v. 6, n. 2, e230070, 2023.

AQUINO, R.; DE OLIVEIRA, N. F.; BARRETO, M. L. Impact of the Family Health Program on infant mortality in brazilian municipalities. *American Journal of Public Health*, v. 99, n. 1, p. 87-93, 2009.

BASTOS, M. L. et al. The impact of the brazilian Family Health on selected primary care sensitive conditions: A systematic review. *PLoS ONE*, v. 12, n. 8, e0182336, 2017.

BHALOTRA, S. R.; ROCHA, R.; SOARES, R. R. Does universalization of health work? Evidence from health systems restructuring and maternal and child health in Brazil. *Lacea Working Paper Series*, n. 22, 2019.

BRASIL. Secretaria de Políticas de Saúde. Departamento de Atenção Básica. Programa Saúde da Família. *Revista de Saúde Pública*, v. 34, n. 3, p. 316-319, 2000.

BRASIL. Ministério da Saúde. Secretaria de Atenção à Saúde. Departamento de Atenção Básica. Política Nacional de Atenção Básica. Brasília, 110 p. 2012.

BRASIL. Ministério da Saúde. Estratégia Saúde da Família. 2019. Disponível em: http://www.saude.gov.br/acoes-e-programas/saude-da-familia/sobre-o-programa. Acesso em: 17 abr. 2024.

BRASIL. Ministério da Saúde. Secretaria de Atenção Primária à Saúde. Departamento de Saúde da Família. Nota Técnica nº 3/2020-DESF/SAPS/MS. 2020.

CABRAL, N. L. et al. The brazilian Family Health Program and secondary stroke and myocardial infarction prevention: A 6-year cohort study. *American Journal of Public Health*, v. 102, n. 12, p. e90-e95, 2012.

CASTRO, M. C. et al. Brazil's unified health system: The first 30 years and prospects for the future. *The Lancet*, v. 394, n. 10195, p. 345-356, 2019.

COMITÊ Científico do Núcleo Ciência pela Infância. Estudo nº II: Importância dos vínculos familiares na primeira infância. 2016. Disponível em: http://www.ncpi.org.br. Acesso em: 24 jun. 2023.

DATASUS. e-Gestor Atenção Básica, 2023. Disponível em: https://egestorab.saude.gov.br/paginas/acessoPublico/relatorios/relHistoricoCoberturaAB.xhtml;jsessionid=2GAYldoKpA0MS39hfAlwmicG. Acesso em: 24 jun. 2023.

DIAZ, M. D. M. et al. Assessment of the association between the Brazilian Family Health Strategy and adult mortality. *Health Policy and Planning*, v. 37, n. 4, p. 461-471, 2022.

DUROVNI, B. et al. The impact of the brazilian Family Health Strategy and the conditional cash transfer on tuberculosis treatment outcomes in Rio de Janeiro: An individual-level analysis of secondary data. *Journal of Public Health*, v. 40, n. 3, e359-e366, 2017.

ESCOREL, S. et al. O Programa de Saúde da Família e a construção de um novo modelo para a atenção básica no Brasil. *Revista Panamericana de Salud Pública*, v. 21, n. 2-3, 2007.

FUNTOWICZ, A., KOMATSU, B. K.; MENEZES FILHO, N. Os impactos do Programa Saúde da Família sobre as matrículas no ensino fundamental. 46º Encontro Nacional de Economia da ANPEC. *Anais*. Rio de Janeiro, 2018.

GIOVANELLA, L.; MENDONÇA, M. H. M. D. Atenção primária à saúde. In: GIOVANELLA, L. et al. (Eds.). *Políticas e sistema de saúde no Brasil*. 2. ed. [s.l.]: Editora Fiocruz, p. 493-545, 2012.

GUANAIS, F. C. The combined effects of the expansion of primary health care and conditional cash transfers on infant mortality in Brazil, 1998-2010. *American Journal of Public Health*, v. 105, n. S4, p. S593-S599, 2015.

GUANAIS, F. C.; MACINKO, J. The health effects of decentralizing primary care in Brazil. *Health Affairs*, v. 28, n. 4, p. 1127-1135, 2009.

GUNES, P. M.; TSANEVA, M. The effect of Brazil's Family Health Program on cognitive skills. *Iza Institute of Labor Economics*, n. 15784, 2022.

HARZHEIM, E. et al. Atenção primária à saúde para o século XXI: Primeiros resultados do novo modelo de financiamento. *Ciência & Saúde Coletiva*, v. 27, n. 2, p. 609-617, 2022.

HONE, T. et al. Primary healthcare expansion and mortality in Brazil's urban poor: A cohort analysis of 1.2 million adults. *PLOS Medicine*, v. 17, n. 10, 2020.

HONE, T. et al. Expansion of primary healthcare and emergency hospital admissions among the urban poor in Rio de Janeiro Brazil: A cohort analysis. *The Lancet Regional Health - Americas*, v. 15, 2022.

HONE, T. et al. Associations between primary healthcare and infant health outcomes: A cohort analysis of low-income mothers in Rio de Janeiro, Brazil. *The Lancet Regional Health - Americas*, v. 22, p. 100519, 2023.

HUNT, P.; BHALOTRA, S.; WILLIAMS, C. The role and impact of the right to health: Evidence from Brazil's Family Health Program. *Human Rights Quarterly*, v. 44, n. 1, p. 111-141, 2022.

MACINKO, J. et al. Major expansion of primary care in Brazil linked to decline in unnecessary hospitalization. *Health Affairs*, v. 29, n. 12, p. 2149-2160, 2010.

MACINKO, J. et al. The influence of primary care and hospital supply on ambulatory care-sensitive hospitalizations among adults in Brazil, 1999-2007. *American Journal of Public Health*, v. 101, n. 10, p. 1963-1970, 2011.

MACINKO, J. et al. Going to scale with community-based primary care: An analysis of the family health program and infant mortality in Brazil, 1999-2004. *Social Science & Medicine*, v. 65, n. 10, p. 2070-2080, 2007.

MACINKO, J.; GUANAIS, F. C.; DE SOUZA, M. D. F. M. Evaluation of the impact of the Family Health Program on infant mortality in Brazil, 1990-2002. *Journal of Epidemiology & Community Health*, v. 60, n. 1, p. 13-19, 2006.

MASSUDA, A. Primary health care financing changes in the brazilian health system: advance ou setback? *Ciência & Saúde Coletiva*, v. 25, n. 4, 2020.

MASSUDA, A. et al. *Brazil's primary health care financing*: Case study. 2022.

MEDEIROS, O. L. et al. Delivering maternal and childcare at primary healthcare level: The role of PMAQ as a pay for performance strategy in Brazil. *PLoS ONE*, v. 15, n. 10, p. e0240631, 2020.

MENDONÇA, F. D. F. et al. Changes in the primary care policy and the (un)sustainability of the Family Health Strategy. *Saúde em Debate*, v. 47, n. 137, p. 13-30, 2023.

NEDEL, F. B. et al. Características da atenção básica associadas ao risco de internar por condições sensíveis à atenção primária: Revisão sistemática da literatura. *Epidemiologia e Serviços de Saúde*, v. 19, n. 1, 2010.

NISHIJIMA, M.; SARTI, F. M.; SCHOR, A. Results of primary health care intervention for prevention of hospitalizations and mortality due to hypertension in Brazil, 2000-2015. *Journal of Public Health*, p. 1-10, 2019.

PAIM, J. et al. The Brazilian health system: History, advances, and challenges. *The Lancet*, v. 377, n. 9779, p. 1778-1797, 2011.

PASKLAN, A. N. P. et al. Are primary health care features associated with reduced late neonatal mortality in Brazil? An ecological study. *Maternal and Child Health Journal*, v. 26, n. 9, p. 1790-1799, 2022.

PINTO, L. F.; GIOVANELLA, L. Do Programa à Estratégia Saúde da Família: expansão do acesso e redução das internações por condições sensíveis à atenção básica (ICSAB). *Ciência & Saúde Coletiva*, v. 23, p. 1903-1914, 2018.

POSTALI, F. A. S. et al. Primary care coverage and individual health: Evidence from a likelihood model using biomarkers in Brazil. *BMC health services research*, v. 21, n. 1, p. 1-8, 2021.

RASELLA, D. et al. Effect of a Conditional Cash Transfer Programme on Childhood Mortality: a nationwide analysis of Brazilian municipalities. *The Lancet*, v. 382, n. 9886, p. 57-64, 2013.

RASELLA, D. et al. Impact of Primary Health Care on Mortality from Heart and Cerebrovascular Diseases in Brazil: a nationwide analysis of longitudinal data. *BMJ*, v. 349, g4014, 2014.

REIS, M. Public Primary Health Care and Children's Health in Brazil: Evidence from siblings. *Journal of Population Economics*, v. 27, n. 2, p. 421-445, 2014.

ROCHA, S.; FRANCO; S. Parâmetros e resultados da PNAD 2014. *Planilha do Excel*. Rio de Janeiro: Iets, 2015. Disponível em: https://www.iets.org.br/spip.php?article406. Acesso em: 15 out. 2019.

ROCHA, R.; SOARES, R. R. Evaluating the impact of community-based health interventions: evidence from Brazil's Family Health Program. *Health Economics*, v. 19 n. S1, p. 126-158, 2010.

SOARES, C.; RAMOS, M. Uma avaliação dos efeitos do PMAQ-AB nas internações por condições sensíveis à Atenção Básica. *Saúde em Debate*, v. 44, n. 126, p. 708-724, 2020.

SOARES, F. F. et al. Atuação da equipe de saúde bucal na estratégia saúde da família: análise dos estudos publicados no período 2001-2008. *Ciência & Saúde Coletiva*, v. 16, n. 7, p. 3169-3180, 2011.

SOUZA, L. E. P. F. D. et al. The potential impact of austerity on attainment of the Sustainable Development Goals in Brazil. *BMJ Global Health*, v. 4, n. 5, p. e001661, 2019.

UCHÔA, S. A. D. C. et al. Inovação e utilidade: Avaliação externa do Programa Nacional de Melhoria do Acesso e da Qualidade da Atenção Básica. *Saúde em Debate*, v. 42, n. spe1, p. 100-113, 2018.

WORLD BANK. World Development Indicators. 2023. Disponível em: https://databank.worldbank.org. Acesso em: 17 abr. 2024.

CAPÍTULO 4

O Cadastro Único para programas sociais do governo federal: presente e futuro

Vinícius Botelho

1. INTRODUÇÃO

O Brasil foi um dos países pioneiros na adoção de políticas de transferência condicionada de renda e tem um dos maiores programas desse tipo no mundo. Considerando os impactos documentados de programas dessa natureza, abrangendo escolaridade, saúde, vacinação, violência, poupança, nutrição, consumo e bem-estar psicológico, entre outras áreas,[1] é natural que eles tenham se disseminado: de 142 países cujos dados estão disponíveis na base ASPIRE,[2] aproximadamente 70% têm programas de transferência de renda incondicional e 43% têm programas de transferência de renda condicional.[3] Nesse contexto, também é natural haver um grande debate sobre os diferentes modelos de implementação das políticas de transferência de renda, assim como dos benefícios e custos de cada alternativa.

Uma das principais dimensões do sucesso de uma política social é a sua capacidade de ser focalizada, de chegar à população que realmente está em situação de vulnerabilidade econômica e social. O conjunto tradicional de políticas previdenciárias e trabalhistas é pouco efetivo para o combate de desigualdades no Brasil, muitas vezes ampliando as desigualdades, em vez de reduzi-las. Em contraposição, a transferência de renda para a população

1 Ver Fizsbein e Schady (2009), Bastagli et al. (2016) e Bastagli et al. (2018).
2 Atlas of Social Protection Indicators of Resilience and Equity, disponível em: https://www.worldbank.org/en/data/datatopics/aspire.
3 Ver Banco Mundial (2018).

vulnerável é um exemplo internacional de sucesso, consolidado há vários anos. Grande parte deste sucesso decorre do sistema de cadastramento da população de baixa renda.

Os objetivos deste artigo são avaliar a experiência brasileira na obtenção de informações para a gestão de políticas sociais e propor uma agenda para aprimorar o atual sistema. Para isso, na próxima seção são discutidas as principais diferenças entre a coleta de dados para política social no Brasil e no resto do mundo, avaliando também a literatura acadêmica sobre o tema. Na terceira seção, discute-se como os resultados de focalização no Brasil se distinguem daqueles observados em outros países. Na quarta seção, discutem-se as perspectivas e os desafios da agenda de focalização de políticas sociais. A quinta seção conclui a temática.

2. A COLETA DE DADOS PARA A GESTÃO DA POLÍTICA SOCIAL: AUTODECLARAÇÃO OU ESTIMAÇÃO?

A gestão da focalização de uma política social depende de dois componentes: a estrutura de cadastramento das famílias de baixa renda e os critérios utilizados para a concessão e manutenção de seus benefícios. Enquanto o primeiro mede a capacidade do setor público para coletar dados das pessoas em vulnerabilidade, o segundo se preocupa com o desenho das regras de acesso e permanência nos programas sociais, de modo a garantir que os benefícios contemplem prioritariamente os mais necessitados, entre aqueles cadastrados.

Para medir a focalização, tipicamente são utilizadas duas métricas: a proporção de pessoas que não são elegíveis a um benefício social e o recebem (erros de inclusão) e a proporção de pessoas que são elegíveis a um benefício social e não o recebem (erros de exclusão). Idealmente, seria desejável que tanto o erro de inclusão como o erro de exclusão de uma política social bem desenhada fossem nulos. Na prática, é preciso haver alguma tolerância para o erro apontado em ambos os indicadores.

No caso brasileiro, o principal instrumento para cadastramento da população de baixa renda é o Cadastro Único para Programas Sociais do Governo Federal (CadÚnico). Em dezembro de 2022, o CadÚnico dispunha de informações de mais de 93 milhões de pessoas, em mais de 41 milhões de famílias,[4] o que equivale a mais de 40% da população

4 Segundo dados do CECAD (Consulta, Seleção e Extração de Informações do CadÚnico), Versão 2.0, disponível em https://cecad.cidadania.gov.br/agregado/index4.php.

brasileira. O CadÚnico é responsável por prover informações para diversos programas sociais federais, estaduais e municipais. Entre eles, destacam-se o Programa Bolsa Família, a Tarifa Social de Energia Elétrica, o Benefício de Prestação Continuada, o Programa de Fomento às Atividades Produtivas Rurais, a Carteira do Idoso, a Isenção de Taxas em Concursos Públicos e a Isenção de Taxas do Enem.

Para se inscrever, o cidadão deve se dirigir a um posto de atendimento, local em que ele é entrevistado para que seus dados possam ser coletados. A coleta dos dados, nos postos de atendimento, é de responsabilidade das prefeituras (tipicamente, da Assistência Social). Desse modo, o CadÚnico funciona como uma política interfederativa, na qual a União, os estados e os municípios compartilham responsabilidades. A União define as informações que serão coletadas, estabelece os critérios de coleta dos dados e disponibiliza sistemas para a captura e checagem das informações. Os estados capacitam e coordenam ações junto aos municípios para garantir a qualidade do cadastramento. As prefeituras operacionalizam a coleta dos dados, inclusive quando é preciso fazer ações de busca ativa (deslocamento de agentes da gestão municipal até regiões com concentração de pessoas em situação de pobreza para, no campo, coletar as suas informações).

Como o critério para a determinação de pobreza é a renda per capita, os dados informados são checados com registros administrativos oficiais, de modo a identificar declarações inverídicas da renda do trabalho formal e da renda oriunda de benefícios sociais, trabalhistas e previdenciários. Portanto, pode-se dizer que o modelo brasileiro é de autodeclaração, com checagem de dados.

Evidentemente, a autodeclaração traz riscos: considerando a elevada informalidade da economia brasileira, que não se restringe às ocupações de renda mais baixa, a autodeclaração abre a possibilidade para que as pessoas omitam rendimentos de forma a obter benefícios sociais indevidos.

Tal risco coloca em dúvida os benefícios de uma mudança recente no CadÚnico, pela qual é possível realizar um pré-cadastro, online, no qual o cidadão antecipa algumas das informações coletadas na entrevista. Afinal, há evidência de que facilitar excessivamente o cadastramento inicial em sistemas nos quais a pobreza é autodeclarada pode aumentar os erros de inclusão, sem reduzir os erros de exclusão.[5] No

5 Ver Alatas et al. (2016).

caso, a entrevista presencial tem o potencial de limitar requerimentos do benefício por parte de famílias não pobres, que atribuiriam baixa probabilidade ao evento de virem a ter seus requerimentos deferidos. Reforçando a ideia de que é preciso manter cautela constante com as tentativas de cadastramento por parte de famílias de renda média e alta, há evidência, no Brasil, de que, até o patamar de um salário-mínimo per capita, as tentativas de cadastramento aumentam quanto maior é a renda domiciliar, caindo somente a partir desse patamar.[6]

Apesar dos riscos expostos, a comparação dos dados da Pesquisa Nacional por Amostra de Domicílios Contínua (PNAD Contínua) com os dados do CadÚnico sugere que, embora haja um contingente amplo de famílias que subdeclara seus rendimentos, a maior parte das famílias de baixa renda declara, espontaneamente, rendimento informal não nulo ao CadÚnico: se todas as famílias com renda informal declarassem rendimento nulo, os recursos necessários para a operação do Programa Bolsa Família em 2019 teriam sido aproximadamente 70% maiores do que efetivamente foram.[7] Nesse sentido, a manipulação dos dados de renda parece ser, na prática, limitada.

Adicionalmente, evidências sobre a coleta de dados em entrevistas domiciliares sugerem que a visita domiciliar faz, de fato, com que os responsáveis pelo fornecimento das informações declarem valores maiores de renda, despesa e número de membros da família (as diferenças são estatisticamente significantes). Contudo, as diferenças não são quantitativamente expressivas, de modo que o valor da renda e do número de membros da família obtidos na visita domiciliar aumentam pouco a renda domiciliar per capita (em aproximadamente 10%).[8]

Sugerindo uma tendência comportamental mais ampla, outras áreas, além da política social, também mostram que a disposição das pessoas para manipulação de informações declaradas de forma a maximizar benefícios privados é bastante limitada.[9]

Apesar das evidências positivas sobre a gestão de políticas sociais baseada na autodeclaração, ela está longe de ser unanimemente adotada entre os países.[10] Em diversos países, a elegibilidade a programas sociais é determinada a partir de modelos estatísticos

6 Ver IBGE (2016).
7 Ver Botelho et al. (2020).
8 Vide Brasil (2017).
9 Ver Cohen e Dupas (2010) e Dizon-Ross e Zucker (2021).
10 Ver Leite et al. (2017).

de predição de vulnerabilidade. Para estimar esses modelos, é preciso ter dados de pesquisas domiciliares que permitam relacionar um conjunto de características observáveis das famílias ao seu nível de consumo ou rendimento.

Contudo, nem sempre as pesquisas disponíveis são adequadas para esta finalidade e, quando o são, muitas vezes não são atualizadas com frequência. No caso brasileiro, a pesquisa, cuja amostra mais se aproxima do ideal para estimar um modelo de predição de pobreza, é o Censo Demográfico. Afinal, não existe uma pesquisa estatística cuja amostra seja construída com o objetivo de representar a população pobre, e a capacidade das pesquisas existentes para cumprir esta função é limitada.

Apesar da adequação da amostra, o Censo só é atualizado a cada dez anos e não dispõe de dados sobre consumo, considerados mais adequados do que a renda para se avaliar a vulnerabilidade de uma família. Empiricamente, o consumo é menos volátil do que a renda, e uma das razões que ajudam a explicar este fenômeno é que o consumo está mais vinculado à capacidade de geração de renda no longo prazo do que à renda corrente. Adicionalmente, parte relevante dos problemas associados à pobreza é causada por uma privação de consumo (como a privação do consumo de alimentos), fazendo do consumo um indicador mais preciso sobre a pobreza de uma família do que a sua renda atual.

Os dados de consumo poderiam ser obtidos na Pesquisa de Orçamentos Familiares (POF) que, inclusive, seria capaz de fornecer estimativas de renda mais precisas do que aquelas obtidas pela metodologia do Censo. Contudo, a POF também leva vários anos para ser atualizada e, por questões de amostragem, é bastante limitada para fornecer informações sobre os percentis de renda familiar per capita mais baixos.

Por fim, a PNAD Contínua dispõe de dados de renda mais atualizados do que aqueles do Censo e da POF, mas, assim como o Censo, não dispõe de dados de consumo e, assim como a POF, não é construída para representar a população pobre.[11]

Em resumo, nenhuma pesquisa estatística parece adequada para fornecer informações tempestivas de qualidade sobre a renda e o consumo da população mais pobre do País.

11 Há métodos para aproximar as pesquisas estatísticas e o Censo, como o explorado por Souza (2015). Apesar de amenizar o problema, a aplicação de tais métodos não o mitigam por completo.

Em adição à inadequação das pesquisas, os métodos de estimação são bastante limitados. Além de não serem efetivos para a redução dos erros de inclusão, eles tipicamente geram uma quantidade significativa de erros de exclusão.[12]

Não bastassem as dificuldades relacionadas à coleta inicial de dados e à estimação dos modelos, essa estratégia de operação ainda requer a coleta dos dados das famílias cuja pobreza será avaliada para fins da concessão dos benefícios. Em alguns países, isso é feito por meio de pesquisas de campo, o que torna a operação proibitivamente custosa e acaba, por fim, dificultando consideravelmente a atualização do conjunto de beneficiários dos programas, engessando o sistema de proteção social.

A seleção de famílias para programas sociais também pode ser realizada por critérios geográficos ou em reuniões comunitárias.

Embora permita focalizar os benefícios nas áreas nas quais se sabe que a pobreza está concentrada, a abordagem geográfica é um critério excessivamente rígido para a concessão de benefícios, já que a localização da residência de uma família não é um critério definitivo para determinação da pobreza: há famílias pobres em áreas ricas, e vice-versa. Quanto maior for a desigualdade dentro das regiões consideradas vulneráveis, maior o erro de medida desta estratégia. A necessidade de traçar linhas geográficas precisas para a concessão de benefícios também cria distorções relevantes na fronteira das zonas nas quais os benefícios são concedidos.

Já a seleção de beneficiários por meio de reuniões comunitárias é um mecanismo no qual as pessoas de uma comunidade se reúnem para decidir quem serão os beneficiários de um programa de transferência de renda. A principal vantagem deste modelo é explorar rico conjunto de informações que as pessoas de uma comunidade podem ter umas sobre as outras. Contudo, ele facilita a captura do processo de concessão de benefícios sociais pela elite local, que pode influenciar os demais membros da comunidade em favor da concessão dos benefícios a um grupo de pessoas de sua escolha. Apesar do risco de captura, a comparação experimental de preditores de pobreza com métodos de seleção comunitária não apresentou diferenças quantitativamente relevantes entre os dois modelos de operação.[13]

12 Ver Camacho e Conover (2011) e Kidd e Wylde (2011).

13 Ver Alatas et al. (2012).

Em resumo, a evidência da literatura experimental sugere que não existe uma estratégia universalmente eficiente para a identificação das pessoas pobres. Embora os experimentos realizados tenham indicado que algumas práticas têm resultado melhor que outras, na maior parte das vezes as diferenças não são quantitativamente relevantes a ponto de serem capazes de alterar significativamente a taxa da pobreza em todo um país. Vale destacar: tal evidência não significa que problemas de implementação não possam gerar resultados desastrosos de focalização, já que os experimentos acadêmicos que testaram as diferentes estratégias de concessão de benefícios sociais geralmente são implementados de forma bastante controlada e efetiva.[14] Nesse sentido, a evidência aponta na direção de que, se bem implementadas, as estratégias de identificação de pessoas em situação de vulnerabilidade podem primar pela flexibilidade e pela agilidade operacional, que são as principais vantagens de um sistema autodeclaratório. Assim, pode-se dizer que a evidência geral da literatura experimental, sobre métodos de seleção de beneficiários de programas sociais, favorece o modelo brasileiro.

Na próxima seção, são analisados os dados referentes aos erros de inclusão e exclusão dos programas de transferência ao redor do mundo, com foco especial na evolução recente dos dados do Brasil.

3. COMPARAÇÃO INTERNACIONAL DA FOCALIZAÇÃO DE POLÍTICAS SOCIAIS

Utilizando dados da base ASPIRE, é possível analisar a evolução da focalização das políticas de transferência de renda em diversos países. A análise apresentada neste artigo refere-se ao período de 2015 a 2019, pois esse é um dos períodos com o maior conjunto de países para os quais os dados estavam disponíveis na época da elaboração deste capítulo.

Para avaliar a focalização dos programas sociais, foi utilizado o indicador de incidência. A incidência de um benefício social sobre um conjunto de pessoas mede a proporção de benefícios pagos a esse conjunto de pessoas em relação ao total de benefícios pagos para a população. Assim, a incidência de benefícios sociais sobre o primeiro quintil de renda mede a capacidade de o programa social chegar à população

14 Ver Asri (2019), a título de exemplo sobre como estratégias de seleção de beneficiários mal desenhadas e implementadas podem ter impactos significativos sobre a focalização dos programas sociais em escala nacional.

mais vulnerável. Por sua vez, a incidência de benefícios sociais sobre o quinto quintil de renda mede a incapacidade de o programa social impedir que o benefício seja apropriado pela população de mais alta renda.

Além da análise isolada da incidência dos benefícios sobre o primeiro e o quinto quintis da distribuição de renda, este capítulo analisa a evolução no tempo da diferença entre a incidência observada no primeiro e no quinto quintis, tomando essa estatística como uma métrica agregada para a qualidade da focalização dos programas de transferência de renda.

Vale destacar que diversos fatores, além daqueles exclusivamente relacionados ao cadastramento, afetam a focalização de uma política social. Linhas de elegibilidade muito altas, por exemplo, podem fazer com que uma parcela grande da população no quinto quintil de renda seja elegível ao recebimento da transferência condicionada. Contudo, apesar de o cadastramento não ser, necessariamente, o único responsável por uma focalização imperfeita, ele é indispensável para uma focalização de qualidade.

Na comparação internacional de indicadores de focalização, o Brasil se destaca positivamente. Em 2015, em uma amostra de 14 países para os quais há dados sobre a incidência de programas de transferência condicionada de renda por quintil da distribuição de renda antes das transferências, o Brasil ocupava a quarta posição no ranking de focalização agregada, perdendo para Panamá, Paraguai e Peru. Como mostra a Figura 1, em 2019 o Brasil[15] passou para a terceira posição, ultrapassando o Paraguai. O resultado é ainda mais positivo se considerada a dimensão e a diversidade do território brasileiro, que muitas vezes impõe uma complexidade ímpar para a gestão das políticas sociais.

15 Representado pelo Programa Bolsa Família.

Figura 1 - Ranking da diferença, em 2019, entre a incidência de benefícios associados a programas de transferência de renda sobre famílias no primeiro e no quinto quintis da distribuição de renda (antes das transferências), por país

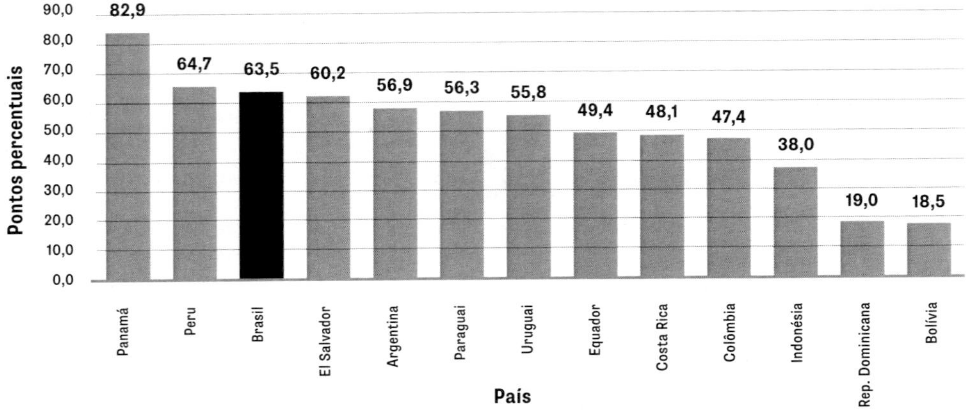

Fonte: ASPIRE, Banco Mundial. Elaboração própria

Portanto, os dados de 2015 a 2019 sugerem que o Brasil não só manteve posição de elevado destaque no ranking internacional de indicadores de focalização como conseguiu aprimorar consideravelmente a sua capacidade de chegar, de forma eficiente, à população de mais baixa renda. Tal movimento fica ainda mais claro na análise da Figura 2, que destaca a evolução do indicador agregado de focalização, por país. Entre 2015 e 2019, o Brasil foi o país, de toda a amostra, que teve maior aprimoramento na capacidade de chegar à população mais vulnerável.

Figura 2 - Variação acumulada, de 2015 a 2019, da diferença entre a incidência de benefícios associados a programas de transferência de renda sobre famílias no primeiro e no quinto quintis da distribuição de renda (antes das transferências), por país

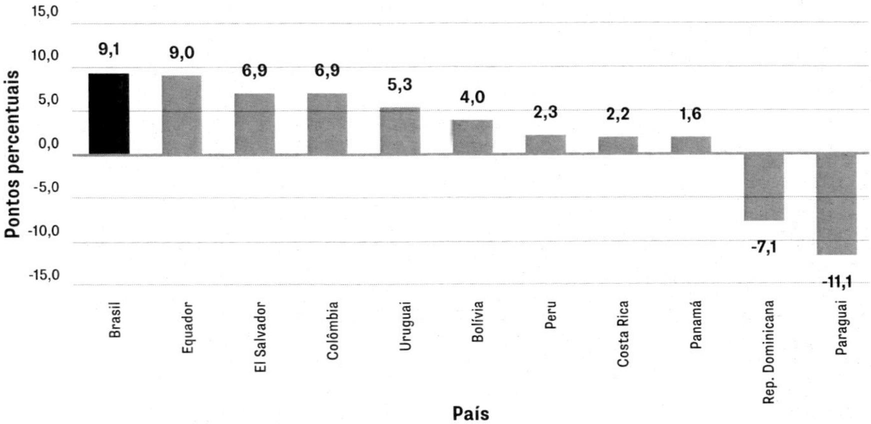

Fonte: ASPIRE, Banco Mundial. Elaboração própria

Os resultados agregados podem ocorrer por conta de um aumento da capacidade de o país atribuir benefícios à população no primeiro quintil de renda ou por conta de um aumento da capacidade de cancelar os benefícios atribuídos à população mais rica. Como mostra a Figura 3, o Brasil foi capaz de fazer os dois movimentos simultaneamente, assim como vários outros países da América Latina. Chama a atenção que, nos dois países no qual ocorreu piora da focalização agregada (República Dominicana e Paraguai), a piora ocorreu tanto na dimensão de inclusão como na dimensão de exclusão: a incidência de benefícios diminuiu no primeiro quintil e aumentou no quinto. Não há países que estejam em casos intermediários, em que uma das dimensões melhora enquanto a outra piora.

A Figura 3 ainda indica que, no período considerado, o Brasil foi o país que mais aumentou a incidência de benefícios sobre o primeiro quintil da distribuição de renda. Em termos da redução de benefícios voltados para o quinto quintil, o Brasil teve a quarta maior melhora, em relação aos demais países da amostra. Assim, em termos absolutos de incidência, pode-se dizer que o principal determinante da melhora brasileira no indicador agregado de focalização foi o aumento de benefícios distribuídos à população mais pobre.

O resultado é ainda mais forte se for levado em consideração que, no período de 2015 a 2019, o número total de famílias beneficiárias do Programa Bolsa Família esteve praticamente estagnado, com uma queda de 13,9 milhões para 13,8 milhões na média anual.[16] Portanto, pode-se dizer que a melhora de resultados indicada é fruto de um aprimoramento da gestão dos benefícios sociais, e não da expansão do conjunto de benefícios existente à época. O resultado sugere que, apesar de o Brasil já ocupar uma posição de destaque internacional na capacidade de direcionar benefícios à população de mais baixa renda, em 2015 ainda havia bastante espaço para aprimoramento.

Figura 3 - Variação acumulada, de 2015 a 2019, da incidência de benefícios associados a programas de transferência de renda sobre famílias no primeiro e no quinto quintis da distribuição de renda (antes das transferências), por país

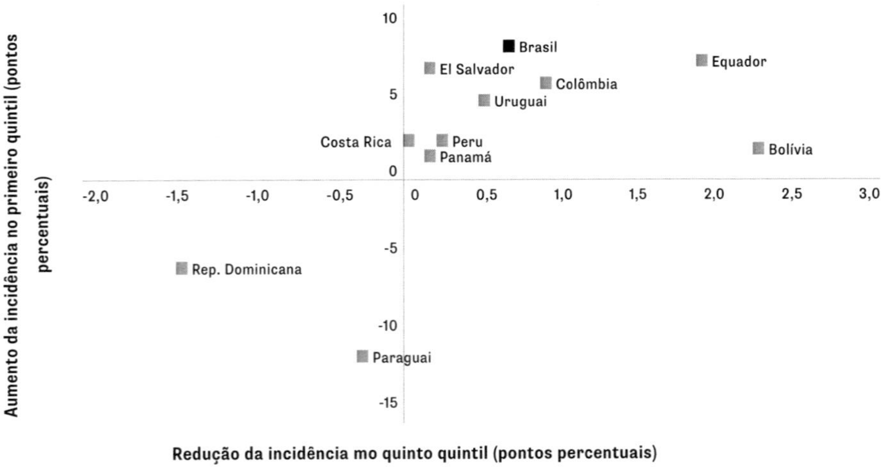

Fonte: ASPIRE, Banco Mundial. Elaboração própria

A análise detalhada do caso brasileiro, indicada na Figura 4, sugere que a melhora observada entre 2015 e 2019 foi contínua. Apesar de haver um salto no indicador de qualidade de focalização de 2015 para 2016, o indicador melhorou continuamente, ano após ano.

16 Ver Botelho (2020).

Figura 4 - Diferença entre a incidência de benefícios associados a programas de transferência de renda sobre famílias no primeiro e no quinto quintis da distribuição de renda (antes das transferências), de 2015 a 2019, no Brasil

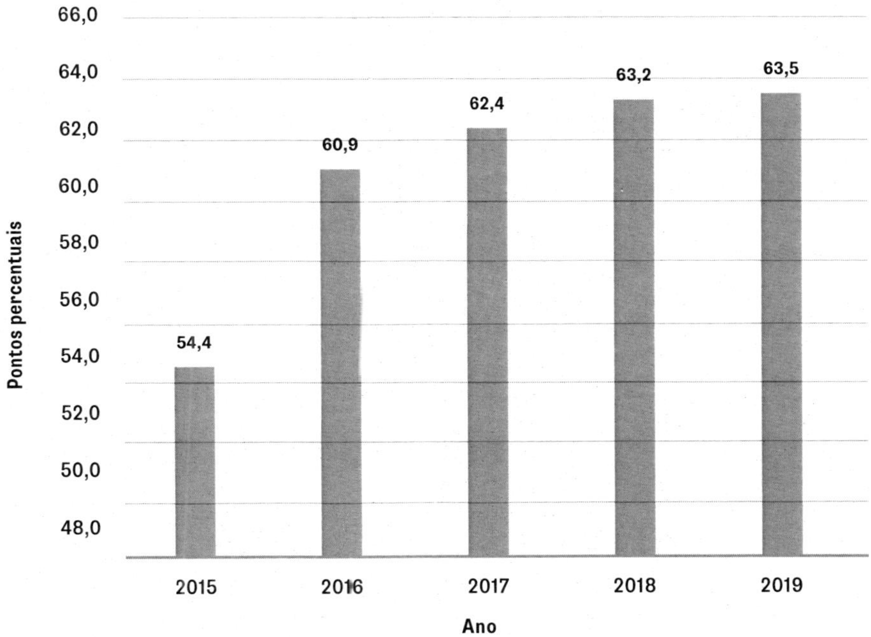

Fonte: ASPIRE, Banco Mundial. Elaboração própria

Para compreender melhor o caso brasileiro, é preciso separar a análise do indicador agregado (que é a diferença da incidência de benefícios entre o primeiro e no quinto quintis de renda) nos indicadores que medem, separadamente, a incidência no primeiro e no quinto quintis. Na Figura 5 está indicada a evolução da incidência dos benefícios associados a programas de transferência de renda para o primeiro quintil da população. Os dados sugerem que o principal determinante da evolução absoluta do indicador agregado de focalização é a expansão do acesso ao benefício para a população de baixa renda. Percebe-se que essa evolução foi contínua e persistente, em padrão bastante similar ao observado no indicador geral.

Figura 5 - Incidência, em pontos percentuais, de benefícios de transferência condicionada de renda sobre famílias no primeiro quintil da distribuição de renda (antes das transferências), de 2015 a 2019, no Brasil

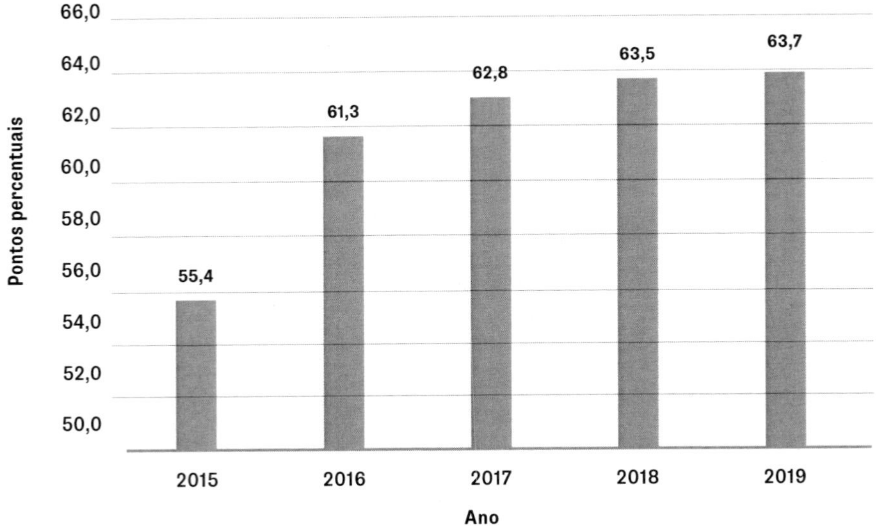

Fonte: ASPIRE, Banco Mundial. Elaboração própria

Ao analisar a incidência de benefícios para o quinto quintil da distribuição de renda, surge um padrão um pouco diferente. Entre 2015 e 2016, há uma redução do indicador que, embora seja pequena em termos absolutos (0,6 ponto percentual), é bastante significativa em termos relativos: a incidência dos benefícios sobre a população de mais alta renda caiu para menos da metade do patamar original, em um único ano. O movimento continuou em 2017 e, embora tenha havido uma piora no indicador em 2018, ele voltou a melhorar em 2019, atingindo o menor patamar da série histórica (de aproximadamente um quarto do volume observado em 2015).

Figura 6 - Incidência, em pontos percentuais, de benefícios de transferência condicionada de renda sobre famílias no quinto quintil da distribuição de renda (antes das transferências), de 2015 a 2019, no Brasil

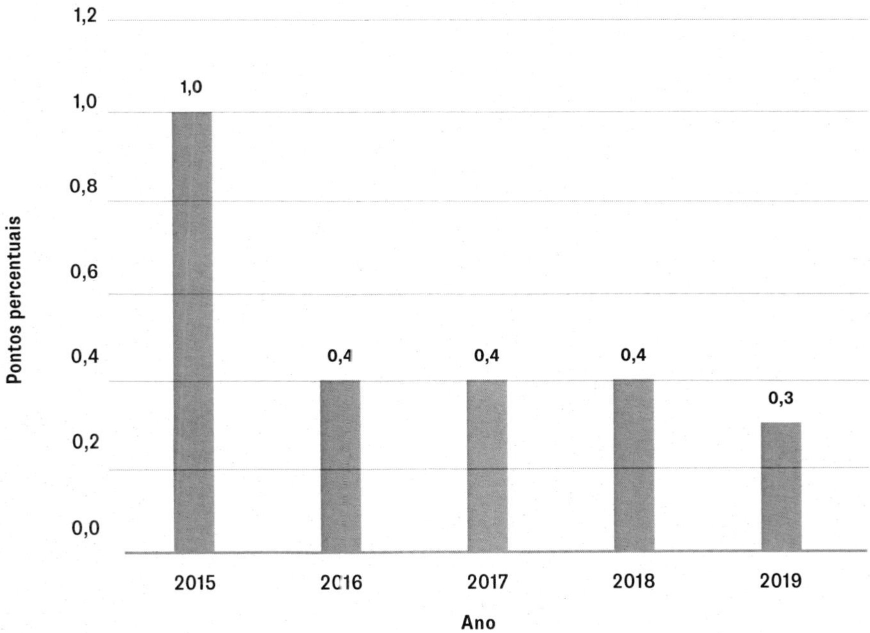

Fonte: ASPIRE, Banco Mundial. Elaboração própria

Tais movimentos coincidem com o aprimoramento no uso de registros administrativos para qualificar os dados do CadÚnico. Desde 2016, houve um aprimoramento substancial no uso dos dados de renda, óbito e identificação de servidores públicos. Em particular, o Cadastro Nacional de Informações Sociais (CNIS) passou a ser utilizado em todas as averiguações cadastrais, de 2016 a 2019. Em algumas ocasiões, as checagens de informação envolveram, inclusive, dados do Imposto de Renda Pessoa Física.[17]

Os efeitos das iniciativas de verificação de dados têm dois componentes principais: o primeiro deles, direto, é o cancelamento dos benefícios indevidos. Um segundo efeito, indireto, é o de coibir a inscrição de famílias inelegíveis ao recebimento de benefícios. Como mostra a expe-

17 Vide Brasil (2019).

riência internacional,[18] este tipo de canal é importante para diminuir erros de inclusão. Tais resultados reforçam a importância de se garantir, institucionalmente, que o CadÚnico tenha acesso contínuo aos dados necessários para tais cruzamentos de informação.

Em resumo, o CadÚnico, apesar de envolver um modelo operacional que não é comum na experiência internacional, apresentou, até o final de 2019, um resultado bastante positivo sobre a capacidade de focalizar as políticas sociais. Resta discutir as perspectivas e desafios para seguir avançando nesta agenda.

4. PERSPECTIVAS E DESAFIOS

Apesar da posição consolidada do Brasil na sua capacidade de identificar e distribuir benefícios para pessoas em situação de vulnerabilidade, a experiência do período de 2015 a 2019 mostra que sempre existe espaço para avançar e tornar o sistema mais inclusivo.

Nesse sentido, um dos principais problemas na gestão de dados em políticas sociais no Brasil é o uso limitado das informações disponíveis no CadÚnico. Por exemplo, quando o Auxílio Emergencial foi instituído, com o propósito de compensar trabalhadores informais da perda de seus rendimentos durante a pandemia da covid-19, a concessão de benefícios ignorou as informações de renda declarada e tipo de vínculo no período pré-pandemia, variando benefícios somente de acordo com a estrutura familiar. Perdeu-se a oportunidade de fazer uma compensação mais precisa e que, com isso, poderia ser mais abrangente, eficiente e segura.

Da mesma forma, apesar da riqueza das informações do CadÚnico sobre as condições do domicílio das famílias cadastradas, as políticas habitacionais do governo federal tipicamente consideram como critérios para elegibilidade somente a inscrição no CadÚnico e a renda. No entanto, a heterogeneidade de condições de moradia das famílias de baixa renda ainda é muito grande. Em fevereiro de 2023, somente no subconjunto de famílias registradas no CadÚnico em extrema pobreza, 9,6 milhões de famílias usavam rede coletora de esgoto para escoamento sanitário, enquanto 5,7 milhões de famílias utilizavam fossas rudimentares, 3 milhões de famílias utilizavam fossas sépticas, 400 mil famílias utilizavam valas a céu aberto e 200 mil famílias escoavam o esgoto direto para um rio, lago ou mar. No mesmo subconjunto de fa-

18 Ver Alatas et al. (2016).

mílias em pobreza extrema, 2,8 milhões de famílias moravam em casa sem água canalizada, 1,5 milhão de famílias moravam em residências sem banheiro e 300 mil famílias moravam em residências iluminadas com vela, óleo, querosene ou gás. Em um universo de 22 milhões de famílias, percebe-se a grande heterogeneidade mesmo entre os públicos que estão declarados na extrema pobreza.[19]

O caso da inclusão produtiva é outro exemplo. A inclusão produtiva envolve não só a identificação das populações vulneráveis, que precisam ser incluídas produtivamente, como a identificação do tipo de inclusão mais adequado a cada grupo (uma avaliação de potenciais). Nesse caso, os dados do CadÚnico precisam ser complementados com outras fontes de informação, como notas em provas padronizadas, para o caso de jovens, e dados de atividade informal (que podem precisar ser coletados em campo). Há indícios de que existe também grande heterogeneidade nas habilidades do público inscrito no CadÚnico. Por exemplo, de 2011 a 2017 mais de mil medalhas na Olimpíada Brasileira de Matemática das Escolas Públicas (OBMEP) foram concedidas a jovens beneficiários do Programa Bolsa Família.[20] Como pensar em políticas de incentivo à acumulação de capital humano sem levar em consideração este tipo de informação?

Outro desafio surgiu recentemente, com a instituição do Auxílio Brasil, cuja estrutura de benefícios oferecia incentivos muito grandes à subdeclaração do tamanho das famílias, multiplicando cadastros. Como resultado, o número de famílias unipessoais beneficiárias do Programa Bolsa Família saiu de 2,2 milhões em novembro de 2021 e atingiu 5,9 milhões em janeiro de 2023. Chama a atenção que o movimento foi concentrado em duas fortes e rápidas expansões: o número de famílias unipessoais beneficiárias da transferência de renda aumentou em aproximadamente 1,1 milhão somente em dezembro de 2021 e em 1,1 milhão somente em julho de 2022. Tal dinâmica certamente não encontra respaldo nas tendências demográficas, sendo um contínuo alerta para a necessidade de se monitorar e agir diante de mudanças nas políticas sociais que podem representar aumentos nos erros de inclusão dos programas.[21]

19 Segundo dados do CECAD (Consulta, Seleção e Extração de Informações do CadÚnico), Versão 2.0, disponível em: https://cecad.cidadania.gov.br/agregado/index4.php.

20 Ver Brasil (2018).

21 Segundo dados do VISDATA, Versão 3.0, disponível em: https://aplicacoes.cidadania.gov.br/vis/data3/data-explorer.php.

Vale destacar que a Medida Provisória 1.164/2023, que recriou o Programa Bolsa Família, não tem mecanismos para solucionar, de forma crível e estrutural, o problema da subdeclaração do tamanho das famílias. Desde o final de 2022 tenta-se resolver esse problema com a edição de ações de averiguação cadastral, um processo de checagem de registros similar ao adotado quando são identificadas inconsistências na renda declarada. Contudo, a efetividade dessas iniciativas tem sido muito limitada: entre janeiro e março de 2023, o número de famílias unipessoais e beneficiárias do Programa Bolsa Família foi reduzido somente em 400 mil, mantendo um total de benefícios unipessoais ainda muito superior ao observado em novembro de 2021 (5,5 milhões em março de 2023 e 2,2 milhões em novembro de 2021).[22]

A subdeclaração do tamanho das famílias é um problema complexo, e anterior à instituição do Auxílio Brasil, [23] mas bastante agravado por ele. Por trás deste problema está a dificuldade de se obter dados de endereço com qualidade no Brasil, especialmente levando em consideração o fato de que muitas propriedades são irregulares do ponto de vista legal, e o fato de que o CadÚnico não é censitário. Em registros administrativos censitários, possíveis com a popularização do uso do Cadastro de Pessoas Físicas (CPF) como documento de identificação, não é possível subdeclarar pessoas. Partindo de uma base censitária de pessoas, pode-se desenhar a estrutura de benefícios tributários e sociais de forma compatível com a declaração verdadeira da estrutura familiar e domiciliar e, ao mesmo tempo, usar os dados de endereço de qualidade para relacionar pessoas, famílias e domicílios. Sem esses dados, a capacidade de ações de averiguação cadastral para resolver de forma estrutural a subdeclaração de pessoas nas famílias registradas será sempre limitada.

Por fim, com a divulgação dos dados do Censo Demográfico de 2022, será possível recalibrar as estimativas de pobreza e avaliar em que medida a PNAD Contínua mediu com qualidade os erros de inclusão e exclusão dos programas sociais. A disponibilização contínua dos dados da PNAD Contínua permite a criação de mecanismos para remunerar a gestão municipal pela qualidade dos dados coletados, o que também pode ser instrumental em momentos nos quais há grande distorção das

22 Segundo dados do VISDATA, Versão 3.0, disponível em: https://aplicacoes.cidadania.gov.br/vis/data3/data-explorer.php.
23 Ver Brasil (2017).

informações cadastrais, como no caso das famílias unipessoais. O papel dos postos de cadastramento na qualidade das informações coletadas não deve ser subestimado.[24]

5. CONCLUSÃO

São muitos os desafios envolvidos na gestão e na operacionalização de políticas sociais e, nesse quesito, o Brasil tem um papel de destaque na experiência internacional, seja pelo grau de inovação adotado no cadastramento da população de baixa renda, seja pelos excelentes resultados obtidos, em termos de focalização.

O protagonismo brasileiro ficou ainda mais evidente com os resultados observados no período de 2015 a 2019. Sem aumentar o número de beneficiários do programa de transferência de renda, o País promoveu a maior expansão da incidência de benefícios no primeiro quintil de renda entre todos os países para os quais há dados disponíveis, ao mesmo tempo em que foi capaz de reduzir a incidência de benefícios no grupo de renda mais alta. A melhora de gestão, associada ao maior controle sobre a informação autodeclarada no CadÚnico, mostra como a posição de destaque que o Brasil ocupa atualmente não pode ser usada como pretexto para evitar a inovação na gestão de políticas sociais.

Atualmente, a inovação é mais do que necessária: com o aumento recente das evidências de que há um problema grave de subdeclaração do tamanho das famílias no CadÚnico, a partir da instituição do Auxílio Brasil, a política social requer estratégias inovadoras e eficazes para não perder a relevância conquistada ao longo das últimas décadas. Aprimorar a agenda de gestão e melhorar a forma como os dados do CadÚnico são utilizados, explorando de forma integral os dados já disponíveis no Cadastro e aqueles que constam de outras bases e podem ser agregadas ao CadÚnico, são a principal agenda para preservar a relevância do Brasil no panorama internacional das políticas sociais referenciadas em cadastramento da população pobre.

24 Ver Camacho e Conover (2011).

Referências bibliográficas

ALATAS, V. et al. Self-targeting: Evidence from a field experiment in Indonesia. *Journal of Political Economy*, v. 124, n. 2, 2016

ALATAS, V. et al. Targeting the poor: Evidence from a field experiment in Indonesia. *American Economic Review*, v. 102, n. 4, 2012.

ASRI, V. Targeting of social transfers: Are India's poor older people left behind? *World Development*, v. 115, 2019.

BANCO Mundial. The state of social safety nets 2018. *The World Bank*. 2018.

BASTAGLI, F. et al. Cash transfers: What does the evidence say? *Overseas Development Institute*, 2016.

BASTAGLI, F. et al. The impact of cash transfers: A review of the evidence from low- and middle-income countries. *Journal of Social Policy*, v. 48, n. 3, 2018.

BOTELHO, V. Perspectiva para os programas de transferência de renda em 2021. *Instituto Brasileiro de Economia da Fundação Getulio Vargas (IBRE/FGV)*. 2020. Disponível em: https://portalibre.fgv.br/publicacoes/artigos/perspectiva-para-os-programas-de-transferencia-de-renda-em-2021. Acesso em: 17 abr. 2024.

BOTELHO, V. et al. Programa de responsabilidade social: Diagnóstico e proposta. *Centro de Debate de Políticas Públicas*. 2020. Disponível em: https://cdpp.org.br/wp-content/uploads/2020/09/CDPP-Paper-Projeto-Programa-de-Responsabilidade-Social.pdf. Acesso em: 17 abr. 2024.

BRASIL. Pesquisa de qualidade do Cadastro Único para programas sociais do Governo Federal - Relatório final produzido pela equipe SAGI/MDS baseado na pesquisa realizada pela empresa Datamétrica Consultoria, Pesquisa e Contact Center. 2017. Disponível em: https://aplicacoes.mds.gov.br/sagi/pesquisas/documentos/pdf/relatorio_206.pdf. Acesso em:17 abr. 2024.

BRASIL. Talentos escondidos: Os beneficiários do Bolsa Família medalhistas das Olimpíadas de Matemática. *Caderno de Estudos da Secretaria de Avaliação e Gestão da Informação do Ministério do Desenvolvimento Social*, v. 30, 2018.

BRASIL. Relatório final do grupo de trabalho para aperfeiçoamento do processo de averiguação cadastral do Cadastro Único para programas sociais do Governo Federal. Ministério da Cidadania. 2019.

CAMACHO, A.; CONOVER, E. Manipulation of social program eligibility. *American Economic Journal: Economic Policy,* v. 3, n. 2, 2011.

COHEN, J.; DUPAS, P. Free distribution or cost-sharing? Evidence from a randomized malaria prevention experiment. *The Quarterly Journal of Economics*, v. 75, n. 1, 2010.

DIZON-ROSS, R.; ZUCKER, A. Can price discrimination incentivize behavior change? Evidence from a randomized field experiment. 2021.

FISZBEIN, A.; SCHADY, N. Conditional cash transfers: Reducing present and future poverty. *The World Bank*. 2009.

IBGE. Pesquisa Nacional de Amostra por Domicílios: Suplemento de acesso ao Cadastro Único para programas sociais do Governo Federal e a programas de inclusão produtiva em 2014. *Instituto Brasileiro de Geografia e Estatística - IBGE*. 2016.

KYDD, S.; WYLDE, E. Targeting the poorest: An assessment of the proxy means test methodology. *Agência Australiana para o Desenvolvimento Internacional (AusAID)*. 2011. Disponível em https://sohs.alnap.org/system/files/content/resource/files/main/targeting-poorest.pdf. Acesso em: 17 abr. 2024.

LEITE, P. et al. Social registries for social assistance and beyond: A guidance note & assessment tool. *World Bank Social Protection & Labor Discussion Paper*, n. 1704, 2017.

SOUZA, P. A distribuição de renda nas pesquisas domiciliares brasileiras: Harmonização e comparação entre Censos, PNADs e POFs. *Revista Brasileira de Estudos de População*, v. 32, n. 1, 2015.

CAPÍTULO 5

Plano ABC e o incentivo ao desenvolvimento da agropecuária de baixo carbono

Marcos S. Jank
Camila Dias de Sá
Fernanda K. Lemos
Leandro Gilio
Mariane Crespolini

1. INTRODUÇÃO

A emergência da economia de baixo carbono e a necessária transição global para modelos produtivos de menor impacto climático trazem desafios relevantes, e particulares, ao Brasil. Enquanto o mundo volta suas atenções principais às emissões de gases de efeito estufa (GEE) nos setores de energia, indústria e transportes - dados globais de 2019 indicam que estes segmentos correspondem a 73% das emissões totais[1] -, o Brasil necessariamente tem seus esforços direcionados à produção agropecuária, mudanças no uso da terra e florestas.[2]

O amplo aproveitamento da hidroeletricidade e da energia gerada pela biomassa no País resultam em uma matriz energética limpa, baseada em fontes de baixo impacto em emissões (18% do total de emissões brasileiras de CO2 equivalente em 2022,[3] incluindo transportes). Já as emissões relacionadas com mudança de uso da terra e florestas

1 IPCC (2022).
2 No mundo, segundo o IPCC (2022), esse segmento corresponde a 22% das emissões globais de GEE.
3 Estimativas disponíveis no SEEG (2023).

e com emissões da agropecuária respondem em conjunto por 75% das emissões do País, ou cerca de 1,7 bilhões de toneladas em CO2 equivalente em 2022. É nesses dois segmentos que recai a pressão internacional e a maior possibilidade de contribuição do Brasil para a redução das emissões de GEE.

Esse volume de emissões decorre, principalmente, de ações antrópicas: (1) desmatamento - total de 2,1 milhões de hectares em 2022, sendo 1,2 milhões de hectares na Amazônia - e (2) atividade agropecuária, cuja área totaliza cerca de 263 milhões de hectares, ou 31% do território brasileiro.[4] Portanto, além do aprimoramento de exigências ambientais e ações de comando e controle, também é importante buscar no âmbito das políticas públicas a ação conjunta de soluções que utilizem uma abordagem de mercado, com incentivos adequados que promovam o uso de práticas menos nocivas.

É com esse objetivo que foi criado o plano setorial de mitigação e de adaptação às mudanças climáticas para a consolidação de uma economia de baixa emissão de carbono na agricultura, denominado suscintamente de Plano ABC (sigla para agricultura de baixa emissão de carbono). Lançado em 2010, o plano é hoje considerado a primeira e mais importante resposta governamental direta de mitigação e adaptação às mudanças climáticas. Foi criado no bojo dos compromissos voluntários assumidos na COP-15, que foram regulamentados pela Lei nº 12.187, de 2009, que instituiu a Política Nacional sobre Mudança do Clima (PNMC). Trata-se de uma política pública setorial, que teve como objetivo principal promover e ampliar a adoção de tecnologias agropecuárias sustentáveis e com alto potencial de mitigação das emissões de GEE, por meio de mecanismos de incentivo como concessão de crédito ao produtor.

Esse capítulo se dedica a avaliar o Plano ABC, sua implementação no período de 2011 a 2020 - período de referência do plano inicial[5] -, destacando seus resultados, desafios de aperfeiçoamento e integração com demais políticas para a sustentabilidade da agropecuária brasileira.

4 Mapbiomas (2023 a,b).

5 Esse capítulo dedica-se a analisar o Plano ABC, originalmente concebido e realizado entre os anos de 2010 e 2020. Considera-se hoje essa como uma fase inicial do plano, que desde então foi continuado como Plano ABC+, com adaptações.

2. ANTECEDENTES HISTÓRICOS NACIONAIS E INTERNACIONAIS

Quando os primeiros debates sobre perdas ambientais emergiram no mundo na década de 1960,[6] o Brasil ainda era um importador líquido de alimentos. A agricultura ocorria principalmente sobre o bioma da Mata Atlântica, com predominância de sistemas de cultivo tropical-exportador ou extrativista, como cana-de-açúcar, café e látex, por exemplo. Os biomas Cerrado e Amazônia eram pouco explorados, e era necessário viabilizar condições e tecnologias para que a produção se expandisse para essas regiões.

O desenvolvimento da agropecuária emergiu, então, baseado em quatro grandes condições capacitadoras:[7] (1) disponibilidade de recursos naturais e humanos; (2) políticas agrícolas e incentivos implementados a partir da década de 1960, com fortes investimentos estatais em pesquisa e desenvolvimento, disponibilização de recursos e criação de um sistema de crédito rural; (3) transformação das empresas de assistência técnica e extensão rural; e (4) avanço da fronteira agrícola em direção ao Cerrado. Esta evolução histórico-econômica da agropecuária brasileira perdurou até os anos 1980, quando o País deixou de ser importador de alimentos e começou a ampliar sua presença global no setor.

O debate ambiental também evoluiu no mesmo período, e principalmente a partir dos anos de 1980, quando se reconheceu que apenas o foco no crescimento econômico não era suficiente e sustentável para a humanidade em longo prazo.[8] Paralelamente à criação da Agenda 21 na Rio-92,[9] o Brasil passava por um processo de abertura comercial e maior inserção no mercado global. Os fluxos de comércio cresciam em conjunto com a produção, e as instituições e regulações foram gradativamente se adequando às demandas ambientais.

Um exemplo dessa evolução é a legislação de proteção da vegetação nativa em áreas privadas, que possui regras desde 1934. Em 1965, o Código Florestal estabeleceu normas e critérios para

6 Clube de Roma (1972).

7 Chaddad, F. (2017).

8 Comissão Mundial sobre o Meio Ambiente e Desenvolvimento (1991).

9 A Agenda 21 propôs um *roadmap* para o desenvolvimento sustentável, ampliando as dimensões social e ambiental. Na sua concepção houve o envolvimento dos governos e outros grupos e a alocação de recursos financeiros para que os países criassem planos de ação nacionais adaptados a suas realidades com o envolvimento do Estado e da sociedade.

as Áreas de Preservação Permanente (APP). No entanto, as áreas de Reserva Legal (RL) e seus critérios por bioma foram definidos apenas em 1989. Neste período o desmatamento era crescente e, conforme ilustrado no Gráfico 1, a mudança do uso da terra explicou o maior percentual das emissões de GEE à época. O Gráfico 2 apresenta a série histórica oficial de desmatamento na Amazônia Legal.

Gráfico 1 - Estimativas das emissões de gases do efeito estufa no Brasil, em Gtons CO2 eq (1990 a 2022)

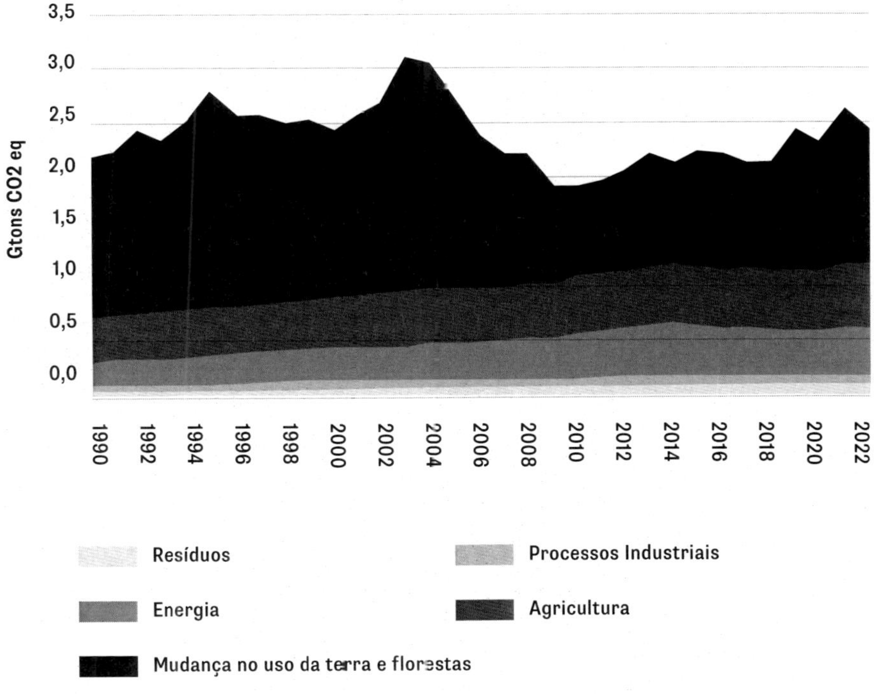

Fonte: SEEG (2023)

Gráfico 2 - Desmatamento na Amazônia Legal, em milhões de hectares (1988 a 2022)

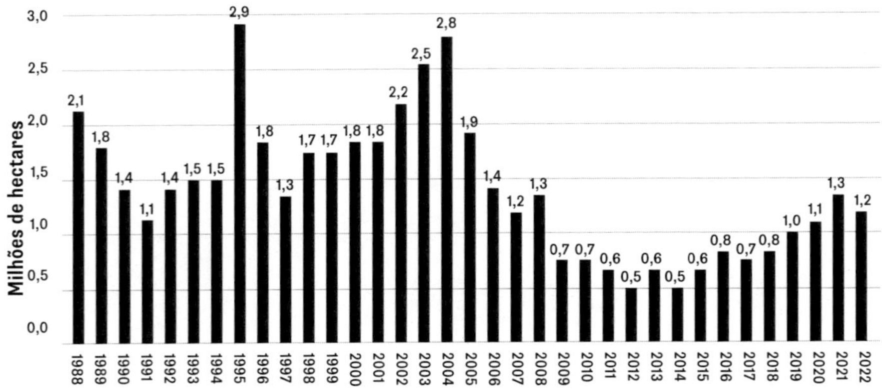

Fonte: PRODES/INPE (2023)

Mesmo com a importante queda do desmatamento nos anos anteriores a 2009 (Gráfico 2), o Brasil e a agropecuária brasileira vinham carregando uma imagem internacional cada vez mais desgastada, vinculada à supressão de biomas e ao alto nível de emissões de GEE. Nessa circunstância, o País apresentou na 15ª Conferência das Partes (COP15), naquele ano, em Copenhague, Dinamarca, seu compromisso voluntário de redução entre 36,1% e 38,9% das emissões de GEEs projetadas para 2020, estimando o volume de redução em torno de um bilhão de toneladas de CO2 equivalente (t CO2 eq).

As principais ações para alcançar esse compromisso[10] estavam relacionadas com a agropecuária brasileira: a redução em 80% da taxa de desmatamento na Amazônia e 40% no Cerrado (principal região de expansão da agropecuária); a adoção de práticas de recuperação de pastagens degradadas e promoção de sistemas de integração produtiva, como a integração lavoura, pecuária e floresta (ILPF), ampliação do plantio direto e intensificação da fixação biológica de nitrogênio; produção de energia de biomassa; estímulo ao uso de carvão de florestas

10 Os compromissos voluntários assumidos na COP15 foram regulamentados na Política Nacional sobre Mudança do Clima (PNMC). Em seu artigo 11, ficou estabelecido que seriam apresentados os planos setoriais dos diferentes setores, entre eles o da agropecuária.

plantadas em plantas siderúrgicas. Essa foi a base que evoluiu para a elaboração e implementação do Plano ABC.

3. PLANO ABC: O PLANO SETORIAL PARA A AGROPECUÁRIA

O Plano ABC foi lançado em 2010 no âmbito da PNMC como uma política setorial, com abordagem de incentivos de mercado e voltada à produção agropecuária sustentável. A concepção da política pública destaca-se por consolidar a sequência de investimentos para desenvolvimento da agricultura tropical que já eram realizados desde a década de 1950. Reconheceu-se que foram os investimentos históricos em produção de conhecimento e desenvolvimento tecnológico que permitiram que o setor criasse elementos de contribuição à mitigação e adaptação às mudanças climáticas para o compromisso nacional. Assim, o plano se baseou em incentivar práticas já disponíveis à época e com reconhecimento científico de seus benefícios.

O processo de planejamento do Plano ABC, entre 2010 e 2011, envolveu mais de cem pessoas entre agentes públicos e da sociedade civil, entre eles: pesquisadores, servidores da Casa Civil, Ministério da Agricultura, Pecuária e Abastecimento (Mapa), Empresa Brasileira de Pesquisa Agropecuária (Embrapa), Ministério do Desenvolvimento Agrário (MDA), Ministério da Fazenda (MF), Ministério da Ciência e Tecnologia (MCT) e Ministério do Meio Ambiente (MMA), associações e organizações não governamentais (ONGs) e sociedade civil. O objetivo era definir as tecnologias produtivas que poderiam aumentar a produção com redução das emissões, para assim desenhar a política de incentivo.

Com grande protagonismo da Embrapa nesse processo, foram elencadas seis tecnologias que envolvem a produção agropecuária, validadas cientificamente, que poderiam reduzir as emissões do setor, intensificando de maneira sustentável o uso do solo.

Após sua formulação e planejamento operacional, o plano foi oficialmente aprovado em maio de 2011 pelo Comitê Interministerial de Mudança do Clima (CIM). A Tabela 1 ilustra as metas oficialmente estabelecidas para a década 2010-2020 e o potencial de mitigação estimado para ser alcançado a partir da adoção de cada prática. De todas as tecnologias, a recuperação das áreas de pastagem degradadas foi a mais significativa em termos de abrangência de área, com uma meta de 15 milhões de hectares. O Quadro 1 detalha as tecnologias incentivadas no plano e os benefícios ambientais de disseminação das mesmas.

Tabela 1 - Brasil: Metas iniciais do Plano ABC e potencial estimado de mitigação

Prática de manejo	Meta	
	Aumento de área de adoção/uso (em milhões de hectares)	Aumento de área de adoção/uso (em milhões Mg CO2 eq)
Recuperação de Pastagens Degradadas (RPD)	15,0	83 a 104
Integração Lavoura--Pecuária-Floresta (ILPF)	4,0	18 a 22
Sistema Plantio Direto (SPD)	8,0	16 a 20
Fixação Biológica de Nitrogênio (FBN)	5,5	10
Florestas Plantadas (FP)	3,0	-
Tratamento de Dejetos Animais (TDA) (em m^3)	4,4	6,9
TOTAL	35,5	134 a 163

Fonte: Brasil /Mapa (2012)

Quadro 1 - Definições das práticas de manejo incentivadas no Plano ABC e potenciais benefícios[11]

Sistema Plantio Direto (SPD) refere-se ao sistema produtivo baseado no cultivo mínimo do solo, ou seja, no revolvimento do solo apenas na linha de semeadura ou covas para mudas, na manutenção permanente de cobertura no solo (com plantas de cobertura ou restos de culturas - palhadas) e na diversificação de plantas na rotação de cultivo. Ao manter o solo coberto, há uma redução da evaporação e o solo fica úmido por mais tempo, reduzindo a erosão e permitindo que as lavouras consigam ficar mais dias sem chuva, evitando quebras de safra recorrentes em anos de adversidades climáticas. A maior infiltração de água no solo ainda potencializa a eficiência na aplicação de fertilizantes. Outro benefício está relacionado à menor emissão de gases de efeito estufa, em virtude tan-

11 Definições não são oficiais e delimitadas dentro do Plano ABC, mas apenas um quadro explicativo dos termos, elaborado pelos autores. Não há uma fonte oficial de referência dentro do plano.

to do menor revolvimento do solo, como da redução na queima de combustíveis fósseis dado o menor número de operações agrícolas. A rotação de cultura diversificada, por sua vez, melhora as condições físico-químicas e biológicas do solo no longo prazo e tende a reduzir a incidência de doenças, plantas daninhas e pragas, pois quebra o ciclo de vida delas. Todos os princípios atendidos tendem a melhorar o nível de matéria orgânica do solo e tem potencial de estocar carbono. O Brasil é pioneiro na utilização do Sistema Plantio Direto desde meados da década de 1970. Parte do caráter inovador do sistema se dá em virtude do clima quente e úmido que dispensa a necessidade de grande revolvimento como ocorre em regiões de clima temperado e frio, onde o solo exposto a geadas e neve precisa receber calor para ser cultivado.

Fixação Biológica de Nitrogênio (FBN) é a conversão, por microrganismos, do nitrogênio (N2) presente na atmosfera em formas assimiláveis pelas plantas. Este processo é essencial para a manutenção da vida no planeta e muito estratégico para a agricultura, pois aumenta a fertilidade dos solos (fator limitante nos solos tropicais e subtropicais). Além disso, a FBN favorece o menor uso de adubos nitrogenados, resultando em economia para o produtor rural ao mesmo tempo que minimiza os impactos ao meio ambiente do uso de fertilizantes sintéticos.

Degradação de pastagens é um processo de perda de vigor, de produtividade e de capacidade de recuperação natural das pastagens para sustentar níveis de produção e qualidade exigidas pelos animais. A degradação das pastagens também implica na capacidade de recuperação do sistema produtivo quanto aos efeitos de pragas, doenças e plantas invasoras decorrentes de manejo inadequado. A Recuperação das Pastagens Degradadas (RPD) nestes estados e sua manutenção de produtividade contribuem para mitigar os gases do efeito estufa, dado que o uso da terra se altera.

Integração Lavoura-Pecuária-Floresta (ILPF) é uma estratégia de produção sustentável que integra atividades agrícolas, pecuárias ou florestais na mesma área em um processo de sucessão ou rotação em busca de sinergias entre os componentes do ecossistema agropecuário. A ILPF contribui para recuperação de solos degradados e manutenção das áreas, além de melhorar a produtividade. A estratégia pode ser realizada em quatro modalidades: Integração Lavoura-Pecuária-Floresta, Lavoura-Pecuária, Pecuária-Floresta e Lavoura-Floresta.

Tratamento de Dejetos Animais (TDA) é a destinação de dejetos e efluentes animais de modo a reduzir as emissões de metano. Pode também contribuir com a renda de agricultores quando transformados em adubo ou energia automotiva, térmica e elétrica por meio do biogás. A biodigestão e compostagem são processos conhecidos que permitem a redução de custos de produção por evitar o consumo de energia, insumos químicos e reduzir os riscos para o meio ambiente, como as emissões de GEE.

Fonte: elaboração própria com base em informações da Embrapa e da Federação Brasileira do Sistema Plantio Direto

O plano preconizou que o avanço na adoção das práticas elencadas aumentaria a eficiência no uso de recursos naturais e a resiliência dos sistemas produtivos e de comunidades rurais, possibilitando a combinação de redução das emissões de GEE na agropecuária com elevação da produção. Além da redução das emissões, já em 2010 se reforçava a importância de tecnologias não apenas mitigadoras de gases, mas também "adaptadoras". A produção agropecuária é uma indústria a céu aberto, sendo uma das mais vulneráveis às mudanças climáticas. Diante disso, todas as tecnologias incorporadas na política também buscavam aumentar a resiliência das áreas produtivas.

Como mecanismo, os compromissos de mitigação referentes às práticas de manejo e o tema de adaptação às mudanças climáticas foram estruturados em nove programas de disponibilidade de crédito rural, com taxas atrativas para os produtores que adotam tais práticas (Programa ABC).[12] Entre as práticas financiadas, estão, por exemplo, ações de assistência técnica;

12 O Programa ABC, de maneira ampla, foi composto por nove subprogramas, definidos pela Resolução 4.105, de 2010, e um subprograma regido pela Resolução 4.488 (ABC Bioma Amazônia), de 2016, amparados por recursos do Banco Nacional do Desenvolvimento Econômico e Social (BNDES). Os sete subprogramas atenderam aos objetivos iniciais do Plano ABC (ABC Recuperação, ABC Integração, ABC Plantio Direto, ABC Fixação, ABC Florestas, ABC Tratamento de Dejetos, ABC Ambiental). Outros três foram criados posteriormente (ABC Orgânico, ABC Dendê e ABC Bioma Amazônia). O Programa ABC integra o Plano Agrícola e Pecuário do MAPA. Banco Central do Brasil [BACEN]. Resolução n.º 3.896. Disponível em: https://www.bcb.gov.br/pre/normativos/res/2010/pdf/res_3896_v1_O.pdf. Acesso em: 15 ago. 2023.

insumos e equipamentos; custeio; e até sistemas para geração de energia renovável para consumo próprio.

As ações previstas para alcançar as metas do plano abrangem também outras atividades, como campanhas, capacitação técnica de agentes, transferência tecnológica, assistência técnica e extensão rural, regularização ambiental e fundiária, estudos e planejamento, investimentos em pesquisa e desenvolvimento, disponibilização de insumos, produção de sementes e mudas florestais. No entanto, ao longo do período em que a fase inicial do plano fora executada, os investimentos concentraram-se nas linhas de financiamento.

Para o alcance dos objetivos traçados, no período compreendido entre 2011 e 2020 foi estimada a necessidade de recursos da ordem de R$ 197 bilhões, financiados com fontes orçamentárias ou por meio de linhas de crédito agrícola.

O crédito subsidiado com a finalidade de financiar a implementação dos processos tecnológicos e práticas agropecuárias cresceu em volume, liderado pelo Banco Nacional de Desenvolvimento Econômico e Social (BNDES).[13] A Tabela 2 indica a programação de recursos para crédito por safra (dentro do Plano Safra, por ano de referência), e o Gráfico 3 indica as taxas de juros de referência para cada linha e a taxa básica da economia por referência de ano-safra. Importante destacar que, em alguns anos, o programa chegou a perder representatividade dentro dos recursos programados no Plano Safra e a taxa de juros ficou muito próxima à taxa normalmente disponibilizada a outras linhas de crédito.

Nos primeiros anos, chegou a sobrar recursos financeiros nessas linhas de crédito, seja por desconhecimento por parte dos produtores, ou pela exigência da apresentação de projetos bem estruturados aos bancos, que aumentava a complexidade na aquisição do recurso. Já ao final da década, os recursos se tornaram escassos e a demanda foi maior que a oferta, com contratos limitados devido às menores possibilidades de investimento do governo, que passava por um período de crise fiscal.

13 Originalmente somente o BNDES operaria recursos do Programa ABC. Mas a partir da safra 2011/12 o Banco do Brasil também passou a operar o Programa ABC com recursos da poupança rural. As instituições financeiras recebiam a equalização de taxa de juros do Tesouro Nacional.

Tabela 2 - Recursos programados para o Plano Safra (total) e programa ABC, por ano-safra, em bilhões de reais correntes

	Ano safra					
	2010/11	2011/12	2012/13	2013/14	2014/15	2015/16
Plano Safra Total	100,0	107,2	115,2	136,0	156,1	187,7
Programa ABC	2,0	3,2	3,4	4,5	4,5	3,0
Particip. Plano ABC	2,0%	3,0%	3,0%	3,3%	2,9%	1,6%
	2016/17	2017/18	2018/19	2019/20	2020/21	2021/22
Plano Safra Total	183,0	18,0	194,3	222,8	236,3	251,2
Programa ABC	3,0	2,1	2,0	2,1	2,5	5,1
Particip. Plano ABC	1,6%	1,1%	1,0%	0,9%	1,1%	2,0%

Fonte: Mapa (vários anos)

Gráfico 3 - Taxa de juros: comparação do Programa ABC, taxa de referência do Plano Safra(a) Selic(b) por ano safra (2010 a 2021)

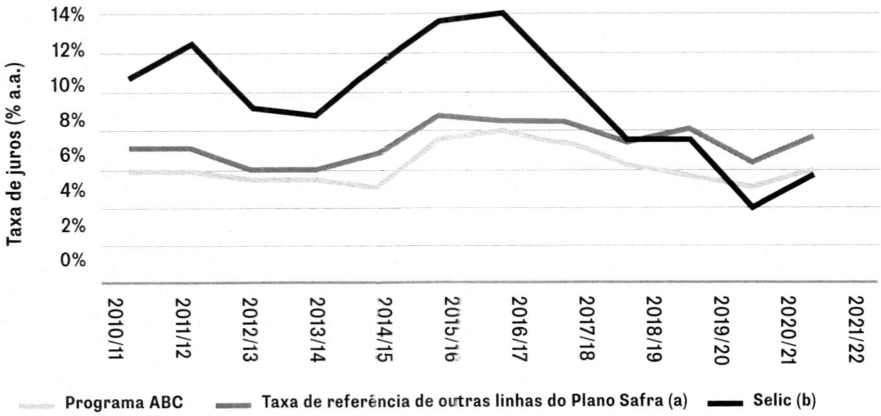

Fonte: Mapa (vários anos) e BACEN (2023).[14] Notas: (a) Considerada a taxa de maior previsão de recursos; (b) Selic considerada para o mês de junho referente ao ano-safra, tradicional época de anúncio dos planos

Após a primeira década desde a introdução da política original (2011-2020), os resultados práticos do Plano ABC vêm sendo avaliados de maneira positiva quanto ao impacto sobre a redução de emissões por meio de melhores práticas de manejo agropecuário, ainda que haja algum grau de carência de dados para uma efetiva análise de impacto ou de custo-benefício, o que será melhor tratado mais adiante.

3.1 Estrutura de governança e mecanismos de incentivo

Um dos principais desafios para implementação do Plano ABC estava relacionado à governança. O Comitê Interministerial de Mudança do Clima (CIM), como instância superior de decisão estratégica, lançou as bases para a criação do plano em nível nacional, validou a sua existência e estabeleceu sua governança estratégica. Ainda em nível nacional, mas já no plano tático-estratégico, a responsabilidade pela definição de linhas de ação, validação de resultados, distribuição de recursos, entre outras, foi atribuída para a Comissão Executiva Nacional do Plano ABC.

14 Banco Central do Brasil - Comitê de Política Monetária. Taxas de juros básicas - histórico. Disponível em: https://www.bcb.gov.br/controleinflacao/historicotaxasjuros.

Na base da pirâmide, para operacionalização do plano em cada unidade da federação, foram estabelecidos os grupos gestores estaduais, liderados majoritariamente pelas secretarias de agricultura. Entre as responsabilidades, destacam-se a identificação e fomento das práticas de manejo e estratégias de adoção em linha com a realidade local.

Também se atribuiu o estabelecimento da conexão com instituições capazes de apoiar essa agenda, como o relacionamento com instituições de pesquisa. A formalização desses esforços se dava por meio de planos estaduais. Os grupos gestores estaduais reportavam para a Comissão Executiva Nacional que, por sua vez, reportava para o CIM. Todas essas instâncias tinham a responsabilidade de demonstrar os avanços e desafios de cada um dos programas que constituíam o plano.

Um dos problemas que chegou a ser identificado pelos grupos gestores estaduais foi a necessidade de maior inclusão de pequenos produtores nos programas do ABC. Tal evidência foi apurada de maneira unânime pela Comissão Executiva Nacional ao final do período de vigência da primeira edição do Plano ABC. Esse aspecto também foi reportado em estudos mais localizados da literatura científica, que avaliam o plano ABC sob a ótica de pequenos produtores.[15]

Outro aspecto importante a ser destacado é o papel das lideranças estaduais à frente dos grupos gestores. O papel protagonista destes atores foi essencial para os casos de sucesso. Nota-se que alguns estados se notabilizaram, como Tocantins, Mato Grosso do Sul e Minas Gerais, locais onde a política foi bem-sucedida. Outros, porém, não avançaram. Roraima, por exemplo, apresentou seu plano estadual apenas em 2019, ou seja, somente no final do período de vigência da primeira fase do plano.[16] Isso impactou diretamente no empenho de recursos nas diferentes regiões do País.

Evidências sugerem que a maior concentração da alocação dos recursos nas regiões Sudeste e Centro-Oeste pode refletir a capacidade dos produtores e das instituições financeiras regionais na apresentação e aprovação dos projetos de investimento.[17] Outro fato que interfere na alocação regional dos recursos é referente a aspectos de aptidão agrícola[18] – que é a adequação das terras disponíveis aos

15 Chechi e Kalil (2021), Liel et al. (2017).

16 A política foi renovada por um período de mais dez anos (2021 a 2030) sob o nome de Plano ABC+ ou RenovAgro.

17 Lima, Harfuch e Palauro (2020).

18 Conceição (2022).

diversos parâmetros de cultivo para diferentes culturas agrícolas.[19] Em outras palavras, locais onde as culturas agrícolas já teriam naturalmente maior relação com as tecnologias do Plano ABC foram mais beneficiadas do que regiões onde a aptidão agrícola não apresentava incentivos naturais à utilização das práticas incentivadas pelo programa.

Apesar de o crédito ser o principal instrumentos utilizado dentro do plano, também são contempladas outras ações de capacitação, transferência de tecnologia, assistência técnica e extensão rural, disponibilização de insumos e incentivo à regularização ambiental e fundiária.

O ABC Cerrado, por exemplo, foi o projeto concebido para a finalidade de capacitação de técnicos e médios produtores de propriedades rurais localizadas no bioma. Além da estrutura do Mapa, o projeto também contou com parceiros como a Embrapa, o Serviço Nacional de Aprendizagem Rural (Senar) e o Banco Mundial como financiador. O projeto previa a oferta de assistência técnica com a finalidade de difusão das técnicas preconizadas pelo Plano ABC.[20]

Na mesma linha, o Rural Sustentável foi idealizado com a finalidade de melhorar as práticas de uso da terra e manejo florestal empregadas por pequenos e médios produtores nos biomas Amazônia e Mata Atlântica. Este projeto teve o Banco Interamericano de Desenvolvimento (BID) como executor e gestor financeiro, com financiamento do Fundo Internacional para o Clima do Ministério da Agricultura, da Alimentação, da Pesca e dos Assuntos Rurais do governo britânico (DEFRA).[21] Entre as ações financiadas pelo Rural Sustentável está a criação de um programa de mestrado na Universidade Federal de Lavras (MG).

A estratégia de transferência e difusão tecnológica ocorreu baseada na capacitação continuada de multiplicadores de conhecimento. Consultores da iniciativa privada e extensionistas de órgãos estaduais participam de programas como os exemplos mencionados anteriormente, entre outros encontros técnicos promovidos por instituições de pesquisa como a Embrapa.

19 Para saber mais acesse: https://www.embrapa.br/en/busca-de-publicacoes/-/publicacao/1134660/aptidao-agricola-do-solo.

20 ABC Cerrado – Ministério da Agricultura e Pecuária (www.gov.br).

21 O que é o projeto Rural Sustentável? - Ministério da Agricultura e Pecuária (www.gov.br).

Os principais instrumentos utilizados para essa difusão são os "Dias de Campo", em Unidades de Referência Tecnológica (URT) e/ou em Unidades de Teste e Demonstração (UTD) estabelecidas em propriedades selecionadas que implementam as tecnologias de referência propostas para determinada região, destinados a técnicos extensionistas e produtores rurais. A seleção das unidades produtivas e a realização do projeto é de reponsabilidade compartilhada entre as secretarias estaduais, Mapa e Embrapa, tratando-se de unidades produtivas experimentais de pesquisa ou unidades de produção que são considerados casos-referência em adoção de práticas. As implantações de URTs eram definidas pela localização estratégica, como região de grande demanda de informações pelas práticas produtivas a serem disseminadas.

Essa dinâmica dos "Dias de Campo" foi importante para orientar e demonstrar na prática questões como viabilidade produtiva, econômica, social e ambiental. Esse desenho, além de possibilitar a disseminação das práticas de manejo para outros produtores, também retroalimenta o processo com as demandas por desenvolvimento tecnológico.[22] Sua ampla utilização no âmbito do Plano ABC foi um dos principais meios para influenciar a tomada de decisão dos produtores rurais para adoção das práticas preconizadas. Alguns exemplos de URTs de referência são descritas no Quadro 2.

Quadro 2 - Exemplos de Unidades de Referência Tecnológica (URT)[23]

URT de Barbalha (CE)
Localizada na mesorregião Sul cearense nas dependências da Estação Experimental da Embrapa Algodão (Campina Grande, PB), para demonstração de práticas de cultivo que melhorem o solo, como o Sistema Plantio Direto, e que integrem ao mesmo tempo o cultivo de grãos e a forragem para os animais. A opção por implantar o sistema ILP nessa região foi devido ao reconhecimento de sua aptidão para produção de grãos e pecuária, porém com baixo nível de adoção de tecnologias pelos produtores. O regime

22 Freitas et al. (2021).
23 Casos divulgados em material da Embrapa (2019).

pluviométrico anual está em torno de 1.000 mm, o que permite o uso de culturas anuais e perenes. A implantação da URT está baseada em práticas de conservação do solo e da água associadas aos sistemas ILPF. Exemplo é a adoção do consórcio de capim-massai com culturas anuais (milho, guandu e sorgo), em sistema de plantio direto e o cultivo de oleaginosas (algodão, amendoim e gergelim) em rotação. Os resultados da unidade foram divulgados em mídias locais e com a realização de Dias de Campo.

URT de Alagoinhas (PB)
Localizada na mesorregião do Agreste paraibano nas dependências da Estação Experimental de Alagoinha pertencente à Empresa Estadual de Pesquisa Agropecuária da Paraíba-EMEPA. O propósito da implantação da URT envolvendo sistemas de ILPF foi principalmente para promover o aumento de informações sobre os mesmos na região Nordeste com culturas, práticas e processos agropecuários adaptados às condições edafoclimáticas da região. No Agreste, o regime pluviométrico anual varia de 800 mm ano-1 a 1.100 mm ano-1, o que permite o uso de culturas anuais e perenes a exemplo de espécies florestais medianamente exigentes em água. Os sistemas ILPF implantados nessa URT preconizam principalmente a recuperação de pastagens degradadas em áreas de pecuária tradicionais do Agreste paraibano, direcionadas à pecuária extensiva, com o rebanho de aptidão tanto para corte quanto para produção de leite. Exemplo disso, é a adoção do consórcio de Brachiaria decumbens com culturas anuais (milho, guandu, feijão-caupí e sorgo), em Sistema Plantio Direto, bem como o uso de leguminosas arbóreas com potencial forrageiro e madeireiro (gliricídia e sabiá), além de outras espécies nativas, como o ipê amarelo. Divulgação de resultados ocorreu por meio da organização de eventos de transferência de tecnologia e intercâmbio de conhecimentos, seminários, palestras, reuniões técnicas, cursos de capacitação de agentes multiplicadores, teses de alunos de doutorado e de mestrado, além de Dias de Campo locais.

Fonte: Skorupa e Manzatto (2019)

Ressalta-se a importância da capilaridade regional desses instrumentos em virtude da variabilidade de solos, clima, adaptação de cultivos, arranjos produtivos, nível tecnológico, entre outras características agronômicas, que precisam ser consideradas adequadamente quando ocorre a implantação das práticas preconizadas e quanto à distribuição dos recursos entre as regiões.

4. RESULTADOS

Em 2017, foi instituída a Portaria nº 2.277 do Mapa que criou o Comitê Diretor da Plataforma Multi-institucional de Monitoramento das Reduções de Emissões de Gases do Efeito Estufa na Agropecuária. O objetivo foi capturar informações técnicas sobre o efeito da implantação das práticas do Plano ABC e permitir o monitoramento e comunicação da política pública. O instrumento foi fundamental para fomentar, orientar e impulsionar os programas e a captura de recursos não governamentais para o Plano ABC.

Os resultados monitorados são descritos na Tabela 3. No entanto, cabe destacar que esses resultados não são consequência exclusiva da execução do Plano ABC, mas sim resultados gerais da adoção das práticas produtivas incentivadas dentro do plano - muitos produtores podem ter investido em suas propriedades com uso de linhas de crédito ou mesmo com capital próprio, de modo independente - dada a inexistência de um mecanismo direto de monitoramento das áreas do programa.

Tabela 3 - Resultados do Plano ABC (2011 a 2020) por técnica de manejo

Práticas de manejo	Resultados: Aumento de área de adoção/uso (em milhões de hectares)	Percentual com relação à meta (Tabela 1)	Mitigação (em milhões Mg CO2 eq)	Percentual com relação à meta (Tabela 1)
Recuperação de Pastagens Degradadas (RPD)	26,8	179%	36,01	35%
Integração Lavoura-Pecuária-Floresta (ILPF)	10,76	269%	40,78	185%
Sistema Plantio Direto (SPD)	14,59	182%	26,7	133%
Fixação Biológica de Nitrogênio (FBN)	11,78	214%	21,56	216%
Florestas Plantadas (FP)	1,88	63%	8,82	-
Tratamento de Dejetos Animais (TDA) (em m^3)	38,34	871%	59,81	867%

Fonte: Mapa (2023)

A recuperação das pastagens degradadas foi o principal vetor da meta em termos de área, com o total de 26,8 milhões de hectares recuperados. Neste caso, destaca-se o avanço no monitoramento da qualidade das pastagens brasileiras, por meio de avaliação realizada por imagens de satélite, pelo Laboratório de Processamento de Imagens e Geoprocessamento da Universidade Federal de Goiás (Lapig/UFG).

Em relação às diferentes combinações de integração produtiva, houve um aumento de 10,76 milhões de hectares - a meta estabelecia a adoção em 4 milhões de hectares de Integração Lavoura-Pecuária-Floresta (ILPF). A Integração Lavoura-Pecuária-Floresta ainda era novidade no início do Plano ABC, com poucas áreas no Brasil já realizando esse modelo produtivo, e carecia de grande divulgação e aprimoramento nos modelos produtivos. Sem dúvida, a sua incorporação à uma política pública foi um dos fatores que aceleraram a sua propagação na última década. No entanto, é relevante ressaltar a necessidade de melhorar a caracterização das diferentes combinações do sistema para uma melhor apuração dos resultados. Há o desafio da política de acompanhar o crescimento dessas áreas e qualificá-las de maneira válida quanto aos diferentes modelos de integração.

A mesma observação cabe para a adoção do Sistema Plantio Direto (SPD), em que os 14,6 milhões de hectares superaram a meta inicial de 8 milhões, ainda que o Brasil careça de um melhor entendimento sobre diferenças na qualidade do SPD adotado. Tal necessidade decorre da variação na adoção dos preceitos do SPD entre os produtores. Há que caracterizar melhor os parâmetros das práticas conservacionistas, tais como frequência de preparo do solo e duração da cobertura do solo em dado período; variação e diversidade de espécies vegetais e gramíneas, entre outros indicadores que são determinantes para a eficácia e qualidade do resultado da adoção do SPD.

A meta de adoção de Fixação Biológica de Nitrogênio também foi superada, o manejo foi adotado em 11,8 milhões de hectares, enquanto a meta previa 5,5 milhões de hectares.

Para o tratamento de dejetos, os resultados superaram em quase dez vezes a meta original. A única meta não alcançada foi a de florestas plantadas. Enquanto o valor proposto para 2020 era o aumento em 3 milhões de hectares, a área alcançada foi de 1,88 milhões de hectares.

Duas constatações relevantes identificadas na execução do Plano ABC se referem à distribuição de recursos entre as linhas de financiamento do programa e a sua alocação regional. Observa-se no programa um grande predomínio de contratos em Recuperação de Pastagens Degradadas. Sabe-se que intervenções para restauração de pastos no Brasil enfrentam obstáculos referentes aos custos e a sua distribuição ao longo do tempo de investimento - altos custos iniciais cuja recuperação se dá no longo prazo.[24] Por outro lado, houve um menor interesse em relação aos contratos de Fixação Biológica de Nitrogênio, em virtude do baixo custo para a sua adoção, o que geralmente dispensa a necessidade de uma linha de crédito específica, que é mais exigente nos seus critérios de adesão.[25]

Em termos de distribuição geográfica, observou-se a concentração dos recursos no Centro-Sul do País, com 65% deles destinados às regiões Centro-Oeste e Sudeste e 23% às regiões Norte e Nordeste.[26] Do ponto de vista de aptidão agrícola e capacidade de implementar as tecnologias propostas pelo Plano ABC faz sentido esta concentração inicial - as regiões que receberam mais recursos correspondem às que concentram maior valor bruto de produção agropecuária no País (Tabela 4).

No entanto, do ponto de vista ambiental, ambas podem ser consideradas regiões prioritárias para recebimento de recursos, a primeira em virtude dos recursos naturais que abriga e a segunda considerando o aspecto de fragilidade social e em relação às mudanças climáticas. As regiões Norte e Nordeste concentram o maior número de estabelecimentos agropecuários brasileiros, mas com menor contribuição de valor de produção (Tabela 4), evidenciando uma enorme concentração de pequenos produtores com menores possibilidades de renda e de investimentos em melhores práticas produtivas. A capacidade de gestão regional dos recursos também é um aspecto que deve ser considerado, como já mencionado.

24 Carlos et al. (2022)
25 Gianetti e Ferreira Filho (2021).
26 Ibid.

Tabela 4 - Representatividade da distribuição regional por número de estabelecimentos agropecuários, área de produção agrícola e valor bruto de produção no Brasil

	Norte	Nordeste	Centro-Oeste	Sudeste	Sul
Número de estabelecimentos agropecuários	11%	46%	7%	19%	17%
Área total agrícola	18%	20%	32%	17%	12%
Valor bruto de produção	6%	10%	30%	26%	27%

Fonte: Elaboração própria com base em dados do Censo Agropecuário (IBGE, 2019) e Valor Bruto de Produção (Mapa, 2023)

5. APRENDIZADOS E DESAFIOS FUTUROS

O Plano ABC é um marco em termos de política pública, por ser considerado o primeiro plano setorial no âmbito da PNMC, com maior estruturação e abrangência. De modo geral, o Brasil atingiu os resultados esperados na concepção do plano, o que pode ser atribuído ao sucesso em termos de execução da política. No entanto, a avaliação da primeira década de experiência na aplicação geral do Plano ABC permite identificar alguns pontos de atenção.

Primeiramente, o mecanismo mais importante de ação do plano se deu por meio das linhas de crédito disponibilizadas, mas a análise do total programado e do total empenhado sinaliza que, desde o primeiro ano de vigência, os desembolsos efetivados estiveram em patamar inferior. Por um lado, esse aspecto pode ser positivo, pois as metas foram alcançadas com menor empenho financeiro - indicando uma programação inicial excessiva. Por outro, pode indicar aspectos como burocracia na adesão ao plano, baixo conhecimento do público-alvo acerca dos programas disponíveis, dos potenciais benefícios e retornos financeiros, ou até mesmo baixo interesse pelo mecanismo de incentivo em questão.

Outro aspecto foi a localização dos contratos e seus volumes. Houve concentração nas regiões Centro-Oeste, Sul e Sudeste e favorecendo os grandes e médios estabelecimentos. Tal fato pode decorrer de diversos fatores, que vão desde a aptidão regional para a adoção de técnicas produtivas relacionadas ao plano, quanto a habilidade técnica dos produtores e rede de apoio e do empenho dos agentes financeiros em atuar com os programas do ABC.

Mas um aspecto central que dificulta uma análise mais rigorosa de resultados quanto à execução de um plano como o ABC é a ausência de monitoramento dedicado aos resultados dos projetos financiados, tanto no que diz respeito às práticas executadas, como especialmente no que se refere às emissões de gases de efeito estufa.[27] Este fato impede a avaliação de impactos diretamente relacionados ao plano e o quão eficiente tem sido a aplicação dos recursos financeiros alocados – impedindo uma avaliação mais acurada de custo-benefício. Ainda há muito o que fazer em termos de levantamento e organização de informações que viabilizem uma avaliação robusta de impacto e de custo-benefício. Alguns desses aspectos já vêm sendo considerados na atualização do programa para a atual década, no âmbito do ABC+.

Por fim, ressalta-se a importância de fortalecer a capacitação técnica dos produtores nas regiões menos assistidas na primeira fase, de maneira a prepará-los para absorver os recursos provenientes nos anos vindouros. Ações de adaptação às mudanças climáticas, como essa, são importantes nas circunstâncias em que as implicações do aquecimento global começam a ser percebidas, especialmente na forma de eventos climáticos extremos.

27 Na ocasião da finalização da redação deste capítulo (novembro de 2023) havia uma expectativa por um relatório anunciado pelo governo com a apuração final dos resultados da primeira fase do Plano ABC. Ainda que isso tenha se concretizado observa-se que a publicação de resultados de uma política pública com anos de atraso desfavorece o seu ágil aprimoramento.

Referências bibliográficas

BRASIL. Ministério da Agricultura, Pecuária e Abastecimento (Mapa). *Plano setorial de mitigação e de adaptação às mudanças climáticas para a consolidação de uma economia de baixa emissão de carbono na agricultura:* plano ABC (Agricultura de Baixa Emissão de Carbono). Brasília: Mapa/ACS. 2012. Disponível em: https://www.gov.br/agricultura/pt-br/assuntos/sustentabilidade/agricultura-de-baixa-emissao-de-carbono/publicacoes/download.pdf. Acesso em: 17 ago. 2023.

BRASIL. Ministério da Agricultura, Pecuária e Abastecimento (Mapa). *Plano ABC 2010-2020/Resultados do Plano.* 2023. Disponível em: https://www.gov.br/agricultura/pt-br/assuntos/sustentabilidade/agricultura-de-baixa-emissao-de-carbono/plano-abc/acoes-do-plano. Acesso em: 06 nov. 2023.

CARLOS, S. M. et al. *Custos da recuperação de pastagens degradadas nos estados e biomas brasileiros.* Observatório de Conhecimento e Inovação em Bioeconomia. São Paulo: FGV-EESP, 2022. Disponível em: https://eesp.fgv.br/sites/eesp.fgv.br/files/eesp_relatorio_pasto-ap3_ajustado_0.pdf. Acesso em: 06 nov. 2023.

CHADDAD, F. *Economia e organização da agricultura brasileira.* São Paulo: Elsevier Brasil, 2017.

CHECHI, L. A.; KALIL, L. M. de Jesus. A agricultura familiar no processo de construção do Plano ABC. *Revista IDeAS*, v. 15, p. 1-20, 2021.

COMISSÃO Mundial sobre o Meio Ambiente e Desenvolvimento. Nosso Futuro Comum. Rio de Janeiro: Fundação Getulio Vargas, 1991.

CONCEIÇÃO, J. C. P. R. Principais conquistas do Plano ABC e desafios do Plano ABC+. Nota técnica nº36. Brasília: IPEA, 2022.

CLUBE de Roma. *Os limites do crescimento.* Nova Iorque: Universe Books, 1972.

FREITAS, A. A. et al. Transferência de tecnologias para consolidação do Plano ABC no Tocantins. In: COLLICCHIO, E.; ROCHA, H. R. da (Org.). *Agricultura e mudanças do clima no Estado do Tocantins:* Vulnerabilidades, projeções e desenvolvimento. (no prelo). Palmas, 2021.

GIANETTI, G. W., FERREIRA FILHO, J. B. S. O Plano e Programa ABC: Uma análise da alocação dos recursos. *Revista de Economia e Sociologia Rural*, v. 59, n. 1, 2021.

IPCC, 2022: Climate Change 2022: Mitigation of climate change. Contribution of working group III to the sixth assessment report of the Intergovernmental Panel on Climate Change. Cambridge, Nova Iorque: Cambridge University, 2022.

INSTITUTO Nacional de Pesquisas Espaciais (Inpe). Coordenação geral de observação da terra. Programa de monitoramento da Amazônia e demais biomas. Desmatamento - Amazônia Legal. Disponível em: http://terrabrasilis.dpi.inpe.br/app/dashboard/deforestation/biomes/legal_amazon/rates. Acesso em: 15 ago. 2023.

LIMA, R. C. A.; HARFUCH, L.; PALAURO, G. R. *Plano ABC:* Evidências do período 2010-2020 e propostas para uma nova fase 2021-2030. São Paulo: Agroicone, 2020.

MAPBIOMAS. RAD 2022 - Relatório Anual do Desmatamento no Brasil. 2023a. Disponível em: https://storage.googleapis.com/alerta-public/dashboard/rad/2022/RAD_2022_Destaques_12.06ok_1.pdf. Acesso em: 16 ago. 2023.

MAPBIOMAS. Coleção 7.1 da Série Anual de Mapas de Uso e Cobertura da Terra do Brasil. 2023b. Disponível em: https://mapbiomas.org/. Acesso em: 16 ago. 2023.

SISTEMA de Estimativa de Emissões de Gases De Efeito Estufa (SEEG). *Emissões por atividade econômica.* 2023. Disponível em: https://plataforma.seeg.eco.br/?highlight=br-net-emissions-by-sector. Acesso em: 06 nov. 2023.

SKORUPA, L. A.; MANZATTO, C. V. (Org). *Sistemas de integração lavoura-pecuária-floresta no Brasil:* estratégias regionais de transferência de tecnologia, avaliação da adoção e de impactos. Brasília: Embrapa Meio Ambiente, 2019.

SOUZA, L. D.; SOUZA, L. DA S.; XAVIER, F. A. da S. Aptidão agrícola do solo. In: BORGES, A. L. (Ed.). *Recomendações de calagem e adubação para abacaxi, acerola, banana, citros, mamão, mandioca, manga e maracujá.* Brasília: Embrapa, 2021, p. 27-49.

CAPÍTULO 6

Controle e Prevenção do Desmatamento na Amazônia

Priscila Borin de Oliveira Claro

1. INTRODUÇÃO

O presente capítulo tem como escopo a análise abrangente da trajetória do Plano de Ação para Prevenção e Controle do Desmatamento na Amazônia Legal (PPCDAm) e dos resultados positivos obtidos em termos de redução do desmatamento em suas distintas fases. Partindo de uma análise fundamentada em relatórios técnicos e publicações científicas, bem como avaliação dos dados históricos de desmatamento provenientes do Projeto de Monitoramento do Desmatamento na Amazônia Legal por Satélite (Prodes), nosso objetivo é compreender a evolução dessa política pública e seus reflexos no desmatamento na região da Amazônia Legal.

O PPCDAm, uma política pública elaborada em resposta ao alarmante aumento do desmatamento na Amazônia Legal durante os anos de 1988 a 2002, materializou-se como um instrumento crucial para conter tal tendência. Nesse período, a Amazônia Legal testemunhou uma taxa média anual de desmatamento de 17.353 km², atingindo seu ápice em 1995 com um alarmante registro de 29.059 km², o mais elevado índice em toda a série histórica do Prodes. Um segundo pico significativo ocorreu em 2004, ano que marcou o lançamento do próprio PPCDAm.

A partir dessa base, estrutura-se este capítulo em sete seções distintas, cada uma contribuindo para uma compreensão da evolução do

PPCDAm e seu impacto no desmatamento. Inicia-se com a conceituação do PPCDAm, delineando seus princípios e objetivos fundamentais para estabelecer um alicerce sólido para a análise. Em seguida, destaca-se a importância crítica da Amazônia para o Brasil, explorando as evidências que cercam o problema do desmatamento, suas causas subjacentes e suas consequências. Um foco considerável é dedicado à governança e planejamento do plano, reconhecendo esses aspectos como elementos essenciais para o sucesso e eficácia do programa. Detalha-se a colaboração entre múltiplos atores e delineia-se como essa abordagem integrada desempenhou um papel vital na condução das ações durante as três fases iniciais do plano. Avançando, analisam-se as diferentes fases do PPCDAm em termos de resultados obtidos, considerando como cada etapa contribuiu para a redução do desmatamento na região. Conclui-se este capítulo com um olhar para o futuro, apresentando o Plano (re)lançado em 2023, que incorpora ajustes significativos em relação às fases anteriores, especialmente à quarta etapa do programa. Ao fornecer uma visão da evolução e dos resultados do PPCDAm, almeja-se contribuir para uma compreensão mais profunda das complexidades envolvidas na preservação da Amazônia e na promoção do desenvolvimento sustentável.

1.1 O que é o Plano de Ação para Prevenção e Controle do Desmatamento na Amazônia Legal?

O PPCDAm, instituído em 2004, objetiva a redução contínua do desmatamento e a criação das condições necessárias para a transição a um modelo de desenvolvimento sustentável na Amazônia Legal.

Essa política pública do governo brasileiro se encaixa nas diretrizes e prioridades delineadas no Plano de Desenvolvimento Sustentável da Amazônia, nas primeiras fases de sua execução. Originado através do trabalho do Grupo Permanente Interministerial, estabelecido por decreto presidencial de 3 de julho de 2003, o plano tinha como propósito a proposição de medidas e a coordenação de ações destinadas a diminuir os índices de desmatamento na Amazônia Legal. Sua estruturação baseou-se em uma avaliação das causas subjacentes ao problema, resultando em uma abordagem abrangente, integrada e intensiva, com ações articuladas em torno de três eixos temáticos: 1) ordenamento fundiário e territorial; 2) monitoramento e controle ambiental; e 3) incentivo a atividades produtivas sustentáveis.

A justificativa subjacente a esses três eixos é a natureza complexa da região, que se apresenta como um mosaico amplo de unidades de conservação, terras indígenas, assentamentos, áreas privadas e espaços públicos sem destinação clara, muitas vezes com sobreposições entre essas categorias. Além disso, há áreas com informações insuficientes ou escassas. Portanto, é essencial abordar a questão da posse, destinação e, principalmente, da regularização desses territórios.

O segundo eixo desempenha um papel crucial ao fornecer as ferramentas necessárias para fiscalizar, combater e punir o desmatamento ilegal, garantindo a preservação das riquezas naturais da região.

Da mesma maneira, o fomento às atividades produtivas sustentáveis assume um papel crucial para o desenvolvimento regional, buscando alternativas que não sejam predatórias em relação à floresta, mas sim que possam se beneficiar dela.

2. POR QUE É IMPORTANTE?

2.1 Amazônia Legal

A Amazônia Legal abrange nove estados brasileiros: Acre, Amapá, Amazonas, Mato Grosso, Pará, Rondônia, Roraima, Tocantins e uma porção do Maranhão (conforme ilustrado na Figura 1). Essa vasta região engloba aproximadamente 5 milhões de quilômetros quadrados, o equivalente a 59% do território nacional. Notavelmente, Amazonas, Pará e Mato Grosso juntos representam cerca de 74% dessa extensão, enquanto os demais seis estados compreendem os restantes 26%.

A criação da Amazônia Legal remonta a 1953, quando sua finalidade era definir um marco político e geográfico para a concessão de incentivos fiscais, visando estimular o desenvolvimento socioeconômico da região.

Figura 1 - Limites da Amazônia Legal brasileira

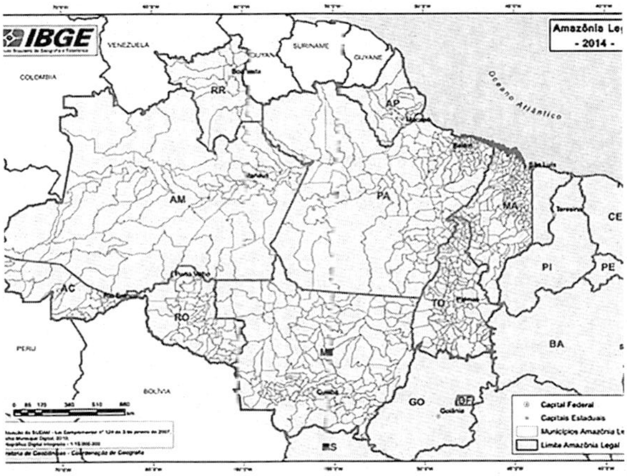

Fonte: IBGE, 2014

Além de englobar integralmente o bioma Amazônia brasileiro, a Amazônia Legal também inclui parcelas dos biomas Cerrado e Pantanal, localizadas no Estado do Mato Grosso.[1] Em termos de riqueza natural, essa região abriga a maior floresta tropical do mundo, correspondendo a um terço das florestas tropicais úmidas do planeta. Dentro desses diversos biomas coexistem cerca de 60 mil espécies de plantas, mais de 2.500 espécies de árvores, 2.000 espécies de peixes e 300 espécies de mamíferos. Os biomas também sustentam uma notável diversidade de vida, incluindo mais de 2 milhões de espécies de artrópodes, cuja biomassa estoca aproximadamente 100 bilhões de toneladas de carbono. Adicionalmente, a região é cruzada por inúmeros rios tributários que deságuam em centenas de rios afluentes, formando a Bacia Amazônica, que desagua aproximadamente 175 milhões de litros d'água a cada segundo no mar.[2]

Em 2004, antes da implementação do PPCDAm, a região abrigava uma população de 22,5 milhões de habitantes, o equivalente a 12% da população brasileira. Naquele mesmo ano, o Produto Interno Bruto (PIB) regional atingiu R$ 137,9 bilhões (equivalente a US$ 64,7 bilhões), correspondendo a apenas 8% do PIB nacional.

1 Ver MAPA, 2004.
2 Ver Assad, 2016; e MMA, 2019.

O desmatamento em 2004 totalizou 27.772 km^2, marcando o segundo maior índice histórico de desmatamento na região. No cenário de desenvolvimento humano de 2000, a região apresentava um Índice de Desenvolvimento Humano (IDH)[3] de 0,705. Embora o IDH da região tenha melhorado de 0,624 em 1991 para 0,705 em 2000, este indicador ainda ficou aquém da média nacional para aquele ano (0,766), bem como dos índices de outras regiões do País, exceto o Nordeste (IDH 0,681).

Entre os estados da Amazônia Legal, Mato Grosso registrou o melhor IDH em 2000, alcançando 0,773 - ligeiramente superior à média nacional - e ocupando a nona posição entre os 27 estados do País. Em contraste, a região abrigava o menor IDH do Brasil: o Maranhão, com um IDH de 0,636.

2.2 Causas e consequências do desmatamento na Amazônia

As causas do desmatamento podem ser categorizadas em dois tipos distintos: causas diretas e causas indiretas. As causas diretas estão relacionadas à expansão das pastagens e áreas agrícolas, extração de madeira e crescimento da infraestrutura. Por outro lado, as causas indiretas envolvem a urbanização da região, o aumento da população, fatores culturais, sociais, tecnológicos, ambientais e políticas públicas.[4]

A intensificação do desmatamento nas décadas de 60 e 70, durante a implementação dos Planos Nacionais de Desenvolvimento (1, 2 e 3), foi influenciada pelo objetivo de integrar a Amazônia com as demais regiões do País, impulsionando sua economia. Como resultado, as políticas públicas concentraram-se na concessão de títulos de terras, incentivos fiscais para empreendimentos privados, subsídios a créditos rurais e programas oficiais de colonização agrícola. O intuito subjacente a essas medidas era ampliar a produção de alimen-

3 O Índice de Desenvolvimento Humano (IDH) é usado para medir a qualidade de vida da população por meio da análise da renda, da longevidade e da educação. Cada variável do IDH (renda, longevidade e educação) é expressa por um índice que varia de zero (pior) até um (melhor). O IDH total é a média desses índices. Regiões com baixo índice de desenvolvimento humano apresentam IDH inferior a 0,500, enquanto as regiões com índice médio de desenvolvimento humano têm IDH entre 0,500 e 0,799. Por sua vez, as regiões com alto índice de desenvolvimento humano apresentam IDH acima de 0,800. O IDH das nações é calculado e publicado pela ONU anualmente, enquanto o dos municípios e estados brasileiros tem sido apresentado decenalmente.

4 Ver Geist e Lambin, 2001 e 2002.

tos, estabelecer uma colonização planejada, focalizar investimentos em polos de desenvolvimento e direcionar recursos para a infraestrutura, incluindo energia, telecomunicações e transporte. No entanto, essas ações estavam fortemente voltadas para os setores de agricultura, pecuária e mineração, em uma região predominantemente florestal, resultando em uma transformação significativa da paisagem regional.[5]

No período compreendido entre 1990 e 2005, estudos indicam que mais de 80% do desmatamento acumulado estão associados à conversão de áreas florestais em pastagens, um processo fortemente influenciado pela expansão da atividade pecuária.[6] É importante reconhecer, no entanto, que outras influências diretas desempenham um papel significativo, uma vez que a pecuária nem sempre é a primeira atividade após o primeiro corte da floresta. Isso se relaciona ao fenômeno conhecido como ciclo de ocupação de terra na Amazônia. Esse ciclo envolve uma sequência de etapas: o corte da vegetação natural para a exploração de madeira de alto valor econômico, seguido por queimadas, cultivo ou conversão para pastagens, um período de repouso da terra, nova queimada, perda de fertilidade do solo e consequente baixa produtividade. Em poucos anos, ocorre o abandono da área e migração das famílias para outras áreas (com alta probabilidade de desmatamento). É perceptível que as causas diretas e indiretas estão interligadas. Muitas das causas indiretas do desmatamento viabilizam as atividades econômicas associadas às causas diretas. Essa interação complexa entre causas diretas e indiretas contribui para a dinâmica do desmatamento na região.[7]

Os processos de desmatamento acarretam uma série de consequências ambientais, incluindo a redução da biodiversidade, fragmentação florestal, diminuição da evapotranspiração e alterações nos padrões de chuvas. Além disso, esses processos interferem na troca de energia, umidade e massa entre a superfície terrestre e a atmosfera, resultando em impactos como as emissões de gases de efeito estufa, mudanças climáticas, bem como o aumento do risco de incêndios florestais, entre outros efeitos.

5 Ver Claro, 2007.
6 Ver FAOSTAT, 2020; Rivero et al., 2009 e Silva e Barreto, 2014.
7 Ver Claro, 2007.

Em relação à questão da emergência climática, é crucial destacar que aproximadamente 74% das emissões de gases de efeito estufa provenientes do Brasil estão ligadas a mudanças no uso do solo e à agropecuária. Isso significa que a relação com o desmatamento é fundamental, evidenciando sua significativa contribuição para as mudanças climáticas e reforçando a importância de abordagens sustentáveis e de conservação.[8]

No entanto, as consequências não se limitam apenas à esfera ambiental do desenvolvimento. Diversos desafios socioeconômicos estão intrinsecamente ligados ao desmatamento. Além das implicações para o Índice de Desenvolvimento Humano (IDH), é evidente que o Índice de Progresso Social (IPS) da região também ilustra essa relação.[9]

Na Amazônia Legal, o IPS médio em 2018 atingiu o valor de 56,52, situando-se consideravelmente abaixo da média nacional do Brasil, que foi de 67,18. Esse cenário configura um ciclo de retroalimentação negativa. A população com baixa qualificação, frequentemente confrontada com escassez de oportunidades de emprego, muitas vezes enxerga a exploração da floresta como uma das poucas alternativas para obter renda de forma mais acessível. No entanto, o desmatamento não conduz a uma melhoria significativa na renda ou na qualidade de vida das pessoas. Pelo contrário, verifica-se que municípios com taxas mais elevadas de desmatamento possuem IPS mais baixos, refletindo uma interdependência entre a degradação ambiental e os desafios socioeconômicos.[10] Essa realidade sugere que os benefícios econômicos decorrentes do desmatamento não são retidos pelas famílias que habitam a região, mas sim apropriados por agentes externos a ela. Para além das questões de emprego e renda, o desmatamento está ligado a uma série de consequências, incluindo o aumento da incidência de doenças tropicais, exclusão social, marginalização de povos indígenas e comunidades tradicionais, erosão do conhecimento ancestral, concentração de propriedades rurais e agravamento de conflitos sociais.

Dada a imensa relevância da região para o avanço sustentável do Brasil, torna-se primordial a execução eficaz de uma política pública voltada para a prevenção e controle do desmatamento. Essa abordagem é essencial não apenas para a conservação desse ecossistema singular, mas também para o compromisso do Brasil em contribuir para a mitigação das

8 Ver SEEG - Sistema de Estimativas de Emissões e Remoções de Gases de Efeito Estufa, 2021.

9 O IPS mede a performance social e ambiental de territórios e varia de 0 a 100, sendo que quanto maior, melhor.

10 Ver Claro, 2007.

mudanças climáticas em escala global. Além disso, ela reflete o respeito e valorização dos povos indígenas e comunidades tradicionais, ao mesmo tempo em que fomenta o progresso socioeconômico da região.

3. COMO FOI DESENVOLVIDO O PPCDAM GOVERNANÇA?

Um dos principais desafios iniciais na formulação do plano foi a integração do combate ao desmatamento nas políticas de Estado brasileiras. Ficou claro que lidar com as causas do desmatamento não poderia ocorrer de maneira isolada pelas entidades ambientais. A complexidade e a natureza multifacetada desse problema demandavam uma abordagem coordenada que envolvesse diversos setores do governo federal.

Por meio do PPCDAm, o desmatamento na Amazônia adquiriu destaque máximo na agenda política do governo federal. Isso implicou numa governança colaborativa, uma forma pouco usual no Brasil, entre diferentes órgãos governamentais. Inicialmente coordenado pela Casa Civil até março de 2013, o Grupo Permanente de Trabalho Interministerial foi composto com a participacão dos titulares de vários órgãos.[11] Em 2004 passaram a integrar o grupo o Ministério do Planejamento, Orçamento e Gestão e o Ministério das Relações Exteriores. Criou-se um Grupo de Trabalho (GT) Interministerial para a elaboração de propostas estratégicas para atuação nos eixos do plano. Com base nas avaliações dos resultados de cada fase, o GT seria encarregado de realizar os ajustes nas propostas a serem executadas.

4. DESCRIÇÃO DAS AÇÕES E AVALIAÇÃO DAS FASES DO PPCDAM

4.1 Fase 1 (2004-2008)

Na fase 1 as ações planejadas e implementadas[12] em cada um dos três eixos de atuação tiveram avanços significativos.

No que se refere ao ordenamento fundiário e territorial, as ações foram concentradas principalmente ao longo do Arco do Desmatamento, com ênfase na área influenciada pela BR 163, uma rodovia que conecta Santarém a Cuiabá. As medidas emergenciais abarcaram a repressão à grilagem de terras públicas, a criação de novas unidades de conservação

11 Ministério da Agricultura, Pecuária e Abastecimento; Ministério da Ciência e Tecnologia; Ministério da Defesa; Ministério do Desenvolvimento Agrário; Ministério do Desenvolvimento, Indústria e Comércio Exterior; Ministério da Integração Nacional; Ministério da Justiça; Ministério do Meio Ambiente; Ministério das Minas e Energia; Ministério dos Transportes; e Ministério do Trabalho e Emprego.

12 Ver em Mello e Artaxo, 2017.

e a delimitação e homologação de terras indígenas. Foram estabelecidos mais de 25 milhões de hectares de Unidades de Conservação (UCs) federais, além da homologação de 10 milhões de hectares de terras indígenas. O governo federal, em parceria com os governos estaduais (Pará, Mato Grosso, Rondônia e Acre) e a sociedade civil, atuou de forma colaborativa para executar o zoneamento ecológico-econômico (ZEE) ao longo do Arco do Desmatamento e na área de influência da BR 163. A meta era fomentar a expansão de práticas agrícolas sustentáveis.

Na área de monitoramento e controle, foi implementado o sistema integrado de alerta Deter (Detecção do Desmatamento em Tempo Real), que possibilitou a identificação do desmatamento por meio de imagens de satélite quase em tempo real. Além disso, intensificaram-se as investigações de crimes ambientais de maneira coordenada, utilizando informações trabalhistas, ambientais, fiscais, tributárias e fundiárias disponíveis em órgãos correlacionados para rastrear atividades relacionadas ao desmatamento ilegal.

Investimentos em programas de capacitação de mão de obra, com foco no manejo florestal e na agricultura intensiva em áreas já desmatadas, foram executados em colaboração com os governos estaduais, a sociedade civil e o setor empresarial. Instrumentos de apoio à utilização sustentável dos recursos naturais foram elaborados para definir diretrizes e critérios de financiamento, como os Fundos Constitucionais. Bancos públicos e privados aprimoraram o Protocolo Verde, considerando as particularidades da região Amazônica.[13]

Adicionalmente, o governo federal e os governos estaduais promoveram a coordenação do planejamento estratégico de obras de infraestrutura e medidas preventivas, mitigadoras e compensatórias a serem executadas antes da realização das obras. Isso se justifica pelo fato que a construção e a pavimentação de rodovias influenciam a expansão do desmatamento.

4.2 Fase 2 (2009-2011)

Na fase 2 do plano, a avaliação da implementação das estratégias delineadas na fase 1 revelou que o eixo de monitoramento e controle desempenhou um papel crucial na redução das taxas de desmatamento entre

13 O Protocolo Verde é uma carta de princípios assinada em 29 de maio de 1995, na qual instituições bancárias públicas e privadas assumem junto ao governo federal o compromisso de cumprir um conjunto de medidas socioambientais. Seu objetivo era estabelecer políticas e práticas em conformidade com o desenvolvimento sustentável.

2005 e 2008, em comparação com os números de 2004. Essa redução foi alcançada graças à eficácia do sistema Deter e à execução coordenada de ações de fiscalização do desmatamento e repressão ao crime organizado. Essas operações foram realizadas em colaboração entre o Ibama (Instituto Brasileiro do Meio Ambiente e dos Recursos Naturais Renováveis), a Polícia Federal, a Polícia Rodoviária Federal, a Força Nacional de Segurança Pública, e contaram com o apoio do Exército Brasileiro.

Entretanto, em 2007, registrou-se um leve aumento no desmatamento, embora atingindo nível significativamente inferior ao observado em 2004. Esse aumento serviu como um alerta importante. Ficou evidente a emergência de um novo padrão, caracterizado pela remoção da vegetação em áreas menores e mais dispersas, abrangendo diversas regiões geográficas. Esse cenário motivou o grupo de trabalho a conduzir uma reavaliação das estratégias e a efetuar ajustes na implementação do plano, mantendo os três eixos de atuação iniciais.

Seguindo essa abordagem, foi empreendido um esforço direcionado especialmente aos pequenos produtores com o intuito de desencorajar o desmatamento de áreas de menor escala. Foram implementadas iniciativas que incentivaram o pagamento por serviços ambientais e a adoção de sistemas de produção mais sustentáveis, concentrando-se particularmente nos municípios com as maiores taxas de desmatamento (a exemplo da Operação Arco Verde). Além disso, os investimentos foram ampliados para a realização do Cadastro Ambiental Rural (CAR)[14] e para o apoio aos processos de certificação das cadeias de produção e produtos locais.

No tocante à preservação ambiental, houve a criação de novas unidades de conservação e a delimitação de terras indígenas. Modelos alternativos de reforma agrária também foram desenvolvidos, levando em consideração as particularidades regionais quanto ao tipo de produtos e de coletividades. Na Amazônia foi preciso considerar seringueiros, extrativistas e ribeirinhos do local, sujeitos sociais com características e reivindicações muito próprias. Esses sujeitos sociais emergentes se distinguiam das

14 Criado pela Lei nº 12.651/2012, no âmbito do Sistema Nacional de Informação sobre Meio Ambiente - SINIMA, e regulamentado pela Instrução Normativa MMA nº 2, de 5 de maio de 2014, o Cadastro Ambiental Rural (CAR) é um registro público eletrônico de âmbito nacional, obrigatório para todos os imóveis rurais, com a finalidade de integrar as informações ambientais das propriedades e posses rurais referentes às Áreas de Preservação Permanente (APP), de uso restrito, de Reserva Legal, de remanescentes de florestas e demais formas de vegetação nativa, e das áreas consolidadas, compondo base de dados para controle, monitoramento, planejamento ambiental e econômico e combate ao desmatamento.

demais organizações de trabalhadores rurais no Brasil, uma vez que sua forma de organização social e econômica no espaço era incompatível com o modo de territorialização que lhes impunham os planejadores oficiais no modelo tradicional de Reforma Agrária.

Em termos de governança e transparência, foi adotada uma abordagem de gestão descentralizada e compartilhada entre o governo federal, os estados, os municípios e diversos setores da sociedade. Exemplificando essa colaboração, houve um projeto de cooperação técnica com o Programa das Nações Unidas para o Desenvolvimento (PNUD) e uma doação proveniente do Reino da Noruega. A divulgação das ações do plano ganhou maior visibilidade por meio das assessorias de comunicação dos ministérios e da Presidência da República. Essa iniciativa contribuiu para aumentar a conscientização pública sobre a importância da preservação ambiental, bem como para fortalecer a responsabilidade de todos os envolvidos na execução do plano.

4.3 Fase 3 (2012-2015)

O resultado da avaliação conduzida por Ipea, Cepal e GIZ[15] sobre a fase 2 foi integrado ao planejamento da fase 3, mantendo-se os três eixos temáticos iniciais. As mudanças implementadas foram direcionadas para melhorias graduais, sem alterações drásticas. Uma ação de prioridade máxima na fase 3 foi a regularização fundiária.[16] Além disso, os investimentos visando aprimorar as técnicas de monitoramento e controle ambiental em áreas menores e mais fragmentadas foram mantidos.

Para incentivar atividades produtivas sustentáveis de acordo com as aptidões locais, o Macrozoneamento da Amazônia Legal se tornou a base para a definição das estratégias e diretrizes regionais. Um foco especial foi direcionado aos municípios que mais contribuíam para o desmatamento, como parte de uma abordagem de priorização de investimentos e esforços.

O diálogo com o setor privado foi fortalecido, assim como a participação das organizações da sociedade civil, com o intuito de ampliar a compreensão do contexto e adotar uma visão mais sistêmica e inclusiva, refletindo a importância de envolver diversos atores na busca por soluções eficazes para o desafio do desmatamento.

15 Respectivamente: Instituto de Pesquisa Econômica Aplicada, Comissão Econômica para a América Latina e o Caribe e German Agency for International Cooperation.
16 Ver em Mello e Artaxo, 2017.

Dessa forma, a fase 3 do plano manteve a continuidade das ações estratégicas, incorporando as lições aprendidas da fase anterior e promovendo ajustes relevantes que fortaleceram sua capacidade de resposta aos desafios em evolução. O foco na regularização fundiária, aprimoramento das práticas de monitoramento e a ênfase nas atividades produtivas sustentáveis refletem um compromisso contínuo em direção à preservação ambiental e ao desenvolvimento sustentável da Amazônia

4.4 Fase 4

Para fase 4 do plano, foi reconhecida a importância de estabelecer um quarto (novo) eixo, focado em instrumentos normativos e econômicos. O objetivo desse eixo seria criar mecanismos que incentivassem uma economia baseada na floresta, contribuindo para o desenvolvimento de uma matriz produtiva economicamente competitiva e com menor impacto ambiental. Porém, desde 2019 o plano praticamente deixou de existir e o desmatamento voltou a crescer substancialmente.

4.5 Desmatamento e desenvolvimento socioeconômico nas fases do plano

Durante as três primeiras fases de execução (2004 a 2008; 2009 a 2011; e 2012 a 2015) o PPCDAm desempenhou um papel significativo na redução das taxas de desmatamento na Amazônia (Gráfico 1).

A partir de 2005, o uso do Sistema Deter e a agilidade nas operações integradas de fiscalização do desmatamento e combate ao crime organizado resultaram em avanços significativos na redução do desmatamento ilegal e na proteção dos recursos naturais da Amazônia. Esse progresso colocou o Brasil como um protagonista nas discussões sobre preservação ambiental e mudanças climáticas.

Destaca-se o período entre 2011 e 2015, que registrou os índices anuais mais baixos, com uma média de 5.620 km^2 de área desmatada por ano, chegando a atingir 4.571 km^2 em 2012.

Gráfico 1 - Desmatamento na Amazônia Legal - 1988 a 2022 (em km²)

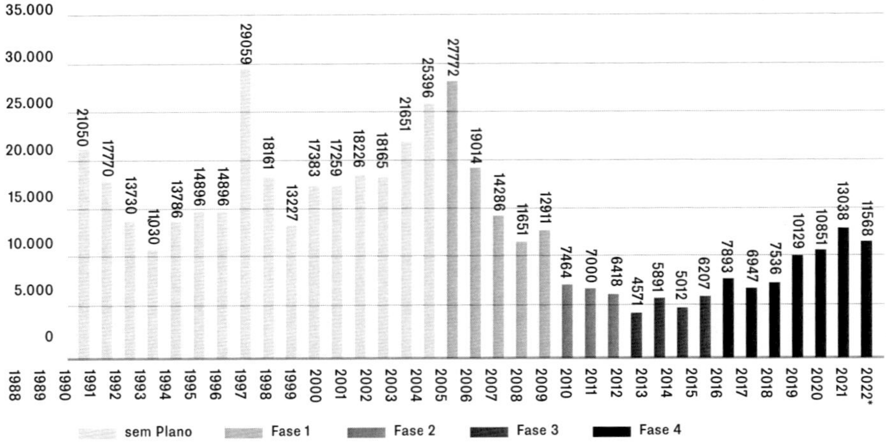

Fonte: Desenvolvido pela autora com base nos dados do Prodes
(*) taxa estimada em 30/11/2022

No entanto, a quarta fase, que buscava a introdução de um quarto eixo relacionado a instrumentos normativos e econômicos, não obteve resultados favoráveis. Como consequência, o desmatamento volta a subir em 2016 (Gráfico 2).

Os dados de contribuição por estado podem ser visualizados no Gráfico 3. Pará, Mato Grosso e Rondônia lideravam o desmatamento antes dos efeitos do PPCDAm. Os dois últimos convergiram para o nível dos demais estados, enquanto o Pará, embora também tenha diminuído o desmatamento, manteve-se como líder em termos de km² desmatados. Em 2019, já na quarta fase, quando o índice de desmatamento total da região deu um salto, o Pará mais uma vez liderou o processo.

Gráfico 2 - Desmatamento nos estados da Amazônia Legal - 1988 a 2021 (em km²)

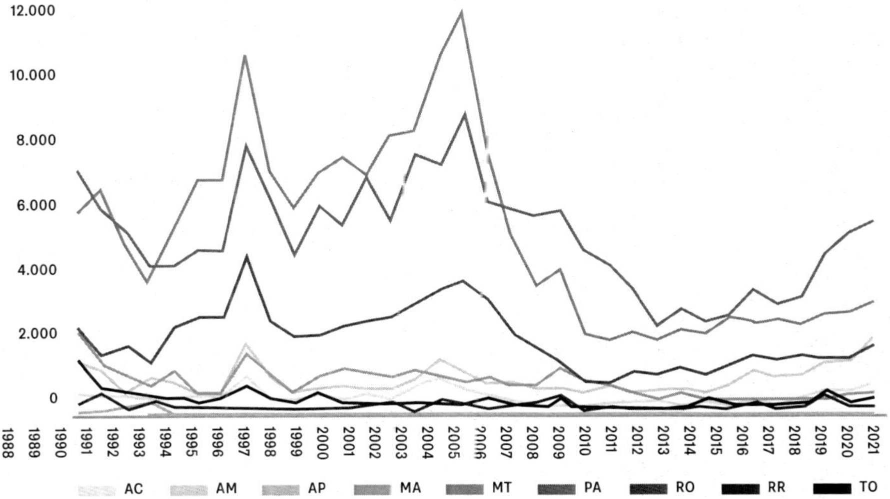

Fonte: Desenvolvido pela autora com base nos dados do Prodes

Quando analisamos os índices de desmatamento de 2018 (Fase 4 do plano) em comparação aos de 2014 (Fase 3), os maiores aumentos estão localizados em dez municípios, sendo oito no Estado do Pará. Esses dez municípios - São Félix do Xingu, Marabá, Altamira, Cumaru do Norte, Santana do Araguaia, Novo Progresso, Santa Maria das Barreiras, Santa Luzia, Santarém e Água Azul do Norte (Gráfico 3) - representaram cerca de 43% de todo o incremento de desmatamento na região da Amazônia Legal entre 2014 e 2018.

Gráfico 3 - Desmatamento - 2014 e 2018 nos municípios críticos (em km²)

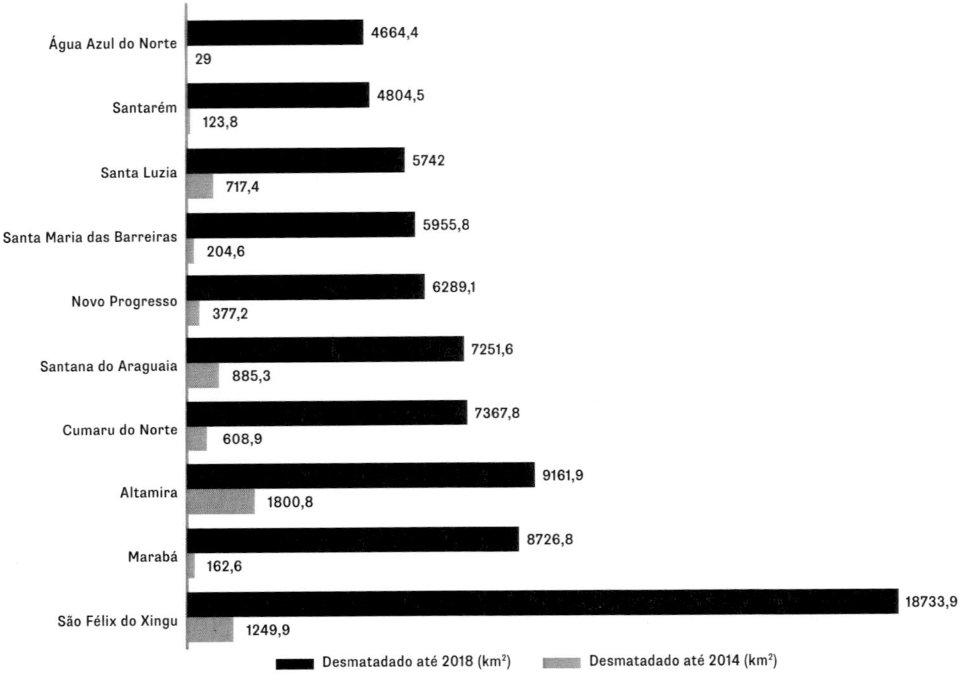

Fonte: Desenvolvido pela autora com base nos dados do Prodes

Apesar de existir uma crença que desmatamento pode gerar emprego e renda e, portanto, progresso social, os dados da Amazônia mostram o contrário nos dez munícipios críticos. Desses municípios com maior incremento de desmatamento entre 2014 e 2018, sete tiveram piora no IPS (Gráfico 4).

Gráfico 4 - Índice de Progresso Social (IPS) nos dez municípios críticos em 2014 e 2018

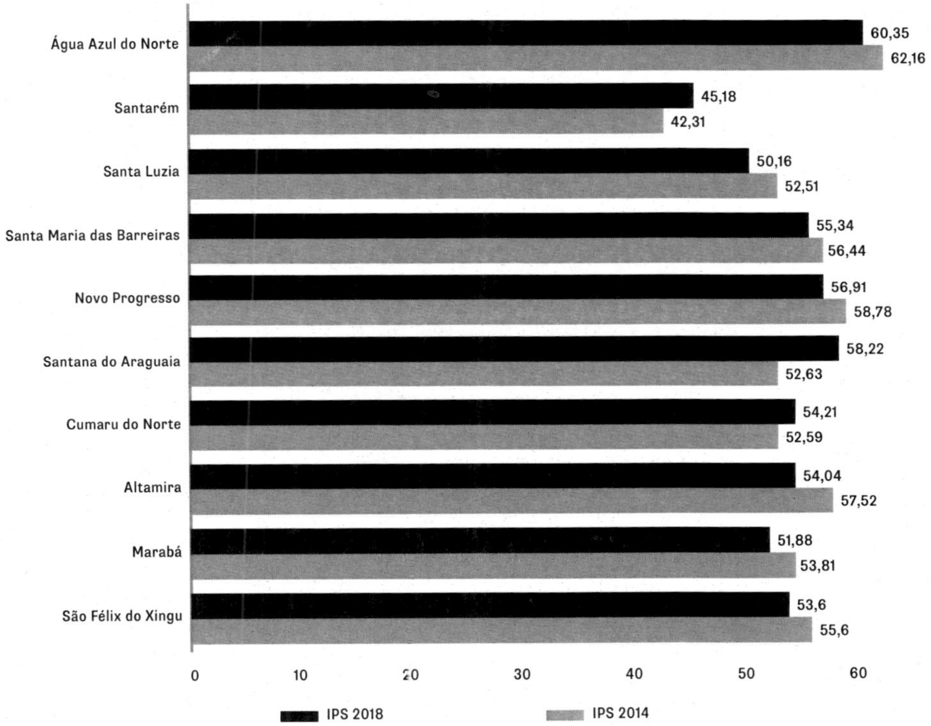

Fonte: Desenvolvido pela autora com base nos dados do Prodes

O desempenho ruim da fase 4 foi também influenciado pelo desmonte do PPCDAm e o sucateamento dos órgãos de proteção. Para exemplificar, dados de 2019 evidenciam que somente 201 autos de infração ambiental foram lavrados pelo Ibama, ao passo que em 2016, 2017 e 2018 foram, respectivamente, de 320, 339 e 360 autos de infração.[17] Isto tudo num contexto de incremento de focos de incêndio e desmatamento.

17 Veja "Autos de infração do Ibama e ICMBio caem 30% no governo Bolsonaro": https://www.cnnbrasil.com.br/nacional/autos-de-infracao-do-ibama-e-icmbio-caem-30-no-governo-bolsonaro/#:~:text=Os%20n%C3%BAmeros%20apontam%20que%20entre,anual%20de%2011.198%20procedimentos%20abertos.

Além dessas análises descritivas que os dados históricos permitem apresentar, alguns estudos acadêmicos avaliam, com metodologias robustas, os impactos do PPCDAm. Pereira e Moreira (2023) realizaram um exercício contrafactual, estimando os níveis de desmatamento que teriam sido registrados se a política não existisse. O estudo mostra que o plano preservou um total de 196 mil km^2 de floresta entre 2005 e 2015, correspondendo a quase o dobro do total de desmatamento que seria observado durante este período e a 4,9% de toda a Floresta Amazônica brasileira (Fases 1, 2 e 3).

Pfaff et al. (2015) mostram que, na Fase 1 do plano, os assentamentos, juntamente com terras federais, tiveram as maiores taxas de perda de floresta no período (5.579 e 6.997 km^2 por ano, respectivamente). Taxas bem maiores que as registradas em áreas protegidas (1.749 km^2 ano) e terras indígenas (752 km^2 ano). Em média, áreas protegidas experimentaram 2,3% menos desmatamento durante 2000-2004 quando comparadas a áreas não protegidas com características semelhantes.

O estudo de Arima et al. (2014) traz evidências que sugerem que a política de criação da "lista negra" foi eficaz para conter a perda de floresta na região. As taxas de desmatamento nos municípios listados diminuíram de 5.310 km^2 em 2007 para 4.902 km^2 em 2008. Os critérios para criação da lista foram baseados em: 1) área acumulada de perda de floresta; 2) área de perda de floresta nos últimos três anos; e 3) aumentos no desmatamento em pelo menos três dos últimos cinco anos (Brasil, 2009). Os municípios listados foram submetidos a uma vigilância ambiental mais intensa, restrições na emissão de autorizações de desmatamento, embargo de áreas desmatadas ilegalmente e acesso limitado a crédito e mercados.

De acordo com as regras estabelecidas pelo Ministério do Meio Ambiente (Portaria 103 de 2009), para serem removidos da lista do ano seguinte, os municípios listados precisavam: 1) ter pelo menos 80% das propriedades rurais registradas no sistema CAR; 2) ≤40 km2 de desmatamento em 2008; e 3) média de desmatamento 2007-2008 <60% da média de 2004-2006. Essa tendência foi confirmada por uma avaliação contrafactual que constatou que a política reduziu de 13% a 36% o desmatamento esperado entre 2008 e 2012 (Cisneros et al., 2015).

O estudo de Assunção, Gandour e Rocha (2023) mostra que o monitoramento e a fiscalização foram eficazes na redução do desmatamento entre 2006 e 2016. Os autores exploraram a fonte exógena de variação na aplicação da lei utilizando um painel de municípios da Amazônia nesse período para avaliar impacto da fiscalização no desmatamento. Os resultados da primeira etapa do estudo corroboram que municípios com maior cobertura de nuvens pelo Deter em um determinado ano experimentam uma presença significativamente reduzida de fiscalização da lei nesse ano, conforme representado pelo número total de multas relacionadas ao desmatamento emitidas naquele município. As multas são utilizadas como proxy para a aplicação da lei ambiental, dado que a maioria dos desmatamentos é ilegal. Portanto, elas servem como um meio de capturar que a fiscalização da lei estava presente naquela localidade específica. Os resultados da segunda etapa indicam que o monitoramento e a aplicação da lei foram eficazes na redução do desmatamento na Amazônia. O impacto de se aumentar o monitoramento e a aplicação da lei pela metade reduz o desmatamento municipal em cerca de 25%.

Porém, em 2022, outro recorde de desmatamento: uma área total destruída de 10.267 km^2 entre janeiro e dezembro desse ano.[18] Em resposta, em 2023, o PPCDAm foi relançado com ajustes significativos, visando combater o aumento do desmatamento que tem sido observado desde 2019.

5. O FUTURO DO PPCDAM (FASE 5: 2023-2027)

O relançamento do PPCDAm em 2023 representa uma esperança para o desenvolvimento sustentável na Amazônia. A abordagem proposta é abrangente, transversal e sistêmica. Nesta nova fase, denominada Fase 5, há o reconhecimento da complexidade do problema do desmatamento ilegal e da pobreza na região e, portanto, o objetivo é integrar diferentes setores e níveis de governo, bem como a sociedade civil, em um esforço conjunto para enfrentar esse desafio.

A nova fase é composta de quatro eixos. Os três primeiros são os mesmos das fases anteriores do plano: atividades produtivas sus-

18 Este número difere daquele apresentado no Gráfico 1 porque a taxa oficial do desmatamento no Brasil é medida pelo sistema Prodes/Inpe e o ano base para a medição se dá de agosto de um ano a julho do ano seguinte. Os números acumulados de agosto a dezembro de 2022, portanto, irão compor o resultado da próxima medição do Prodes, referente a 2023. Só nesse período, os alertas de desmatamento tiveram aumento de 53,8% em relação ao mesmo período do ano anterior, o que também é considerado um recorde na série histórica.

tentáveis, monitoramento e controle ambiental, ordenamento fundiário e territorial. Apesar de serem os mesmos, várias ações novas estão planejadas bem como ações já existentes foram melhoradas. O novo eixo (quarto) começou a ser discutido em 2016 e tem como objetivo criar, aperfeiçoar e implementar instrumentos normativos e econômicos para o controle do desmatamento e concretização das linhas de ação dos demais eixos do plano.

A destinação e a proteção de terras públicas não destinadas, o alinhamento do planejamento de grandes empreendimentos de infraestrutura com as metas nacionais de redução do desmatamento e emissões de carbono são algumas das ações planejadas. Destaca-se a necessidade de identificar e incorporar as terras devolutas ainda existentes na região ao patrimônio da União e a necessidade de criação de diretrizes efetivas para destinação de florestas públicas não destinadas. A previsão é destinar 29,5 milhões de hectares de florestas públicas ainda não destinadas, avançar na regularização fundiária de 40% das Unidades de Conservação (UC) federais e criar cerca de 3 milhões de hectares de UCs.

A nova fase busca também enfatizar a integração das ações de inteligência e responsabilização pelo desmatamento ilegal, aprimorar o CAR (com uso de tecnologia como drones) e articular as ações de fiscalização com os estados. São previstas a criação de sistemas de rastreabilidade de produtos agropecuários e de madeira provenientes da região e regulamentação do embargo remoto de áreas com desmatamento ilegal. O monitoramento e prevenção de incêndios segue sendo um dos objetivos deste eixo (também em terras indígenas).

Destaca-se o investimento para fomentar a bioeconomia com diversidade e inclusão. Consideram-se as necessidades de inovação e assistência técnica adequadas às realidades regionais, aceleração da técnica produtiva da pecuária sustentável, com a expansão da atividade apenas em áreas já desmatadas. Também fazem parte dos objetivos desse eixo a promoção do manejo florestal sustentável, a recuperação de áreas desmatadas ou degradadas e o fortalecimento da articulação com os estados. O apoio ao turismo surge como uma alternativa para geração de emprego e renda.

Em relação aos incentivos econômicos, são propostos remuneração da prestação de serviços ambientais e atribuição de valor econômico aos ativos ambientais baseado na Política Nacional de Pagamento por Serviços Ambientais (PNPSA). Adicionalmente, o avanço na regulamentação do mercado brasileiro de carbono poderá gerar oportunidades para o País alavancando os compromissos com redução do desmatamento e da mitigação à mudança do clima.

Outra estratégia de ação é elevar o padrão de sustentabilidade do crédito rural não só para restringir acesso a crédito por aqueles que adotam práticas ilegais, mas também benefícios e incentivos para quem avançar na regularização ambiental e no uso de práticas sustentáveis (Plano ABC,[19] bioeconomia e atividades como manejo florestal sustentável). Nesse sentido, será necessário avançar no desenho de políticas e programas, na regulamentação e revisão de normas que estimulem os setores econômicos cujas atividades garantem preservação e melhorias das florestas. Também serão incentivadas ações coordenadas entre fundos de financiamento, combinações de recursos e instrumentos inovadores para financiamento dos setores e práticas sustentáveis.

A meta atual é audaciosa - alcançar desmatamento zero até 2030. Mas como se viu anteriormente neste capítulo, o PPCDAm gerou uma queda significativa do desmatamento na região nas três fases iniciais. O desafio agora é garantir a implementação da nova fase, buscando conciliar as soluções que considerem a manutenção da floresta como oportunidade e não ameaça ao desenvolvimento do País.

19 Plano Setorial de Mitigação e de Adaptação às Mudanças Climáticas Visando à Consolidação de uma Economia de Baixa Emissão de Carbono na Agricultura.

Referências bibliográficas

ASSAD, E. D. *Amazônia legal:* Propostas para uma exploração agrícola sustentável (relatório completo). EESP-Escola de Economia de São Paulo. 2016.

ASSUNÇÃO, J.; GANDOUR, C.; ROCHA, R. DETER-ing Deforestation in the Amazon: Environmental monitoring and law enforcement. *American Economic Journal: Applied Economics,* v. 15, n. 2, p. 125-156, 2023.

AUTOS de infração do Ibama e ICMBio caem 30% no governo Bolsonaro. CNN Brasil, 2021. Disponível em: https://www.cnnbrasil.com.br/nacional/autos-de-infracao--do-ibama-e-icmbio-caem-30-no-governo-bolsonaro/#:~:text=Os%20n%C3%BA-meros%20apontam%20que%20entre,anual%20de%2011.198%20procedimentos%20 abertos. Acesso em: 19 abr. 2024.

BARRETO, P.; ARAÚJO, E.; BRITO, B. *A impunidade de crimes ambientais em áreas protegidas federais na Amazônia.* Belém: IMAZON-Instituto do Homem e Meio Ambiente da Amazônia, 2009.

CHOMITZ, K. M.; THOMAS, T. S. Determinants of land use in Amazonia: A fine-scale spatial analysis. *American Journal of Agricultural Economics,* v. 85, n. 4, p. 1016-1028, 2003.

CISNEIROS, E.; ZHOU, S. L.; BORNER, J. Naming and shaming for conservation: Evidence from the brazilian Amazon. *PloS one*, v. 10, n. 9, 2015.

CLARO, P. B. de O. *Direito de propriedade, atividades econômicas e contexto institucional no Vale do Jari.* Tese (Doutorado em Administração) - Universidade Federal de Lavras, 2007.

FERRAZ, C. M. *Measuring the causes of deforestation, agriculture, land conversion and cattle ranching growth:* Evidence from the Amazon. Brasília: Ipea, 2000.

FAOSTAT. Food and agriculture organization of the United Nations. Disponível em: http://faostat.fao.org/. Acesso em: 01 jan. 2020

GEIST, H.; LAMBIN, E. *What drives tropical deforestation? A meta analisys of proximate and undeliyng causes of deforestation based on subnational case study evidence.* Bélgica: LUCC International Project Office, 2001.

GEIST, H. J.; LAMBIN, E. F. Proximate causes and underlying driving forces of tropical deforestation. *BioScience*, v. 52, p. 143-150, 2002.

GEOAMAZÔNIA. *Perspectivas do meio ambiente na Amazônia.* Brasília: PNUMA - Programa das Nações Unidas para o Meio Ambiente; OTCA - Organização do Tratado de Cooperação Amazônica, 2008.

INPE. Instituto Nacional de Pesquisas Espaciais. PRODES – desflorestamento nos municípios da Amazônia Legal. 2020. Disponível em: http://terrabrasilis.dpi.inpe.br/en/home-page/. Acesso em: 02 mai. 2020.

IPEA; GIZ; CEPAL. *Avaliação do Plano de Ação para Prevenção e Controle do Desmatamento na Amazônia Legal:* PPCDAm 2007-2010. Brasília: Ipea, 2011.

MELLO, N. G. R. D. *Análise dos fatores responsáveis pela redução de desmatamento na Amazônia Legal entre os anos de 2005 e 2013.* Dissertação (Mestrado em Ciência Ambiental) - Instituto de Energia e Ambiente, Universidade de São Paulo, São Paulo, 2016.

MELLO, N. G. R. D.; ARTAXO, P. Evolução do plano de ação para prevenção e controle do desmatamento na Amazônia legal. *Revista do Instituto de Estudos Brasileiros,* n. 66, p. 108-129, 2017.

MMA - Ministério do Meio Ambiente. *População e desenvolvimento sustentável na Amazônia.* Brasília: UNFPA-Fundo de População das Nações Unidas, 2014. Disponível em: http://www.unfpa.org.br/Arquivos/amazonia1.pdf. Acesso em: 01 abr. 2020.

MMA - Ministério do Meio Ambiente. 2019. Disponível em: https://www.mma.gov.br/. Acesso em: 14 abr. 2020.

PEREIRA, R. M.; MOREIRA, T. B. S. The use of information technology in environmental management: The case of brazilian Amazon Forest. *International Journal of Economics and Finance,* v. 15, n. 5, p. 1-54, 2023.

PFAFF, A. et al. Protected area types, strategies and impacts in Brazil's Amazon: Public protected area strategies do not yield a consistent ranking of protected area types by impact. *Philosophical Transactions of the Royal Society* B, v. 370, n. 1681, 2015.

RIVERO, S. et al. Pecuária e desmatamento: Uma análise das principais causas diretas do desmatamento na Amazônia. *Nova Economia,* v. 19, n. 1, p. 41-66, 2009.

SANTOS, D. et al. *Índice de Progresso Social na Amazônia brasileira:* IPS Amazônia 2018. Belém: Imazon; Social Progress Imperative, 2018.

SILVA, D.; BARRETO, P. *O aumento da produtividade e lucratividade da pecuária bovina na Amazônia:* O caso do Projeto Pecuária Verde em Paragominas. Belém: Imazon, 2014.

SILVA, V. V. D.; SILVA, R. G. D. C. Amazônia, fronteira e áreas protegidas: Dialética da expansão econômica e proteção da natureza. *Ambiente & Sociedade,* n. 25, 2022.

SILVA, C. A. et al. Análise qualitativa do desmatamento na Floresta Amazônica a partir de sensores SAR, óptico e termal. *Anuário do Instituto de Geociências,* v. 42, n. 4, p. 18-29, 2020.

SEEG. *Dados sobre as emissões de GHG no Brasil.* SEEG Brasil - Sistema de Estimativas de Emissões de Gases de Efeito Estufa. 2019. Disponível em: http://plataforma.seeg.eco.br/sankey. Acesso em: 01 mai. 2020.

SEEG. *Estimativa das Emissões e Remoções de Gases do Efeito Estufa no Brasil.* 2022. https://seeg-br.s3.amazonaws.com/Infograficos/PORT/2021/SEEG-infografico-Brasil-BR-2021-1-rev.jpg. Acesso em: 01 jul. 2022.

WEST, T. A.; FEARNSIDE, P. M. Brazil's conservation reform and the reduction of deforestation in Amazonia. *Land Use Policy,* n. 100, 2021.

CAPÍTULO 7

Parcerias Público-Privadas no Brasil: balanço de duas décadas

Sandro Cabral[1]

1. INTRODUÇÃO

Imagine a seguinte cena: dois amigos se reencontram em um bar após alguns anos sem se ver. O primeiro deles acaba de retornar ao Brasil depois de alguns anos vivendo nos Estados Unidos. Grande fã de "Ferrorama" desde a infância, ele conta de forma entusiasmada sobre a malha ferroviária naquele país, especialmente densa na costa Leste e no Meio-Oeste, e capaz de interligar todo o país, de Norte a Sul e de Leste a Oeste. Com um certo pessimismo, ele conta que a malha estadunidense é cerca de dez vezes maior que a malha brasileira. O outro amigo ouve com atenção e pondera que tal relato pode ser visto, sem dúvida, como um problema, mas, por outro lado, como uma oportunidade. Como otimista que é, o amigo que nunca saiu do Brasil, prefere ver sempre o copo meio cheio. Nessa linha, o otimista argumenta que os recursos para viabilização da expansão no Brasil poderiam sair, em parte, do setor privado que teria seus negócios beneficiados pela maior eficiência proporcionada pelo modal ferroviário em relação a outras alternativas de transporte.

O amigo recém repatriado gosta da conversa, pede outra cerveja e pondera sobre as resistências que podem surgir a partir de uma

1 Agradeço os comentários de Marcos Mendes, Tarcila Reis Jordão e Thais Azevedo dos Santos, bem como a assistência de pesquisa de Livia Brigido do Nascimento. Erros e omissões são de minha reponsabilidade.

maior participação privada em serviços públicos. Afinal, há relatos de desconfiança mundo afora em relação a projetos de privatização, concessões e Parcerias-Público Privadas (PPP). Ele recorda da resistência ao processo de concessão de serviços de água e saneamento na Argentina nos anos 1990. Ele também se lembra das notícias de favorecimento, no limite da irresponsabilidade, a grupos econômicos locais em processos de desestatização no Brasil e na Rússia no mesmo período. Para não ficar em países em desenvolvimento, ele relata as fraudes detectadas no contrato de PPP para a expansão do metrô de Londres, já na década de 2010, que, além de ter um rombo bilionário gerado a partir de comportamentos oportunistas por parte do setor privado. colocou todo o programa britânico de PPP em perspectiva, culminando na sua interrupção.

O otimista, por sua vez, pessoa bem informada que é, reconhece os problemas levantados, mas argumenta que há também vários casos de sucesso de PPP e outras formas de delegação de serviços públicos a atores privados mundo afora, inclusive no Brasil. Para ele, é preciso avaliar em que condições o setor privado pode ser invocado e as diferentes modalidades de intervenção para que decisões a favor ou contra a participação privada não sejam tomadas ao sabor de convicções ideológicas sobre o papel do Estado na economia. No Brasil, pondera, parte substancial de programas de PPP ao longo das últimas décadas vem sendo realizada, curiosamente, por governos de esquerda e que contam com respaldo da população nessas ações. "Ouça essa voz que é seu alento", brinca o amigo otimista.

Embora fictícios, os parágrafos acima ilustram as nuances relacionadas à participação privada na provisão de serviços tradicionalmente oferecidos por governos. As passagens também sugerem a necessidade de maior aprofundamento sobre o tema, sobretudo no caso brasileiro, passadas duas décadas do início da lei de PPP (2004) e quase três décadas da lei de concessões (1995). Assim, o presente capítulo realiza um balanço da experiência existente no Brasil, identificando não somente os fatores presentes em alguns casos de sucesso para que as boas experiências se repitam, como também os elementos necessários para maior disseminação de arranjos público-privados capazes de gerar soluções do tipo "ganha-ganha-ganha", ou seja, soluções que beneficiam a população, os atores privados envolvidos na provisão e os atores políticos que lideram tais iniciativas.

Após essa introdução, a próxima seção identifica as diversas formas de atuação do setor privado na provisão de serviços públicos, com especial destaque para a evolução dos marcos regulatórios brasileiros. Na sequência, o capítulo debruça-se no instituto das PPP no Brasil, apresentando um balanço dos contratos assinados e ilustrando três casos de sucesso no País. A partir do exame da literatura existente, identificam-se os fatores-chave para o sucesso de uma agenda de concessões e PPP, bem como os desafios para maior disseminação no Brasil, sem incorrer nos erros das experiências malsucedidas.

2. FORMAS DE ATUAÇÃO DE ATORES PRIVADOS NA PROVISÃO DE SERVIÇOS PÚBLICOS

De acordo com o conhecimento consolidado, governos são invocados para prover serviços em três condições.

Primeiro, governos podem ser invocados na presença de **bens e serviços coletivos**, cuja provisão beneficia um conjunto amplo de pessoas, com caráter coletivo do consumo, como iluminação pública, por exemplo. Neste caso, indivíduos que consumam um bem ou serviço, ainda que não contribuam para sua provisão, não privam outros indivíduos de usufruírem deste bem e serviço. Bens coletivos também podem ser caracterizados pela impossibilidade de exclusão de indivíduos que não paguem por sua provisão.

Em segundo lugar, a presença de **externalidades**, ou seja, de vantagens geradas para além do beneficiário diretamente impactado pela ação do bem ou do serviço provido, pode induzir governos a assumirem a provisão. Não por acaso, mesmo em países de natureza liberal e com menor simpatia pela participação estatal na economia, serviços de educação básica e secundária podem ser patrocinados por governos em função dos ganhos de produtividade gerados por uma população mais bem educada.

Terceiro, governos são invocados na presença de **monopólios naturais**, em que a existência de um segundo provedor é ineficiente em função da subaditividade de custos. Ter apenas um provedor para serviços de distribuição de água ou energia elétrica, por exemplo, é melhor que qualquer outra alternativa. Nesse caso, a escolha recai entre três opções intrinsicamente problemáticas: o monopólio público, o monopólio privado ou o monopólio regulado.[2]

A realidade demonstra, no entanto, que o setor privado atua em serviços em que as condições acima estão presentes, a exemplo dos faróis marítimos providos privadamente,[3] da participação de empresas atuando como exércitos subcontratados em atividades de guerra[4] ou em serviços prisionais.[5]

Para além de atuar na provisão de bens públicos puros (*public goods*) marcada pela impossibilidade de exclusão e pelo consumo coletivo, tal qual nos exemplos acima, organizações privadas podem operar em bens partilhados (*common goods*), em que há impossibilidade de exclusão, mas o consumo de um indivíduo pode alterar a experiência de outro indivíduo, a exemplo de um lago ou de um parque florestal em que a cobrança de tarifa não é factível[6] (Ostrom, 1990). Por fim, atores privados atuam também nos chamados bens pedagiados (*toll goods*), no qual o consumo é coletivo, mas há possibilidade de exclusão, a exemplo de pontes e estradas pedagiadas e de serviços de água e energia elétrica.

Governos, em seu turno, atuam em bens essencialmente privados (*private goods*), em que as possibilidades de exclusão são factíveis e o consumo se dá de forma individual.[7] Serviços como educação e saúde se enquadram nessa categoria e podem ser providos por governos em função das externalidades positivas geradas para além dos beneficiários diretos, afinal os benefícios obtidos atingem tanto o indivíduo que recebe o serviço provido, que tem, por exemplo, sua renda aumentada pela maior escolaridade, quanto a própria sociedade que passa a usufruir de maior produtividade a partir de um conjunto de pessoas mais bem educadas.

2 Para uma revisão sobre as formas de provisão de bens e serviços públicos, ver Weimer e Vining (2017).

3 Coase (1974).

4 Baum e McGahan (2013).

5 Analisando o caso de prisões terceirizadas em 1999 e estatizadas em 2006 no Paraná, Cabral, Lazzarini, e De Azevedo (2013) mostram que a operação privada com forte supervisão pública melhora a qualidade dos serviços prisionais sem implicar em aumento de custos. O estudo aponta que a ação interdependente entre atores públicos e privados pode criar valor apropriado pela população na forma de melhores indicadores de segurança e ordem e de serviços de assistência legal oferecidos aos internos.

6 Ver Ostrom (1990).

7 Weimer e Vining (2017).

Em todos os casos acima, atores públicos e privados podem participar da provisão de forma isolada ou combinada entre si. A Figura 1 mostra que serviços podem ser providos por um amplo espectro de modalidades. Nos extremos, figuram as formas polares: gestão direta governamental e privatização, em que os direitos residuais de controle pertencem, respectivamente, ao poder público e a atores privados, com ou sem fins lucrativos. Serviços de saúde, por exemplo, podem ser providos por hospitais públicos, privados ou hospitais ligados a entidades filantrópicas. Entre as formas polares há uma miríade de possibilidades de provisão combinando provedores de distinta natureza. Nessa linha, serviços podem ser ofertados por atores públicos que delegam certas funções a atores privados. Um hospital público pode, nessa linha, terceirizar sua unidade de medicina diagnóstica a atores privados responsáveis pelo fornecimento de capital humano (i.e. radiologistas e técnicos de aparelhos de imagem) e capital físico específico à função delegada (i.e. aparelhos de ressonância, tomografia e ultrassonografia).

Governos podem amplificar o grau de delegação a atores privados, promovendo programas de concessão e Parcerias Público-Privadas (PPP), deixando a cargo de empresas privadas ou organizações sociais a responsabilidade pela construção e operação das instalações. Ainda na área de saúde, governos podem delegar a construção de um hospital a um consórcio privado que, em seu turno, poderá prover tanto os equipamentos médicos e a provisão de serviços de manutenção e conservação predial, quanto a provisão total ou parcial dos serviços médicos, ao sabor das preferências governamentais.

Figura 1 - Formas de provisão de serviços de utilidade pública

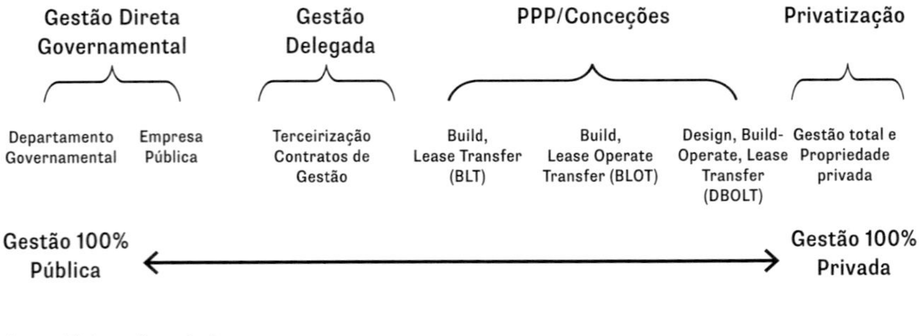

Fonte: Elaboração própria

3. PPPS NO BRASIL: NÚMEROS E EXPERIÊNCIAS DE SUCESSO

Conceitualmente, contratos de gestão delegada e concessões podem ser abrigados sob a égide das PPPs, na medida que tais formas refletem arranjos organizacionais híbridos em que atores públicos e privados partilham responsabilidades, recursos e informações de maneira coordenada, voltada ao atendimento de objetivos específicos.

Enquanto mundo afora qualquer dos arranjos não polares demonstrados na Figura 1 são tipificados como PPP, no Brasil os termos são classificados de acordo com as legislações que regem as diferentes modalidades de contratação. Assim, muitos dos contratos de terceirização e de gestão de serviços públicos vêm sendo celebrados pela Lei de Licitações (antiga Lei nº 8.666/1993, recentemente substituída pela nova Lei de Licitações e Contratos Administrativos - nº 14.133/2021). Geralmente envolvendo contratos de serviços com duração máxima de cinco anos,[8] historicamente as contratações na lei de licitações seguem a forma tradicional de compras públicas com os governos especificando os insumos a serem entregues. Em função da limitada possibilidade do emprego de recompensas e punições condicionadas ao desempenho observado, os incentivos para que as organizações contratadas se comportem de maneira alinhada ao interesse público são bastante reduzidos nesse tipo de contratação.

Diante, sobretudo, das restrições financeiras, o Brasil implantou a Lei de Concessões (nº 8.987/1995) como forma de alavancar investimentos privados em equipamentos novos ou em infraestruturas já existentes com necessidade de expansão ou renovação. Nesses casos, a organização vencedora da licitação figura como responsável pelos serviços prestados, tendo sua remuneração advinda de tarifas cobradas diretamente junto aos usuários. Diversas rodovias, ferrovias e aeroportos brasileiros foram transferidos à iniciativa privada por meio dessa modalidade. Diante do montante de investimentos a serem realizados, os contratos entre governos e atores privados precisam ser mais longos para garantir a realização, maturação e o retorno dos investimentos.

Ocorre que muitos desses investimentos não são passíveis de serem cobertos apenas por meio de tarifas de usuários e exigem contrapar-

8 Lei nº 8.666/93, Artigo 57, Inciso II. A nova Lei de Licitações (Artigo 107) passou a permitir a prorrogação sucessiva de contratos de serviços contínuos, respeitada a vigência máxima de 10 anos, desde que haja previsão em edital e que seja vantajoso para a Administração.

tidas governamentais. Como tais aspectos não eram contemplados à época pela legislação de concessões, diversos investimentos não foram realizados por falta de um marco legal, em que pese algumas soluções engenhosas. Um exemplo emblemático, nesse sentido, foi a concessão de resíduos sólidos da cidade de São Paulo.

No início dos anos 2000, a cidade de São Paulo necessitava renovar os contratos de coleta de lixo e ao mesmo tempo realizar investimentos em instalações para manejo dos resíduos. Como a antiga Lei de Licitações impedia a celebração de contratos em período superior a cinco anos, nada mais natural considerar o uso das concessões para transferir a obrigação dos investimentos em infraestrutura para o setor privado, aliviando, assim, os cofres públicos. O problema nesse caso estava relacionado à realização da cobrança de tarifas dos usuários pelo uso dos serviços, afinal pesar o lixo produzido por cada residência no momento da coleta não parecia razoável.

A solução encontrada pela equipe da então prefeita Marta Suplicy foi de enquadrar os serviços de coleta de lixo no âmbito da Lei de Concessões. Nesse caso, os consórcios vencedores cobrariam os serviços de apenas um único usuário, a Prefeitura de São Paulo, que, por sua vez, cobraria os cidadãos por meio de uma taxa proporcional à área da unidade habitacional: a famosa, e impopular, taxa do lixo.

Em 2003, no início do governo Lula, um jovem integrante da equipe da Prefeitura de São Paulo assume a incumbência de desenhar uma nova legislação federal voltada a garantir a viabilização de investimento privado de modo a complementar a Lei de Concessões. Com a experiência paulistana e lotado no Ministério do Planejamento, o então jovem, Fernando Haddad, concebe a primeira versão da Lei de Parcerias Público-Privadas (PPP), posteriormente alterada no Congresso e publicada no final de 2004 (Lei nº 11.079/2004).

As PPP surgem, dessa maneira, como alternativa para a viabilização de investimentos em infraestrutura de forma geral, em meio a um contexto de restrições fiscais e da necessidade de maior eficiência na construção e na operação dos serviços públicos. Uma das principais diferenças da Lei de PPP em relação à Lei de Concessões reside na explicitação da necessidade de contraprestação pecuniária do poder público, de forma complementar ou independente de tarifas cobradas junto aos usuários. Uma estrada, por exemplo, pode ter seus custos de construção e operação cobertos por uma combinação de pedágios, receitas acessórias associadas ao empreendimento (por exemplo, exploração de atividades de publicidade no entorno) e contraprestações públicas.

Para assegurar o cumprimento das obrigações assumidas pelos governos (poder concedente), a Lei de PPP instituiu a figura do fundo garantidor, uma espécie de colchão de recursos a ser disponibilizado ao ator privado, encarregado da provisão em caso de inadimplência do poder concedente. Por exemplo, um concessionário encarregado de realizar obras e serviços de saneamento e distribuição de água poderia acessar receitas das contas de água cobradas junto a consumidores, disponibilizadas no fundo garantidor, em caso de falta de pagamento de contraprestações contratualmente estabelecidas e necessárias ao equilíbrio econômico-financeiro do contrato.

Um dos grandes desafios para a atração de capital privado é a composição do fundo garantidor. Fundos compostos por ativos com baixa liquidez, como imóveis, ou sujeito a oscilações, tais como ações, via de regra, não despertam o apetite do setor privado para a realização de investimentos em PPP. Por outro lado, fundos compostos por ativos de alta liquidez, tais como recebíveis de concessionárias ou receitas oriundas de taxas recorrentes, podem gerar maior atratividade aos projetos.

Os casos acima referem-se à modalidade de PPP conhecida como **concessão patrocinada**. A lei brasileira, por outro lado, prevê igualmente a possibilidade de **concessão administrativa**, em que os contratos de prestação de serviços firmados junto ao setor privado são custeados integralmente pelo poder público, sem que qualquer parte da receita seja necessariamente proveniente dos usuários do serviço em questão. Esse é o caso dos serviços prisionais, em que há impossibilidade legal de cobrança de tarifas das pessoas custodiadas.

Independentemente do enquadramento legal, a **alocação de riscos** entre as partes é algo crítico e que merece atenção. Um erro muito comum cometido por governos é a tentativa de minimizar seus riscos, alocando o máximo de reponsabilidades ao setor privado, sem observar a regra de ouro de PPP e concessões: *o risco deve ser alocado a quem tem as melhores condições de gerenciá-lo.*[9] Nessa linha, alocar ao setor privado a responsabilidade pelos riscos de concessão de licenças ambientais para um empreendimento de infraestrutura deve ser visto

9 Iossa e Martimort (2012) fazem um bom panorama sobre os custos e benefícios associados à alocação de riscos em PPP.

em perspectiva, dado que o setor privado não controla o processo de concessão de licenças.

A insistência nessa prática pode gerar problemas *ex-ante* e *ex-post*. No primeiro caso, uma licitação com riscos não controlados pelo setor privado pode comprometer a atratividade dos certames, no limite, sem interessados. No caso de atores privados ganharem a licitação, a materialização dos riscos *ex-post* não será sem problemas, afinal, nesse caso, o valor a ser criado pela PPP pode não ser observado em sua plenitude, dado que a parte responsável pouco pode fazer para evitar o problema.

As PPP, assim como as concessões, permitem que a parte responsável pela construção do ativo seja responsável por sua operação. Tal prática, conhecida como *bundling*, permite alinhar os incentivos do ator privado com o interesse público. Nesse caso, o ator privado possui todo o interesse em fazer uma construção de alta qualidade, ainda que gastando um pouco mais, para ter menores gastos com manutenção e operação do ativo. Além disso, caso o ator privado seja responsável pelo projeto, construção e operação, há todos os incentivos para a incorporação de sinergias que facilitam não apenas a execução contratual, como também a exploração de receitas acessórias.[10]

Passados quase 20 anos da aprovação da Lei de PPP, o Brasil conta com 232 contratos de PPP assinados até o primeiro trimestre de 2023, conforme a Figura 2 abaixo.

10 Hart (2003), por meio de um modelo formal relativamente simples, demonstra as vantagens e desvantagens associadas à integração entre projeto, construção e operação de ativos em regime de PPP.

Figura 2 - Contratos de PPP assinados no Brasil ao longo do tempo

Quantidade de contratos assinados (acumulado)

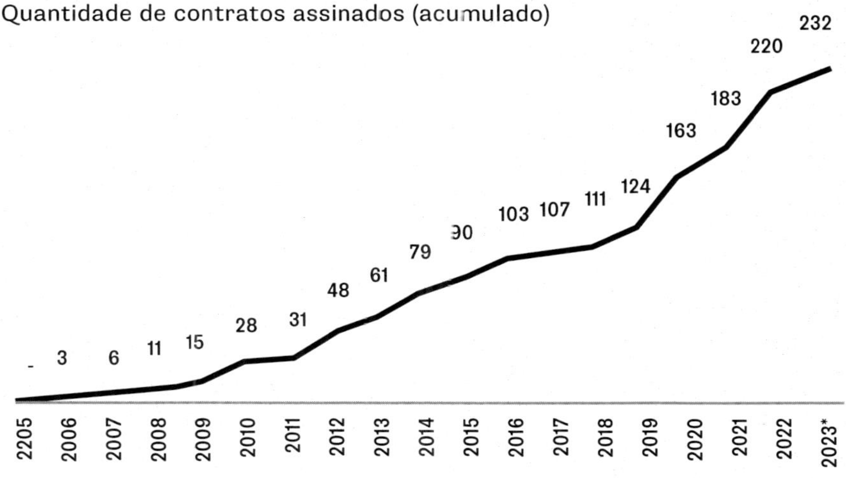

Fonte: Base PPP - Insper Metricis
*dados até o primeiro trimestre de 2023

A Figura 2 demonstra a evolução das PPP no Brasil ao longo do tempo. Percebe-se que o número de contratos no Brasil mais do que dobrou desde 2016, fruto do aprendizado acumulado em todas as regiões do Brasil. Nas Figuras 3 e 4, embora 50% dos contratos do País tenham sido assinados por estados da região Sudeste, chama a atenção o número de contratos assinados em estados do Nordeste (28%), região governada por coalizões de esquerda na última década. Assim, em que pese a suposta aversão de governos situados mais à esquerda em relação à participação privada em serviços públicos, na prática, observa-se o contrário: os estados mais alinhados à esquerda apresentam não somente um bom número de contratos de PPP, como também projetos com alto valor investido pelo setor privado, tais como a PPP de Esgotamento Sanitário do Ceará (com previsão de investimento de R$ 6,2 bilhões pela Aegea) e o Sistema Metroviário de Salvador (R$ 3,5 bilhões investidos pela CCR[11]).

11 Valor previsto em 2013.

Figura 3 - Contratos de PPP assinados por estado

Quantidade de contratos de PPP assinados por estado, incluindo contratos municipais e estaduais (acumulado)

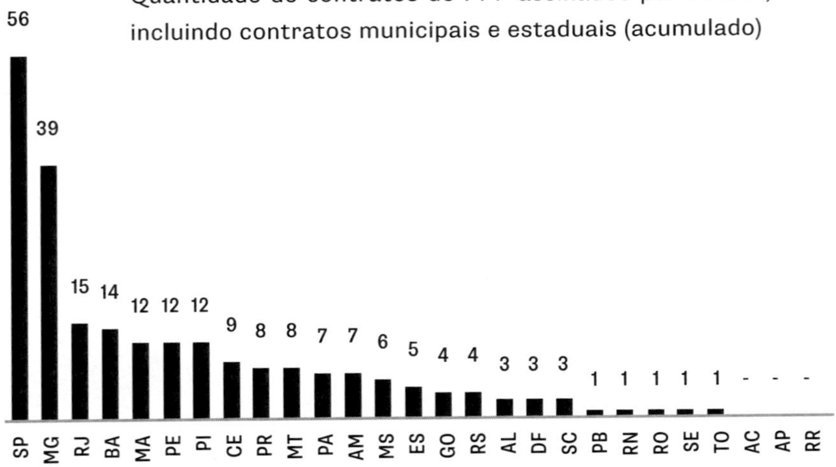

Fonte: Base PPP - Insper Metricis

Figura 4 - Contratos de PPP assinados por região

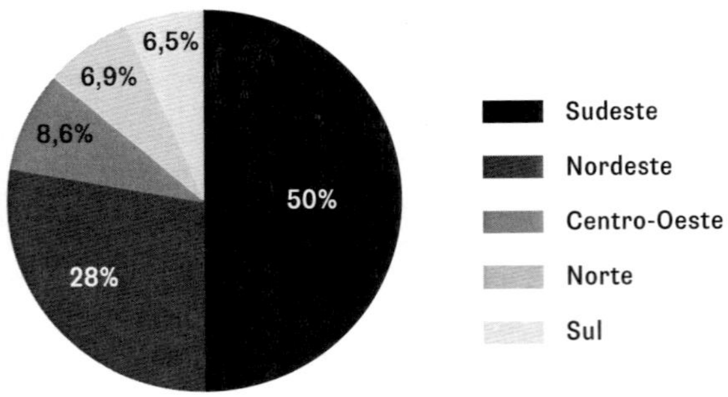

Fonte: Base PPP - Insper Metricis

Considerando-se o valor dos contratos, que pode incluir, além do valor previsto de investimentos a serem realizados pelo setor privado ou a soma das contraprestações a serem pagas pelo poder concedente, o montante médio é da ordem de R$ 1 bilhão.[12] Já a mediana fica em torno de R$ 305 milhões. A distribuição dos projetos nos diferentes setores ajuda a explicar tais diferenças. Embora perfaçam 9,9% do total, projetos na área de mobilidade e transportes figuram entre os maiores investimentos de capital (Capex), juntamente com contratos da área de água e esgoto (10,8% do total). A distribuição setorial dos

12 Em moeda corrente.

projetos (Figura 5) sinaliza uma reconfiguração a partir de 2014. Dos 171 projetos assinados entre 2014 e o primeiro trimestre de 2023, 84 foram no setor de iluminação pública (IP), setor em que os montantes médios de investimento são mais baixos. Ainda que os contratos das PPP de iluminação pública das cidades de São Paulo e Rio de Janeiro sejam expressivos, R$ 6,9 bilhão e R$ 1,4 bilhão, respectivamente, a maior parte dos contratos possuem valores menores. Retirando-se da amostra os dois contratos acima, a média para os demais 82 contratos cai para R$ 153 milhões.

Figura 5 - Contratos de PPP assinados por setor

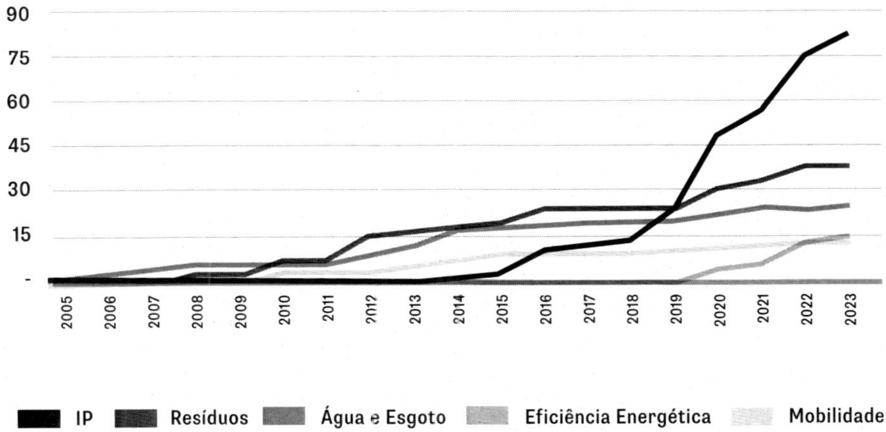

Fonte: Base PPP - Insper Metricis

Os números acima demonstram tanto a propensão de governos utilizarem o recurso da PPP na provisão de serviços quanto o apetite do setor privado em se engajar nesse tipo de iniciativa, algumas delas bem-sucedidas.

4. FATORES CHAVE PARA O SUCESSO DE PPP E CASOS DE SUCESSO NO BRASIL

A evolução dos contratos de PPP fornece algumas pistas sobre as condições necessárias para a evolução observada. A presente seção tece algumas considerações acerca das conduções de sucesso de PPP à luz da experiência brasileira.

Tomando como referência o setor de iluminação pública, a proliferação de contratos, mesmo em momentos de contração econômica e de turbulência política, como no período entre 2015 e 2022, pode ser explicada em larga medida pelo lado da demanda, notadamente pela necessidade de modernizar o parque de iluminação pública nos municípios brasileiros por meio da instalação de luminárias mais econômicas. Porém, o fato de os projetos de iluminação pública serem facilmente replicáveis em diferentes municípios, aliado à existência de um fundo garantidor com alta liquidez alimentado pela Cosip (Contribuição de Custeio do Serviço de Iluminação Pública) ajuda também a explicar a disseminação dos contratos. De fato, cobrada diretamente na conta de energia elétrica dos consumidores, a Cosip contribui para a realização de investimentos em iluminação pública para modernização, expansão e manutenção dos sistemas de iluminação pública das cidades, incluindo a substituição de lâmpadas convencionais por luminárias mais eficientes.

Cabe ao poder público municipal a decisão de como utilizar os recursos da Cosip, seja por meio de provisão própria ou por meio de arranjos alternativos junto a atores privados, tais como PPP. Naturalmente, a vinculação dessa fonte de recursos ao custeio de serviços de iluminação pública garante segurança ao operador privado de que os investimentos nos projetos serão ressarcidos. Assim, a existência de **fundos garantidores** é, sem dúvida, condição importante para a atratividade de atores privados em projetos de PPP.

Porém, dada a natureza dos projetos, em boa parte de longo prazo, com altos volumes e passíveis de ingerência governamental, de acordo com Quelin, Cabral, Lazzarini e Kivleniece (2019) três fatores são essenciais para garantir o apetite privado em projetos de PPP: instituições, competências públicas e competências privadas.[13]

Instituições, ou as regras do jogo, são fundamentais para garantir a previsibilidade necessária aos atores envolvidos em PPP nos diversos ciclos do projeto, desde o enquadramento das propostas, passando pela definição de critérios de escolha dos parceiros privados de forma alinhada ao interesse público, pela transparência no processo licitató-

13 Utilizando uma base de contratos de concessões em PPP em mais de 50 países, Quelin et al. (2019) mostram que competências públicas e privadas podem estimular o apetite privado de forma complementar ou substituta ao ambiente institucional.

rio, pela correta fiscalização da execução contratual e, por fim, pelo cumprimento daquilo que foi acordado.

No entanto, agentes políticos, membros de órgãos de controle e de instituições judiciais, agindo em conjunto ou isoladamente, podem apresentar condutas não alinhadas ao interesse público e, ao invés de agirem como guardiães da estabilidade contratual necessária, podem atuar como elementos que potencializam riscos e incertezas ao tomar decisões que fogem do esperado. O caso da disputa entre a Prefeitura de Rio das Ostras e a então Odebrecht Ambiental, empresa privada encarregada da provisão de serviços de água e saneamento sob uma PPP, é emblemático nesse sentido. Um novo prefeito eleito questionou o contrato firmado pelo antecessor e interrompeu os pagamentos previstos em contrato à concessionária. Ao tentar acessar o fundo garantidor, a empresa foi impedida pela Justiça de realizar o saque. Após batalha judicial que durou alguns anos, o Tribunal de Justiça do Estado do Rio de Janeiro decidiu favoravelmente à Odebrecht Ambiental, determinando o cumprimento do acordo e restringindo a utilização dos recursos do fundo apenas aos propósitos originais estabelecidos no contrato da PPP. Esse e outros casos, mais comuns do que o desejado, acabam por aumentar a percepção de risco de empresas privadas e os custos futuros, não raro, comprometendo o chamado value for money de iniciativas futuras. Nessa linha, a ordem proferida por Marcelo Crivella em 2019, então prefeito da cidade do Rio de Janeiro, para a destruição das praças de pedágio numa via concedida (Linha Amarela), gerou ruídos que, no mínimo, colocaram a confiabilidade do município em perspectiva.

Além de instituições, a existência de **competências instaladas no setor privado** é ponto-chave para contratos de PPP alinhados com o interesse público. Ocorre que as oportunidades proporcionadas por contratos de PPP, capazes de conferir sustentabilidade financeira no longo prazo aos consórcios privados vencedores das licitações, podem atrair aos certames empresas sem as necessárias capacidades para a execução dos serviços.

Nessa linha, grupos privados inexperientes ou com capacidades inferiores podem se valer de vasos comunicantes com o mundo político não apenas para obter contratos para os quais não possuem o necessário *expertise*, como também para criar barreiras à entrada que limitem a atração de atores privados mais capazes. De fato, além da geração de receitas no longo prazo, contratos de PPP podem se constituir em oportunidades de diversificação empresarial, permitindo a expansão do escopo corporativo de grupos privados.

Os incentivos para obter contratos de PPP, dessa forma, podem ser fortes. Assim, empresas originalmente envolvidas em atividade de construção civil ou em obras públicas tradicionais aproveitaram o *momentum* proporcionado pelos movimentos de concessão e PPP mundo afora para iniciar novas atividades, adicionando funções de operação e manutenção de ativos como estradas, aeroportos, ferrovias, prisões e estádios de futebol ao seu portfólio corporativo. Corporações como Odebrecht, OAS, CCR são exemplos estilizados desse movimento. A saída temporária de alguns dos grupos empresariais brasileiros, implicados na Lava-Jato, de licitações de contratos de concessões e PPP no Brasil permitiu a atração de novos grupos empresariais internacionais com notório conhecimento setorial, a exemplo da Vinci, grupo francês que arrematou diversos aeroportos no Brasil a partir da diminuição das barreiras à entrada no setor.

Por fim, a complexidade de projetos de PPP exige **competências instaladas no setor público** para que as iniciativas alinhem as necessidades da população com os interesses dos atores privados e políticos envolvidos. Quadros técnicos capazes são fundamentais para compreender os problemas públicos a serem resolvidos, avaliar as possíveis soluções existentes e para realizar a análise custo-benefício das alternativas contemplando aspetos técnicos, legais e políticos.

Via de regra, a articulação de esforços de ordem técnica e política para viabilizar a agenda de PPP se dá por meio de estruturas especializadas conhecidas como unidades de PPP, internacionalmente conhecidas como PPP *units*, com efeito comprovado para aumentar investimentos privados especialmente em regiões de baixa capacidade institucional, assegurar a efetividade dos projetos em termos de *value* for *money* e prover suporte a outras áreas governamentais.[14] No caso brasileiro, unidades de PPP são cruciais, sejam em estados com maior munificência de recursos, tais como Minas Gerais e São Paulo, sejam em estados com menor poder econômico, como o Piauí, que em menos de dez anos foi capaz de gerar uma série de projetos de PPP relevantes na área de infraestrutura tecnológica, rodovias e energia renovável.

14 Casady (2021); Quelin et al. (2019); Vecchi, Cusumano e Casalini (2022) realizam reflexões sobre o papel e o potencial das PPP *units*.

Os quadros abaixo apresentam três projetos de PPP bem-sucedidos que podem ser replicados, seja em função do seu escopo, seu desenho contratual ou de seu aspecto inovador. São eles, o projeto das unidades de Ensino da Rede Municipal de Educação Básica de Belo Horizonte - MG, o projeto do sistema metroviário de Salvador - BA, e o projeto Piauí Conectado - PI, envolvendo o fornecimento de serviços de internet. Conforme pode ser observado em suas breves descrições, os três casos envolvem benefícios diretos e indiretos, essenciais para a geração de valor público. Seus princípios podem, assim, servir de inspiração para outros projetos no Brasil.

Caso 1: Escolas de BH – Construção e operação de unidades de ensino na Rede Municipal de Educação Básica de Belo Horizonte

Um dos maiores problemas enfrentados por gestores municipais do Brasil é o déficit de vagas na pré-escola. A falta de acesso à educação infantil mina o desenvolvimento de habilidades essenciais para a aprendizagem das crianças entre zero e seis anos de idade, com impactos negativos na renda futura. Para viabilizar o acesso à educação e garantir os serviços necessários ao desenvolvimento infantil, a Prefeitura de Belo Horizonte optou pela provisão de vagas por meio de uma PPP. Valendo-se de uma PPP administrativa, em 2012 a prefeitura realizou uma licitação e delegou a um consorcio privado, Inova BH, à época liderado pela Odebrecht Properties, a incumbência da construção de 51 escolas da rede pública de Belo Horizonte: 46 Escolas Municipais de Educação Infantil (EMEI) e 5 Escolas Municipais de Ensino Fundamental (EMEF). Desde 2018 controlada pelo grupo Tranpes, corporação mineira atuante no setor de transportes e logística, o Inova BH tem também como missão prover os serviços de operação de natureza não pedagógica, incluindo manutenção das instalações, questões civis, elétricas e hidráulicas, serviços de segurança, limpeza e gestão do mobiliário por 20 anos. Beneficiando cerca de 25 mil crianças, a PPP permitiu não somente a construção em menos de três anos de todas as unidades educacionais previstas, garantindo, além de acesso ao ensino fundamental, a não absorção por parte do setor público dos custos fixos de construção e operação das unidades sob responsabilidade do Inova BH. Isso permitiu ao poder púbico municipal centrar suas atenções nas atividades pedagógicas, deixando a cargo do operador privado aspectos não relacionados à atividade de ensino. Diante dos resultados e das possibilidades de replicação, a PPP vem chamando a atenção de diversos governos no Brasil e do exterior.

Caso 2: O Sistema Metroviário de Salvador, Bahia

Quinta cidade mais populosa do Brasil e maior cidade do Nordeste, Salvador com seus quase 3 milhões de habitantes apresenta sérios problemas de mobilidade urbana. Na linha de outros centros urbanos do Brasil, como São Paulo e Rio de Janeiro, o transporte metroviário foi uma das soluções imaginadas. As primeiras tentativas de construção do Metrô de Salvador começaram no final dos anos 1990 sob a liderança de uma empresa pública municipal. Passados mais de dez anos, em meio a diversas denúncias de corrupção e mal uso dos recursos públicos, pouco se avançou nas obras do trecho inicial de pouco mais de 6 km sob responsabilidade da Prefeitura de Salvador. A partir de 2010, o Governo do Estado da Bahia sinalizou a intenção de assumir o sistema. Para assegurar a viabilidade do projeto, propôs-se a integração do primeiro trecho (Lapa-Pirajá), até então sob responsabilidade da Prefeitura de Salvador, de forma associada à construção de um segundo trecho conectando o primeiro trecho ao Aeroporto Internacional de Salvador, situado na divisa entre a capital baiana e a cidade de Lauro de Freitas. O Governo do Estado decidiu adotar uma PPP na modalidade patrocinada, em que os recursos necessários para financiar a construção e operação do sistema viriam de uma combinação entre tarifas pagas pelos usuários, receitas acessórias geradas pelo empreendimento, como receitas com publicidade e locação de espaços comerciais, e contraprestações pagas pelo Governo do Estado. Após processo licitatório, em 2013 é assinado o contrato de PPP com a CCR (companhia responsável pela operação de parte do sistema metroviário da cidade de São Paulo), englobando a conclusão do primeiro trecho, a construção do segundo trecho, o fornecimento dos trens e a operação do sistema ao longo de 30 anos. Compreendendo 20 estações espalhadas ao longo de 36 km, o projeto envolveu investimentos da ordem de R$ 3,5 bilhões por parte da CCR. Um aspecto interessante do projeto, e que serve de exemplo para outros contratos de PPP, foi a capacidade de alinhar incentivos entre operador privado e a população, na medida em que, de acordo com o contrato, o Governo do Estado da Bahia somente iniciaria os pagamentos das contraprestações após a chegada do sistema à última estação situada junto ao aeroporto. Ou seja, o contrato incentivou o ator privado a realizar esforços para acelerar as obras, porém sem comprometer a qualidade de sua execução, dada a integração das etapas de construção e operação. Em 2022, o sistema transportava cerca de 370 mil passageiros diariamente, conectando a região Norte ao centro da cidade, passando pelo aeroporto, pelo Centro Administrativo da Bahia, local onde estão instalados vários órgãos da administração pública, seis dos maiores shoppings centers da capital, além do estádio metropolitano de Pituaçu e da Arena Fonte Nova, maior palco de eventos esportivos e culturais da cidade.

Caso 3: Piauí Conectado

A provisão de serviços de conexão à internet é essencial ao bem-estar de indivíduos, para o funcionamento das organizações e para a coesão social. A internet se tornou parte integrante das sociedades modernas, influenciando a forma como se aprende, trabalha e se comunica, sendo um pilar para o desenvolvimento econômico e social. Diante dessa realidade, o Governo do Estado do Piauí concebeu o projeto "Piauí Conectado" visando assegurar a expansão da infraestrutura de transmissão de dados, voz e imagem dos órgãos que compõem a administração pública estadual. Cidadãos que usufruem dos serviços de escolas e hospitais públicos, delegacias de polícia, postos de fiscalização de tributos e órgãos de assistência ao cidadão, por exemplo, são beneficiários diretos da medida, ao passo que a população como um todo se beneficia do aumento da maior produtividade gerada a partir de conexões mais rápidas e seguras. Para viabilizar o serviço, o Governo do Estado promoveu uma PPP na modalidade administrativa. A vencedora da licitação foi a empresa Globaltask Tecnologia e Gestão S/A, que em troca de um contrato de R$ 214 milhões ficou encarregada das atividades de construção, operação, manutenção e atualização tecnológica da rede por 30 anos. Após o final do contrato, iniciado em 2018, os ativos serão transferidos ao Governo do Estado do Piauí. A infraestrutura conta com mais de 11 mil km de fibras ópticas instalados, provê também internet gratuita em 400 pontos de acesso localizados em espaços públicos, por meio da rede "Piauí Connect – WI-FI Livre". Todos os 224 municípios foram contemplados com a iniciativa e, após pouco mais de cinco anos, alguns impactos do projeto são visíveis. Além do aumento da qualidade na conexão, os 200 mil estudantes atendidos pela Secretaria de Estado da Educação do Piauí (Seduc), são beneficiados pela possiblidade de realizar cursos *on-line* - algo essencial durante a pandemia de covid-19 -, acesso a materiais didáticos, realização de pesquisas e maior celeridade nas atividades administrativas. Docentes podem, em seu turno, melhorar a preparação de suas aulas. Assim, o projeto complementa outras ações promovidas pelo governo estadual que levaram o Piauí a figurar entre os dez melhores estados brasileiros no Índice de Desenvolvimento da Educação Básica (Ideb), principal indicador de qualidade do ensino no Brasil.

5. EVITAR OS ERROS DO PASSADO E POTENCIALIZAR UMA AGENDA DE PPP: O QUE PODE SER FEITO

Os relatos acima demonstram as condições pelas quais Parcerias Público-Privadas (PPP) implementadas podem ser bem-sucedidas e replicadas. Embora medidas adicionais sejam necessárias para potencializar uma agenda de PPP e garantir a geração de valor público, é preciso observar primeiramente o que deve ser feito para que as PPP não gerem o efeito reverso, ou seja, destruam valor público. Nessa seara, é importante ressaltar algumas características que levam a projetos malsucedidos.

Primeiramente, **projetos ruins e de difícil viabilidade** tendem a ser malsucedidos. A experiência de PPP em estádios de futebol no Brasil ajuda a compreender esse ponto. Tome-se como base o caso da PPP da Arena Pernambuco. A decisão de se construir um estádio numa área remota e sem a infraestrutura de transporte necessária ao deslocamento dos espectadores de jogos de futebol e de outros eventos culturais, juntamente com a falta de acordo com os clubes locais capazes de garantir a demanda mínima necessária para cobrir os custos de operação e amortizar os custos da construção do estádio, figuram entre os principais pontos para a rescisão do contrato de PPP, independentemente dos problemas enfrentados pelo operador privado, a Odebrecht.

Como consequência, o Governo do Estado de Pernambuco absorveu integralmente os custos de construção e a responsabilidade pela operação de um estádio sem maior potencial de geração de receitas. Como contrafactual de um projeto relativamente bem-sucedido, tem-

-se a Arena Fonte Nova em Salvador, Bahia. Com capacidade similar ao estádio pernambucano, na ordem de 50 mil pessoas, o projeto baiano, localizado numa região central da cidade, acessível por ônibus, metrô e vias de acesso viário com capacidade compatível ao fluxo de pessoas, garante um montante de receitas capaz de manter o equilíbrio econômico-financeiro planejado na PPP.

Operado pelo mesmo grupo responsável pela operação do estádio pernambucano, a Arena Fonte Nova, além de ter realizado um acordo com o Esporte Clube Bahia para assegurar o uso do estádio com jogos de futebol, é altamente reconhecida pela capacidade de atrair eventos religiosos e musicais, aproveitando as complementaridades com a consolidada cadeia de entretenimento local. Tal qual o Allianz Parque em São Paulo, de propriedade da Sociedade Esportiva Palmeiras, o projeto da arena baiana, capaz de proporcionar a montagem e desmontagem rápida da estrutura de shows, é essencial para atrair artistas nacionais e internacionais em turnês, não interrompendo de forma constante as atividades esportivas. Os benefícios para a economia local são evidentes.

Bons projetos requerem, como visto na seção anterior, competências instaladas para o reconhecimento de prioridades, desenho das melhores soluções, escolha para o melhor enquadramento legal, estruturação de indicadores de desempenho e de mecanismos de incentivo adequados para assegurar os esforços dos agentes privados, determinação de critérios de seleção do parceiro privado mais adequado, bem como o estabelecimento de formas de fiscalização e critérios para resolução rápida de conflitos.

Dentre os principais desafios figura a atração e retenção de pessoas qualificadas nas unidades estaduais e municipais especializadas em programas de PPP e concessões. Por um lado, a falta de uma estrutura de carreira mina a atração de pessoas adequadas a funções ligadas a colaborações público-privadas. Com isso, os eventuais funcionários de carreira admitidos por critérios de seleção mais gerais e, via de regra, sem as habilidades necessárias à função experimentam um tempo maior de adaptação à dinâmica dos projetos. Por outro lado, o grande número de projetos existentes contribuiu para a formação de uma série de quadros especializados no setor privado conhecedores do ambiente de PPP e concessões que podem ser atraídos para trabalhar em governos e ajudar na estruturação de projetos.

Ainda que a adaptação à cultura do setor público seja um limitante à efetiva atuação de egressos do setor privado, os baixos salários do setor público, somados às peculiaridades do ciclo político de quatro anos também prejudicam a retenção dessas competências. Caso retidas, tais competências podem engendrar um fenômeno interessante de fertilização cruzada capaz de potencializar as iniciativas de concessões e PPP.

A alta rotatividade, no entanto, além de prejudicar a velocidade dos projetos, gera desconfianças do setor privado, comprometendo o desenrolar da agenda e, por fim, a taxa de conversão entre projetos anunciados vis-à-vis contratos de PPP efetivamente assinados. A experiência brasileira mostra que boas iniciativas não são levadas adiante por problemas de competências instaladas no setor público.[15]

Bons projetos, competências instaladas no setor privado e, sobretudo, no setor público são condições necessárias, porém, insuficientes, para iniciativas bem-sucedidas de PPP. Em adição aos pontos acima, a **colaboração entre diferentes órgãos públicos** é fundamental. Olhando apenas do lado do governo, uma iniciativa de PPP envolve vários atores com distintos incentivos, aspirações e visões de mundo. Tomemos como exemplo uma iniciativa na área de saúde, em que um dado governo decide construir um hospital por meio de PPP. Além da pasta de saúde, com todas as suas nuances e visões distintas sobre as estratégias mais adequadas para o enfrentamento do problema, o desenho de uma PPP envolve outros órgãos do Poder Executivo, tais como planejamento, fazenda e articulação política, dado que o diálogo com o Poder Legislativo é fundamental para que as iniciativas possam ser levadas adiante. De igual sorte, atuando isoladamente ou de forma articulada, órgãos de controle, tais como tribunais de contas, agências reguladoras e instituições legais, a exemplo do Ministério Público e das defensorias, além de órgãos da sociedade civil, como associações de moradores e de usuários, podem tanto aportar contribuições quanto impor restrições que, no limite, inviabilizam os projetos a depender do poder de veto de cada ator.

Naturalmente, a orquestração dos diferentes interesses está longe de ser trivial. Para tanto, o estabelecimento de protocolos para

15 Para saber mais sobre o papel das competências sobre interações público-privadas ver Cabral (2017); Lazzarini (2022); Quelin et al. (2019)

governança colaborativa entre os entes governamentais, deixando claras as regras de participação, os limites e responsabilidades de cada órgão, é chave para assegurar a confiabilidade do arranjo junto a atores privados, que, ao fim e ao cabo, tomarão parte do risco com a iniciativa. Dito de outra forma, **colaborações público-privadas requerem colaboração público-público para serem bem-sucedidas**, de modo que a realização de esforços para a construção de protocolos de colaboração é algo importante para que as PPP avancem ainda mais no País.[16]

Por fim, lideranças políticas conhecedoras dos fatores acima e comprometidas com a geração de valor público são essenciais para a multiplicação de arranjos público-privados bem-sucedidos, para além das PPP. Como visto anteriormente, não se trata de uma agenda de direita ou de esquerda, a julgar pelo espalhamento dos projetos em governos dos mais amplos matizes ideológicos. Trata-se de uma agenda com potencial de promover soluções **"ganha-ganha-ganha"**,[17] em que ganha a população, que passa a usufruir melhores níveis de serviço; ganham os atores privados, que por meio da atividade empresarial voltada ao interesse público podem atingir seus propósitos estratégicos; e, por fim, podem ganhar os governantes responsáveis pelas iniciativas, os quais uma vez reconhecidos pela população, podem ter seus objetivos políticos atendidos por meio de PPP bem-sucedidas.

Lideranças políticas são igualmente importantes para prover o suporte institucional necessário a formatos inovadores nas relações público-privadas, incluindo a introdução de mecanismos de remuneração atrelados à obtenção de resultados socioambientais em contratos de PPP. Por exemplo, um provedor de serviços de água e saneamento poderia obter redução no valor da outorga variável, paga ao poder público, para ter direito à prestação dos serviços, em contrapartida à melhoria nos indicadores de saúde da população da área abrangida pela PPP. Nesse caso, métodos rigorosos de avaliação de impacto são fundamentais para assegurar que as economias obtidas no sistema de saúde e os ganhos de bem-estar obtidos a partir de

16 A importância de governança colaborativa entre diferentes órgãos públicos para o desenvolvimento de relações público-privadas vem sendo identificada por alguns estudos recentes, a exemplo de Cabral e Krane (2018); Han e Guo (2022); Lazzarini et al. (2020).

17 Agradeço a Milton Seligman pela ideia das soluções ganha-ganha-ganha.

uma água mais limpa e de um esgoto bem tratado compensariam a remuneração transferida ao setor privado.[18] Assim, são bem-vindas lideranças políticas capazes de promover a transformação cultural na forma do governo se relacionar com fornecedores de serviços, saindo de uma cultura de aquisição de insumos e indo na direção de um governo que compra resultados que beneficiam a sociedade como um todo.

Referências bibliográficas

BAUM, J. A.; MCGAHAN, A. M. The reorganization of legitimate violence: The contested terrain of the private military and security industry during the post-cold war era. *Research in Organizational Behavior*, v. 33, p. 3-37, 2013.

CABRAL, S. Reconciling conflicting policy objectives in public contracting: The enabling role of capabilities. *Journal of Management Studies*, v. 54, n. 6, p. 823-853, 2017.

CABRAL, S.; KRANE, D. Civic festivals and collaborative governance. *International Review of Administrative Sciences*, v. 84, n. 1, p. 185-205, 2018.

CABRAL, S.; LAZZARINI, S. G.; DE AZEVEDO, P. F. Private entrepreneurs in public services: A longitudinal examination of outsourcing and statization of prisons. *Strategic Entrepreneurship Journal*, v. 7, n. 1, p. 6-25, 2013.

CASADY, C. B. Examining the institutional drivers of public-private partnership (PPP) market performance: A fuzzy set qualitative comparative analysis (fsQCA). *Public Management Review*, v. 23, n. 7, p. 981-1005, 2021.

COASE, R. H. The lighthouse in economics. *The Journal of Law and Economics*, v. 17, n. 2, p. 357-376, 1974.

HAN, Y.; GUO, H. Governmental support strategies and their effects on private capital engagement in public-private partnerships. *Public Management Review*, p. 1-19, 2022.

HART, O. Incomplete contracts and public ownership: Remarks, and an application to public-private partnerships. *The Economic Journal*, v. 113, n. 486, p. C69-C76, 2003.

IOSSA, E.; MARTIMORT, D. Risk allocation and the costs and benefits of public-private partnerships. *The RAND Journal of Economics*, v. 43, n. 3, p. 442-474, 2012.

18 Nos últimos anos vem ganhando tração ao redor do mundo uma série de iniciativas voltadas a introdução de remuneração de provedores de serviços públicos condicionada a desempenho, os conhecidos Outcome-Based Contracts (OBC) e seus desbordamentos, como os contratos Pay-for-Success (PFS) e os Contratos de Impacto Social, ou Social-Impact Bonds (SIBs). Esforços para conectar tais iniciativas a novos contratos de PPP são necessários. Para saber mais ver Nardi, Lazzarini e Cabral (2022).

LAZZARINI, S. G. et al. Public capacity, plural forms of collaboration, and the performance of public initiatives: A configurational approach. *Journal of Public Administration Research and Theory*, v. 30, n. 4, p. 579-595, 2020.

LAZZARINI, S. G. *The right privatization:* Why private firms in public initiatives need capable governments. Londres: Cambridge University Press, 2022.

NARDI, L.; LAZZARINI, S. G.; CABRAL, S. Impact measurement tools and social value creation: A strategic perspective. In: GERARD, G. et al. *Handbook on the Business of Sustainability:* The organization, implementation and practice of sustainable growth. Georgetown: Edward Elgar Publishing, p. 459-473, 2022.

OSTROM, E. *Governing the commons:* The evolution of institutions for collective action. Cambridge: Cambridge University press, 1990.

QUELIN, B. V. et. al. *The private scope in public-private collaborations:* An institutional and capability-based perspective. Organization Science, v. 30, n. 4, p. 831-846, 2019.

VECCHI, V.; CUSUMANO, N.; CASALINI, F. Investigating the performance of PPP in major healthcare infrastructure projects: the role of policy, institutions, and contracts. *Oxford Review of Economic Policy*, v. 38, n. 2, p. 385-401, 2022.

WEIMER, D. L.; VINING, A. R. *Policy analysis:* Concepts and practice. Londres: Taylor & Francis, 2017.

CAPÍTULO 8

O novo Marco Legal do Saneamento Básico: direção correta, mas um longo caminho

Paulo Furquim de Azevedo
Thayla Soares

1. INTRODUÇÃO

No início do século 21, o Brasil convive com problemas de uma agenda típica do século 19. Aproximadamente 40% dos domicílios no Brasil não possuem acesso à rede de coleta de esgoto. O serviço de abastecimento de água por rede geral é mais difundido, mas é notável que 11% dos domicílios ainda não tenham acesso a este serviço de natureza absolutamente essencial. Os custos decorrentes do déficit de acesso a serviços de saneamento básico são inúmeros e já bem documentados na literatura, com efeitos sobre a mortalidade e morbidade infantis, desempenho escolar e sobre a produtividade do trabalho.[1]

A situação já foi pior. Em 1960, os indicadores brasileiros de acesso às redes de água e esgoto, da ordem de 21% e 11% respectivamente, colocavam o País entre aqueles de maior déficit de acesso, juntamente com os países da África subsaariana. A partir da década de 1970, houve forte investimento público em saneamento básico, por meio de empresas estaduais de economia mista, impulsionado pelo Plano Nacional de Saneamento (Planasa), instituído em 1971. A partir de meados dos anos 1990, a forma de provimento de serviços de saneamento tornou-se mais diversa,

1 Ver Briscoe et al. (1986), Cvjetanovic (1986), Esrey et al. (1985), Heller (1997) e Scriptore et al. (2023).

com o estabelecimento de concessões privadas pelo poder concedente municipal e a privatização da companhia estadual do Tocantins (Saneatins), que trouxeram capital privado para a realização de investimentos em saneamento básico, mas ainda limitada a apenas cerca de 5% dos municípios brasileiros.

Ainda que este modelo tenha ampliado o acesso aos serviços de água e esgotamento sanitário durante as décadas que se seguiram, foi insuficiente para promover a universalização do serviço. Considerando-se a taxa de investimento observada entre 2013, após a inclusão do saneamento básico no Programa de Aceleração do Crescimento, e 2020, estima-se que o Brasil atingiria as metas de acesso de 90% para a coleta de esgoto apenas em 2059, e de 99% com conexões à rede de abastecimento de água apenas em 2085.[2]

Foi nesse contexto que surgiu o Novo Marco Legal do Saneamento Básico no Brasil, tendo por principal estatuto a Lei nº 14.026, de 15 de julho de 2020. Seu propósito último é o atendimento das metas de universalização até 2033 e, para tanto, modifica incentivos para a participação de operadores privados e procura solucionar problemas regulatórios diversos - e, como se verá ao longo deste capítulo, não todos - que inibem maiores investimentos e ganhos de eficiência.

Este capítulo faz uma avaliação dos resultados dessa política, focando em sua capacidade de atrair investimentos para o setor de saneamento básico no Brasil. Por se tratar de uma mudança legal relativamente recente e em setor cujos resultados são mensuráveis em longo prazo, não será possível aferir seu impacto sobre a qualidade da água, visto que os dados disponíveis do SNIS cobrem apenas o primeiro ano da mudança legal. Tampouco será possível averiguar o impacto sobre indicadores associados à oferta e qualidade dos serviços de saneamento básico, como a incidência de mortalidade e morbidade por diarreia em crianças, dado que a maior parte dos projetos de investimento ainda não maturou. Passados três anos de sua promulgação, contudo, já é possível observar como foram afetados os investimentos e os novos processos de concessão desse serviço, sendo esta a direção seguida pelo presente capítulo.

Em síntese, o Marco Legal do Saneamento Básico foi eficaz em promover a regionalização dos serviços, em blocos de municípios, o que permitirá a apropriação de economias de escala na prestação do servi-

2 Ver Saiani et al. (2023).

ço. Nem sempre, contudo, a divisão dos municípios em blocos obedeceu a um critério de bacia hidrográfica ou localização contígua, o que permitiria internalizar parte das externalidades decorrentes da prestação de serviços. Também se observa aumento do investimento, sobretudo por meio da privatização de companhias estaduais e participação do capital privado na concessão de serviços para blocos de municípios.

Esse incremento dos investimentos em saneamento, entretanto, tem sido bastante desigual, sendo, em média, mais relevante nos municípios com maior cobertura das redes de água e esgoto, o que pode acentuar as desigualdades regionais em curto e médio prazos. Também se nota uma grande variabilidade de modelos de concessão, desde a ampla privatização até parcerias público-privadas para um serviço específico, tendo havido um protagonismo mais acentuado dos governos estaduais nessas escolhas. Na maior parte das concessões, optou-se por um modelo de concessão baseado no maior valor de outorga, cujo montante não precisa ser revertido em investimentos na infraestrutura dos serviços de saneamento básico, podendo ser utilizado para finalidades diversas do poder público municipal. Se, de um lado, este modelo desvia parte dos recursos atraídos pela concessão para outras finalidades, de outro, trata-se de incentivo para que prefeitos adiram às concessões privadas.

O capítulo está estruturado em três seções, além desta introdução. A primeira apresenta o Novo Marco Legal do Saneamento Básico e uma síntese dos problemas que procurava solucionar. A segunda apresenta uma avaliação dos efeitos sobre os novos projetos de investimento, baseados sobretudo em concessões dos serviços para a iniciativa privada. Finalmente, a última seção discute os resultados, destacando os aspectos positivos da política e os pontos que ainda requerem aperfeiçoamento para que seja possível o alcance das metas de universalização do acesso aos serviços de água e esgotamento sanitário.

2. O MARCO LEGAL DO SANEAMENTO BÁSICO NO BRASIL

O chamado Novo Marco Legal do Saneamento Básico no Brasil (doravante, marco legal do saneamento) não representa uma ruptura institucional, mas o aperfeiçoamento das instituições preexistentes que regulavam a oferta dos serviços de saneamento básico. Em particular, trata-se de uma reforma - e não revogação - do marco legal do saneamento básico de 2007 (Lei nº 11.445), que pacificou o problema da competência sobre os serviços de saneamento entre estados e municípios, por anos uma relevante fonte de incerteza jurídica. Diversos pontos ainda requeriam mudanças no arcabouço legal, com o propósito de viabilizar a tão requerida expansão do acesso aos serviços de água e esgoto.

Em 2013, por meio do Plano Nacional de Saneamento Básico (Plansab), foram instituídas as metas de universalização para 2033, de 90% de acesso à rede de coleta de esgoto e de 99% de acesso à água, metas estas posteriormente incorporadas ao Novo Marco Legal do Saneamento, de 2020. A partir de 2016, a política de saneamento básico ganha importante impulso com a atuação do BNDES na restruturação de projetos de investimento e de privatização de companhias estaduais, de modo consistente com a mudança legal que se desenhava no Congresso Nacional. O modelo de regionalização dos serviços em blocos de municípios, sobre o qual viria a se apoiar o futuro Marco Legal do Saneamento, também já estava presente na atuação do BNDES a partir de 2016, com o objetivo de eficiência na prestação dos serviços e realização de subsídios cruzados para viabilizar a expansão da rede em áreas menos rentáveis.

A promulgação da Lei nº 14.026, em julho de 2020, portanto, foi um importante evento em um movimento consistente de uma política de expansão dos serviços de saneamento básico, consistência esta que permitiu que alguns projetos de investimento e concessão de serviços, já maturados nos anos anteriores no BNDES, pudessem ser implantados com relativa rapidez.

Após a sua promulgação, o marco legal do saneamento foi complementado pelos Decretos nº 11.466/2023 e nº 11.467/2023, que tiveram como objetivo suprir lacunas da Lei nº 14.026, notadamente quanto à demonstração de capacidade econômico-financeira das empresas incumbentes para fazer frente aos investimentos necessários às metas de universalização. Mais uma vez, foram preservados os princípios gerais da política, tendo os decretos por objeto aperfeiçoamentos pontuais.[3] A análise aqui compreendida, embora tenha por foco a Lei nº 14.026, considera este conjunto de mudanças institucionais que refletem uma mesma política de expansão dos serviços de saneamento básico.

Motivação

O marco legal do saneamento procurou solucionar quatro problemas que explicavam o elevado déficit de acesso às redes de água e

3 Ver GO Associados (2023).

esgoto. O primeiro e mais importante era a assimetria entre companhias estaduais e privadas na concorrência pela prestação de serviços de saneamento aos municípios, sendo estes, com exceção de regiões metropolitanas, os titulares da competência desse serviço.

Antes da Lei nº 14.026, os municípios tinham três opções para prover os serviços de saneamento. Poderiam constituir uma empresa ou autarquia municipal, poderiam abrir um processo licitatório para concessão dos serviços à iniciativa privada, ou poderiam celebrar um contrato de programa com a empresa estadual de saneamento. Esta terceira modalidade não exigia recursos ou competências públicas para a realização de um certamente licitatório, sendo, não surpreendentemente, a modalidade mais utilizada no Brasil.[4]

Essa assimetria entre companhias estaduais e privadas na concorrência pelos serviços municipais inibia a participação do capital privado na ampliação dos serviços de saneamento, a despeito dos bons resultados apresentados pelas concessões privadas no Brasil em termos de qualidade da água e aumento de acesso, sobretudo em esgotamento sanitário nos municípios com maior déficit.[5] Em um setor tão carente de investimentos, as condições adversas para a atração do capital privado contribuíam para a persistência do déficit de acesso aos serviços de água e esgoto.

Essa mesma medida poderia também reduzir o viés político na escolha da forma de provimento do serviço de saneamento. Como documentado na literatura,[6] prefeitos politicamente alinhados ao governador tinham menor probabilidade de concessão dos serviços de saneamento aos operadores privados. Com o fim dos contratos de programa entre municípios e empresas estaduais de saneamento básico, abre-se a possibilidade de um processo competitivo que poderia resultar na redução do viés político. Como se verá nos dados das concessões que se seguiram à promulgação da Lei nº 14.026, os incentivos políticos mudaram, mas a decisão sobre o provimento dos serviços de saneamento básico ainda é bastante afetada pelo alinhamento político entre prefeitos e governadores, não dependendo apenas de questões fiscais ou técnicas, como escala e características municipais.

4 Ver Oliveira e Saiani (2023).
5 A esse respeito, ver Saiani e Azevedo (2018) e Menezes et al. (2016).
6 Ver Saiani e Azevedo (2014).

Um segundo ponto tratado pelo Marco Legal do Saneamento foi o aumento de eficiência por meio da prestação regionalizada dos serviços. As atividades de saneamento estão sujeitas a economias de escala em algumas de suas atividades, como tratamento de água, bem como a externalidades sobre municípios vizinhos, visto que a captação e tratamento de esgoto têm efeitos potenciais sobre todos os municípios de uma mesma a bacia hidrográfica. A regionalização da prestação do serviço de saneamento possibilita o aumento de escala em atividades-chave e a internalização de externalidades em municípios contíguos. A regionalização cumpria também o papel de viabilizar a prestação do serviço de saneamento básico em áreas de menor atratividade econômica, por meio da sua inclusão em blocos com municípios mais viáveis economicamente.

O terceiro problema decorria da incapacidade fiscal de municípios e financeira das empresas estaduais de saneamento para fazer frente aos elevados investimentos requeridos para o alcance das metas de acesso aos serviços de água e esgoto, avaliados, segundo o Plansab, em aproximadamente R$ 600 bilhões, a preços de 2021. É deste diagnóstico que decorre a necessidade de atração de capital privado, por meio de Parcerias Público-Privadas (PPP), concessões plenas e privatização de companhias estaduais. Esse problema tornava ainda mais graves os dois primeiros problemas aqui expostos, que tinham por efeito a redução do interesse de prefeitos e empresários pela concessão desses serviços à iniciativa privada, afastando, portanto, essa importante fonte de investimentos. De um lado, os contratos de programa desfavoreciam as empresas privadas na concorrência com as companhias estaduais. De outro, a incerteza regulatória e a reduzida escala de operação reduziam o interesse do capital privado, sobretudo de entrantes potenciais que não gozam do conhecimento regulatório específico.

O quarto problema é a fragmentação regulatória, também decorrente da competência municipal para a prestação do serviço. Existem 89 agências de regulação, criadas por legislações estaduais ou municipais, as quais resultam em diferentes responsabilidades e capacidades institucionais para cada uma dessas agências.[7] A ausência de um padrão de regulação torna particularmente desafiante a operação de empresas que atuam em múltiplos municípios, exatamente aquelas posicionadas para explorar economias de escala. Também não havia um

7 Ver Instituto Trata Brasil (2021).

padrão mínimo para os contratos de concessão, o que resultava também em elevada heterogeneidade nos modelos de concessão.

Principais instrumentos

Para dar conta dos problemas que causam o elevado déficit de acesso aos serviços de saneamento, o marco legal apoia-se em um conjunto de mudanças de incentivos e obrigações, destacando-se a comprovação da capacidade econômico-financeira para o alcance das metas de universalização, o fim dos contratos de programas e os incentivos à regionalização. O primeiro pilar foi a adoção das metas que haviam sido definidas em 2013, mas agora acompanhadas de mecanismos de controle e incentivo para o seu alcance. Os municípios com condições técnicas e econômico-financeiras têm como meta atingir, em 2033, a cobertura de 99% da população com acesso à água potável e 90% à rede de coleta de esgoto. Para os municípios que comprovarem a impossibilidade do cumprimento dessa meta até 2033, o prazo estende-se até 2040.

Dado que, em 2021, 84,2% da população tinha acesso à água tratada e distribuída por uma empresa de saneamento, e apenas 58,8% dos brasileiros possuíam coleta de esgoto em suas residências,[8] a meta de universalização requer um aumento significativo de investimentos no setor, e, em particular, uma maior participação do capital privado.

O segundo pilar é a obrigatoriedade da realização de um processo licitatório, extinguindo a possibilidade de celebração dos contratos de programa com companhias estaduais de saneamento. Dessa forma, os municípios estão proibidos de conceder ou contratar serviços de companhias estaduais sem um processo de concorrência - como ocorria anteriormente ao marco. Tal mudança elimina uma assimetria entre companhias estaduais e empresas privadas, com a expectativa de aumentar o incentivo para a atração de recursos privados para a provisão de serviços de saneamento.

Para evitar quebra de contratos, a Lei no 14.026 estabelece que contratos de programa em vigência permanecem válidos até seu vencimento, desde que comprovada a capacidade técnica e econômico-financeira da companhia prestadora em atingir a meta de universalização dentro do prazo estabelecido. Tal comprovação deveria ser realizada até 31 de dezembro de 2023, podendo o prazo ser estendido até 31 de

8 Dados do SNIS.

dezembro de 2025 para contratos considerados irregulares.[9] Entretanto, a renovação de contratos de programa foi vetada, sendo obrigatória a realização de um processo licitatório após a data de vencimento.

Finalmente, o terceiro pilar trazido pela Lei nº 14.026 é o incentivo à regionalização dos serviços. Governos estaduais devem apresentar uma divisão regional de seus municípios até 31 de dezembro de 2025, a qual deve ser formalizada por meio de uma lei estadual, sendo admissíveis as seguintes alternativas de agrupamento:

1. fazer parte de região metropolitana, aglomerado urbano ou microrregião, conforme determinado pelo governo estadual;
2. ser alocado pelo respectivo governo estadual a uma unidade regional de saneamento;
3. ser alocado pelo respectivo governo estadual a um bloco de referência. Neste último caso, não há necessidade de os municípios serem limítrofes.

Há dois critérios principais para a delimitação de blocos regionais. O primeiro está relacionado a um dos problemas identificados no modelo anterior, como a dificuldade de se obter economias de escala e internalização de externalidades em uma operação restrita a um município. O segundo trata do equilíbrio econômico-financeiro que contemple a universalização dos serviços, em que um mesmo bloco contenha localidades mais rentáveis e aquelas que não seriam individualmente atrativas, em uma espécie de subsídio cruzado. Assim, para prestar serviços a localidades mais rentáveis, as concessionárias terão que atender as menos rentáveis também, permitindo a atração de capital privado para localidades que, individualmente, não despertariam o interesse de empresas privadas. É importante notar, contudo, que os dois critérios para a delimitação de blocos de municípios não são necessariamente consistentes, sendo resguardado ao governo estadual discricionariedade no desenho da regionalização.

Ao fomentar a regionalização, o marco legal do saneamento introduziu uma mudança institucional substantiva. Os problemas enumerados no início desta seção decorrem, em última análise, da competência municipal na prestação dos serviços de saneamento, a qual está associada à fragmentação regulatória, pequena escala, externalidades que

9 O texto original da Lei no 14.026 estabelecia o prazo de 31 de março de 2022, porém a data limite foi modificada pelo Decreto 11.466/2023.

ultrapassam as fronteiras municipais, entre outros. A solução trazida pelo novo marco legal foi dar protagonismo aos estados, que passaram a liderar o processo de investimento e, se do interesse do governo estadual, concessão dos serviços, em blocos, para a iniciativa privada.

São os estados que delimitam os contornos dos blocos regionais, decidem ou não pela privatização da companhia estadual e definem o modelo de prestação de serviço a ser adotado, admitindo-se grande flexibilidade nessa escolha. Este pode variar em diferentes graus de alocação de direitos entre o setor público e o privado. As PPPs, modelo adotado pelo Ceará, são contratos em que ambas as partes compartilham responsabilidades e recursos no financiamento, construção, operação dos serviços de saneamento, havendo também dentro desse grupo grande variabilidade de intensidade de participação da parte privada.[10] A concessão, por sua vez, compreende a transferência dos direitos de operação e gestão de serviços públicos ou infraestrutura para entidades privadas, em geral sujeita à regulação e obrigações contratuais definidas no contrato de concessão.[11] Finalmente, a privatização, caminho adotado pelo Rio Grande do Sul, consiste na venda dos ativos da companhia estadual ou municipal de saneamento básico para operadores privados, sendo normalmente acompanhada da concessão para operação desses serviços.

Nos casos em que há concessão, sem privatização, a empresa estatal pode continuar operando em algum segmento da prestação de serviços. Nos casos de Rio de Janeiro e Alagoas, por exemplo, as companhias estaduais estatais, que prestavam todos os serviços antes da concessão, permaneceram responsáveis pela captação, tratamento e fornecimento de água potável para os operadores privados.[12]

Apesar de a regionalização ser responsabilidade dos governos estaduais, a decisão final de participar desse processo cabe ao município, detentor da competência pela provisão dos serviços de saneamento básico. O novo marco, contudo, traz também incentivos para a adesão de municípios aos consórcios regionais, como, por exemplo, pela condicionalidade da concessão de

10 Ver Quelin et al. (2017). No Brasil, as PPPs são reguladas por lei específica, a Lei no 11.079 de 2004.

11 Note-se que PPPs e concessões são reguladas por institutos jurídicos distintos. As primeiras pela Lei no 11.079, de 2004, e as concessões pela Lei no 8.987, de 1995

12 Vide: https://hubdeprojetos.bndes.gov.br/pt/projetos/Rio-de-Janeiro-Saneamento/95ee1cd5-7e8d-11ea-8ee4-0242ac11002b e https://hubdeprojetos.bndes.gov.br/pt/projetos/Alagoas-Saneamento-Bloco-C/1b19e185-6d64-11eb-be22-0242ac11002b.

recursos da União para projetos de saneamento aos municípios que aderirem à regionalização.

3. BALANÇO PRELIMINAR DOS EFEITOS DO NOVO MARCO LEGAL DO SANEAMENTO BÁSICO

Passados três anos da promulgação do marco legal do saneamento básico, são notáveis seus efeitos sobre o aumento das concessões do serviço à iniciativa privada, via de regra em blocos de municípios, seguindo o princípio da regionalização da prestação dos serviços. Por meio desse modelo, foi possível atrair investimento privado para a infraestrutura de saneamento básico em níveis sem precedentes, tendo atingido, apenas em valor de outorga, mais de R$ 30 bilhões. A Figura 1 apresenta o número de concessões de água ou esgoto ano a ano, indicando um elevado crescimento a partir de 2020. Entre 1993 e 2019, 306 municípios haviam concedido os serviços de saneamento à iniciativa privada, 135 dos quais regionalizados em 13 consórcios de municípios. Em apenas três anos de vigência do marco legal do saneamento, 540 municípios concederam seus serviços à operação privada, sendo 528 deles agrupados em 12 blocos de municípios. Nota-se, portanto, o aumento do número de concessões em blocos regionais de escala muito superior aos poucos consórcios que operavam antes da promulgação da Lei no 14.026.

Figura 1 – Número de municípios que concederam os serviços de saneamento à iniciativa privada entre 1993 e 2022

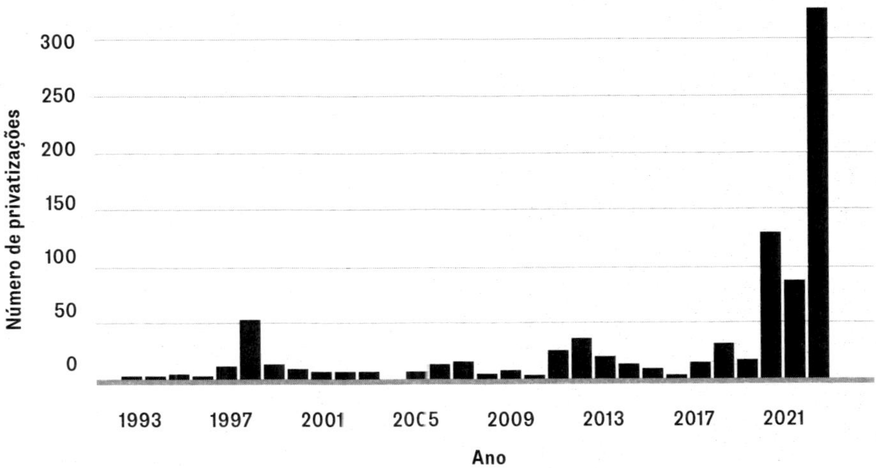

Fonte: Abcon, apud Soares (2024)

Dado que a aprovação do marco legal do saneamento era amplamente esperada, em alguns casos o estudo para implementar a regionalização dos municípios começou antes mesmo da aprovação da Lei nº 14.026, o que permitiu o número expressivo de concessões no período de três anos. Em todos os estados, a regionalização já havia sido formalizada, ao final de 2023, por leis estaduais, com exceção de Minas Gerais, que teve seu projeto de lei arquivado; do Tocantins, em que o projeto de lei ainda estava em tramitação na Assembleia Legislativa; do Pará, que estava desenvolvendo a modelagem dos blocos; e do Acre, que ainda não havia iniciado o processo de regionalização.

Os resultados, contudo, são ainda muito heterogêneos, um reflexo da elevada discricionariedade e protagonismo dos estados na condução da política de regionalização e modelagem das concessões. O elemento determinante tem sido a decisão do governo estadual em privatizar a companhia estadual, podendo os municípios aderirem ou não à modelagem e regionalização propostas pelo governo estadual. Quase a totalidade das concessões que ocorreram após a promulgação do marco legal do saneamento estão nos estados que decidiram privatizar suas companhias estaduais, ainda que haja alguns poucos casos de municípios em outros estados que optaram por esse caminho, a despeito de seus governos estaduais terem mantido o controle sobre a empresa regional de saneamento.

Houve também grande variabilidade de modelagem do processo de concessão, na forma de parcerias público-privadas, como no caso do Ceará, a concessões plenas que incluíam a privatização da companhia estadual de saneamento. Também foram observados diferentes modelos tarifários e diversos modos de organização dos blocos regionais de municípios. Essa variabilidade é evidente na Tabela 1, que apresenta uma síntese das concessões observadas até o final de 2023, discriminando o número de municípios envolvidos, a modalidade da concessão, os valores requeridos e realizados para outorga, a empresa vencedora do processo licitatório, data de início e vigência do contrato de concessão.

Tabela 1 - Concessões de saneamento após a Lei nº 14.026

Concessões em Saneamento após o Novo Marco Regulatório							
Estado - Bloco	Número de municípios	Modalidade	Valor requerido (R$)	Valor final (R$)	Companhia vencedora	Início do contrato	Prazo do contrato
Alagoas - Bloco 1	13	Concessão plena	12,125 mi	2,009 bi	BRK	2020	35 anos
Alagoas - Bloco 2	34	Concessão plena	3,3 mi	1,215 bi	Alloanda Ambiental e Conasa Infraestrutura	2022	35 anos
Alagoas - Bloco 3	27	Concessão plena	32,4 mi	430 mi	Aviva Ambiental e CYMI Saneamento	2022	35 anos
Amapá - Bloco único	16	Concessão plena	50 mi	930 mi	Equatorial	2021	35 anos
Ceará - Bloco 1	16	PPP esgoto	5,981 mi	7,652 mi	Aegea	2023	30 anos
Ceará - Bloco 2	7	PPP esgoto	8,251 mi	11,376 mi	Aegea	2023	30 anos
Mato Grosso do Sul - Bloco único	68	PPP esgoto	2,2/m³	1,36/m³	Aegea	2021	30 anos
Rio de Janeiro - Bloco 1	18 + Zona Sul da capital	Concessão plena	4,036 bi	8,2 bi	Aegea	2021	35 anos
Rio de Janeiro - Bloco 2	2 + Zona Leste da capital	Concessão plena	3,172 bi	7,286 bi	Iguá Saneamento	2021	35 anos
Rio de Janeiro - Bloco 3	20 + Zona Oeste da capital	Concessão plena	1,16 bi	2,2 bi	Águas do Brasil	2022	35 anos

Rio de Janeiro - Bloco 4	8 + Zona Norte da Capital	Conces-são plena	2,503 bi	7,203 bi	Aegea	2021	35 anos
Rio Gran-de do Sul - Bloco único	308	Privatiza-ção	4,104 bi	4,151 bi	Aegea	2023	Inde-termi-nado

Fonte: Elaboração própria

Dessa tabela, o dado que mais salta aos olhos são os valores expressivos pagos pela outorga, que em 7 de 12 casos superaram em mais de 100% o valor requerido no certamente licitatório. Chama a atenção o caso de Alagoas, em que a concorrência pelos blocos levou a valores que chegaram a superar em 100 vezes o valor mínimo de outorga. Isso revela, de um lado, o elevado interesse do capital privado nos investimentos em infraestrutura e operação de serviços de saneamento básico, um dos principais propósitos do marco legal do saneamento.

De outro, os mesmos dados indicam um retorno elevado às concessionárias, dadas as tarifas previstas nas modelagens de alguns estados, em particular nas de Alagoas e Rio de Janeiro. Esses resultados podem indicar duas espécies de distorções no processo de privatização. O primeiro é o desvio dos recursos privados, tão necessários à infraestrutura de saneamento básico, para o caixa dos estados e municípios, não necessariamente se revertendo em investimentos na universalização do acesso a esses serviços. O segundo é um indício de precificação de tarifas superior ao ótimo social, aspecto que é aprofundado ao final deste capítulo.

Detalhamento dos casos

Ainda que a Lei nº 14.026 apenas imponha a obrigatoriedade da divisão dos municípios em regiões pelos governos estaduais, esse processo tem incentivado governadores a privatizar companhias estaduais de saneamento ou conceder os serviços prestados por tais companhias à iniciativa privada - como ocorrido nos estados de Alagoas, Amapá, Ceará, Mato Grosso do Sul, Rio de Janeiro e Rio Grande do Sul.[13] Esta seção detalha esses casos, que representam quase a totalidade das conces-

13 Na data de conclusão deste capítulo, outros estados também haviam manifestado intenção de privatização de suas companhias estaduais, sendo São Paulo o caso

sões de saneamento que ocorreram após o marco legal. Desta análise, será possível avaliar aspectos relevantes do efeito da mudança legal sobre o provimento dos serviços de água e esgoto.

Uma vez decidida a privatização da companhia estadual, os governos estaduais propõem uma determinada divisão dos municípios em blocos, cabendo às autoridades municipais decidir se aceitam ou não participar da modelagem proposta pelos estados. É importante destacar que municípios com provisão municipal ou privada anterior à Lei nº 14.026 não são obrigatoriamente incluídos nos processos de regionalização e concessão ocorridos após o marco legal do saneamento, cabendo essa decisão ao estado e, como sempre, resguardado o direito último dos municípios de aderirem ou não à modelagem proposta pelo governo estadual. Há casos de municípios nessas situações que optaram por privatizar seus serviços por meio do processo licitatório promovido pelo governo estadual.

Em Alagoas, todos os 102 municípios do estado foram inicialmente alocados em três consórcios, independente de já haver provisão privada ou companhia municipal. Dos 102 municípios, 74 aceitaram a proposta, sendo que 64 eram atendidos pela companhia estadual, seis possuíam empresa municipal, e quatro já haviam concedido o serviço a uma empresa privada, mas renegociaram o contrato. A Figura 2 apresenta, no mapa à esquerda, a divisão dos municípios em três blocos, proposta pelo governo estadual e, no mapa à direita, a composição dos consórcios após a decisão dos municípios em participar ou não do processo de concessão. As diferentes tonalidades representam os blocos de municípios, e aqueles em cinza no mapa à direita indicam os municípios que rejeitaram participar da modelagem conduzida pelo governo estadual.

mais emblemático e adiantado, tendo já sido aprovada na Assembleia Legislativa a privatização da Sabesp, em 7/12/2023.

Figura 2 - Concessões e regionalização de serviços de saneamento em Alagoas

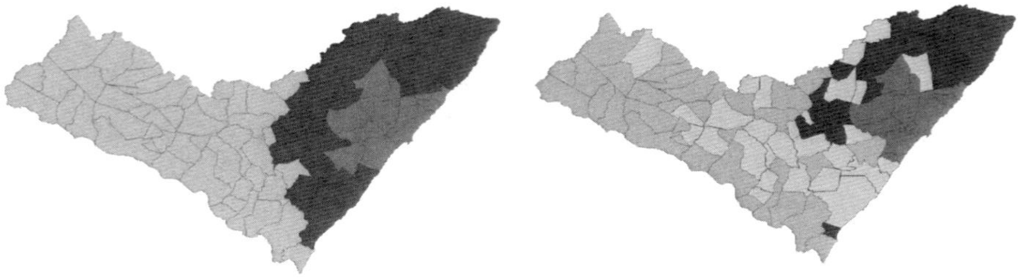

Fonte: Abcon e Instituto Água e Saneamento

O bloco 1, que compreende a região metropolitana de Maceió, foi o primeiro a ser leiloado de modo que o contrato de concessão teve início em 2020. Já os blocos 2 e 3 foram leiloados posteriormente, sendo seus contratos iniciados em 2022. Conforme já apresentado na Tabela 1, os valores pagos na outorga chegaram a superar 150 vezes o valor mínimo requerido, no caso do bloco 1, e 360 vezes, no caso do bloco 2. O leilão do bloco 1, o primeiro após a promulgação do marco legal do saneamento, surpreendeu o mercado, tendo sido largamente noticiado na imprensa.[14] Após um ano e meio, em 2022, os dois outros blocos também atingiram valores muito superiores ao mínimo requerido. Os valores de outorga do bloco 1 foram objeto de disputa judicial entre o estado de Alagoas e municípios, que reivindicavam parte do valor, tendo o STF, em decisão relatada pelo ministro Luís Roberto Barroso, decidido que 35% dos recursos deveriam ser repartidos entre os municípios. Um padrão semelhante foi observado em outras concessões, com divisão do valor da outorga entre estados e municípios, o que constituiu um importante incentivo para a adesão destes.

Nota-se que uma elevada proporção dos municípios não aderiu à modelagem proposta pelo governo estadual, decisão esta mais comum em municípios sob a área de influência do deputado Arthur Lira, adversário político do então governador Renan Calheiros Filho.

14 Ver, por exemplo, matéria de Taís Hirata, no *Valor Econômico*, em 01/10/2020, de título "BRK vence disputa por contrato em Alagoas com oferta agressiva", disponível em: https://valor.globo.com/empresas/noticia/2020/10/01/brk-vence-disputa-por-contrato-em-alagoas-com-oferta-agressiva.ghtml.

Essa evidência anedótica de uma correlação entre o alinhamento político entre prefeitos e governador e a decisão de conceder os serviços de saneamento básico, tão evidente no caso de Alagoas, é discutida com maior profundidade e generalidade ao final deste capítulo.

No caso do Rio de Janeiro, 63 municípios foram inicialmente alocados em quatro consórcios. Destes, 44 aceitaram a proposta e outros três pediram para participar da concessão. Assim, dos 47 municípios finais alocados nos quatro consórcios, 43 eram atendidos pela companhia estadual, um possuía empresa municipal, e três já haviam privatizado, mas renegociaram o contrato. A Figura 3 apresenta, a exemplo da figura anterior, a divisão proposta pelo estado, no mapa à esquerda, e a divisão final, no mapa à direita, após a decisão dos municípios de adesão ou não à modelagem do governo estadual.

Figura 3 – Concessões e regionalização de serviços de saneamento no Rio de Janeiro

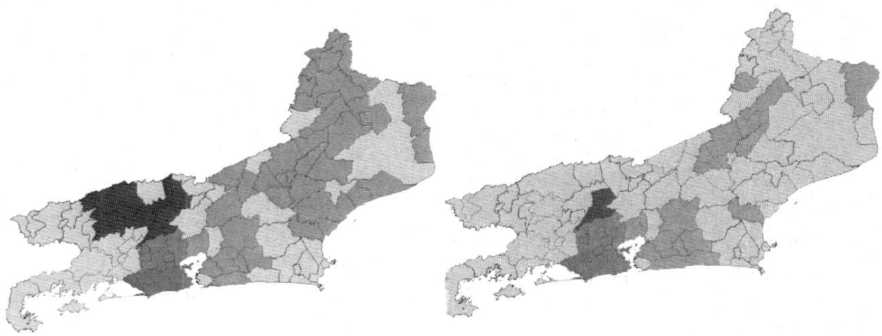

Fonte: Abcon e Instituto Água e Saneamento

O curioso sobre o Rio de Janeiro é que, de modo a tornar todos os blocos atrativos, a cidade do Rio de Janeiro foi dividida entre os quatro consórcios. Ainda assim, apesar de todos os blocos do RJ serem leiloados conjuntamente, apenas os blocos 1, 2 e 4 receberam lances no primeiro leilão, tendo seus contratos iniciados em 2021. O bloco 3 foi leiloado posteriormente, e seu contrato de concessão teve início em 2022.

Tanto no caso de Alagoas quanto no do Rio de Janeiro, há consórcios que deixaram de ser contíguos após a decisão dos municípios em aceitar a proposta do governo estadual, o que provavelmente afeta os ganhos de escala da provisão conjunta nestes blocos. Além disso, já em seu desenho, a regionalização proposta pelo governo estadual do Rio de Janeiro parece ter privilegiado a atratividade econômica dos blocos - por meio, entre outros, da separação da região metropolitana em quatro áreas - em detrimento da eficiência na prestação dos serviços, que deve ser maior em operações contíguas. Como já comentado, o protagonismo dado aos estados na condução do processo de regionalização e modelagem da concessão acarretou elevada heterogeneidade de modelos, abrangendo, inclusive, os critérios de eficiência na delimitação dos blocos regionais de prestação dos serviços de água e esgoto.

Os casos do Amapá, Ceará, Mato Grosso do Sul e Rio Grande do Sul foram menos complexos. No Amapá, todos os 16 municípios do estado eram atendidos pela companhia estadual de saneamento. Dessa forma, o governo estadual propôs a alocação de todos os municípios em um único consórcio, tendo esta proposta sido aceita por todos os municípios, razão pela qual não se apresenta aqui um mapa para o caso do Amapá. Situação semelhante foi observada no Mato Grosso do Sul, dado que todos os 68 municípios atendidos pela companhia estadual foram alocados em um único bloco, e aceitaram a proposta do governo estadual. Dos 11 municípios que ficaram de fora, indicados em cinza na Figura 4, dez possuíam companhia municipal e um já havia privatizado os serviços de saneamento. Diferente dos casos anteriores, o Mato Grosso do Sul não realizou a concessão plena dos serviços de saneamento, optando por uma PPP dos serviços de esgotamento sanitário.

Figura 4 - Concessões e regionalização de serviços de saneamento no Mato Grosso do Sul

Fonte: Abcon e Instituto Água e Saneamento

No Estado do Ceará também foi realizada uma PPP de serviços de esgotamento sanitário, abrangendo, porém, um número de municípios, 23, relativamente pequeno em relação ao total de municípios daquele estado, 184, tendo eles sido alocados em dois blocos, conforme indicado na Figura 5. A exemplo do observado em outros estados, como o Mato Grosso do Sul, todos os 23 municípios incluídos na modelagem da PPP eram anteriormente atendidos pela companhia estadual. Nota-se que um dos blocos inclui municípios de menor relevância econômica, situados muito distantes da capital, e municípios não contíguos situados no entorno de Fortaleza. Esse padrão de agrupamento é semelhante ao observado no Rio de Janeiro, indicando a preponderância do objetivo de inclusão de municípios menos atraentes economicamente na modelagem da regionalização.

Figura 5 - Concessões e regionalização de serviços de saneamento no Ceará

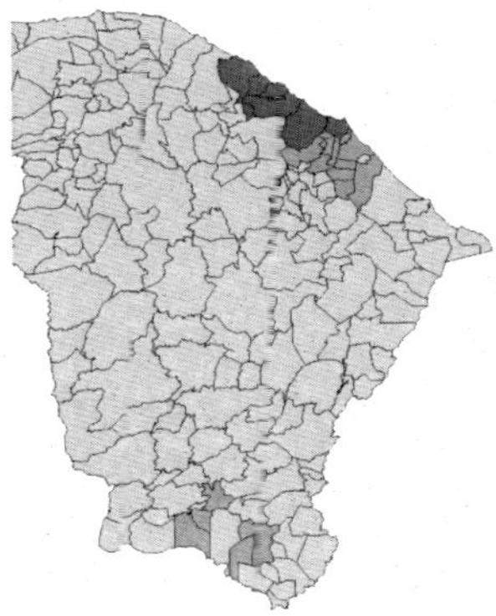

Fonte: Abcon e Instituto Água e Saneamento

O Rio Grande do Sul seguiu um modelo de divisão dos municípios semelhante ao Mato Grosso do Sul, em que 318 municípios atendidos pela companhia estadual foram inicialmente alocados em um único consórcio. Destes, 308 aceitaram participar do processo de concessão, representados em cinza médio na Figura 6, sendo aqueles que rejeitaram participar da modelagem proposta pelo governo estadual representados em preto. Dos 179 municípios que não foram alocados neste bloco, representados em cinza, 177 possuíam provisão municipal e dois provisão privada. O Rio Grande do Sul difere dos demais estados por ter privatizado a companhia estadual por completo. O leilão da Corsan ocorreu em dezembro de 2022, porém o contrato foi assinado apenas em julho de 2023 devido a questionamentos judiciais.

Figura 6 – Concessões e regionalização de serviços de saneamento no Rio Grande do Sul

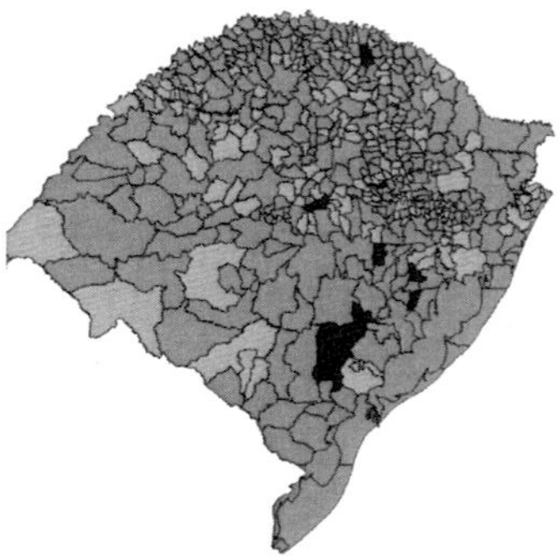

Fonte: Abcon e Instituto Água e Saneamento

4. CONSIDERAÇÕES FINAIS: UMA AVALIAÇÃO GERAL

O marco legal do saneamento apresentou resultados expressivos no aumento das concessões à iniciativa privada de modo regionalizado, em blocos de municípios, não supreendentemente o modelo central sobre o qual se apoiava a política de saneamento para atingir as metas de universalização. Embora constitua avanço inegável, o resultado observado até agora parece ainda insuficiente para que essas metas sejam plenamente alcançadas em 2033 e, principalmente, com os níveis de equidade e eficiência que seriam desejáveis.

Como mostram os casos dos estados analisados neste capítulo, há grande heterogeneidade no modo que estados responderam à mudança legal. Enquanto seis estados já concluíram os processos licitatórios para concessão dos serviços de saneamento à iniciativa privada, a maior parte deles, por força de lei, apenas concluiu a divisão de municípios em blocos para fins de regionalização. Nestes, o ritmo de concessões se reduziu em relação ao período anterior ao Marco Legal do Saneamento. Ao conceder grande discricionariedade e protagonismo aos estados na condução do processo de regionalização, o marco fez com que decisões em nível estadual - como, por exemplo, privatizar ou não a companhia estadual de saneamento básico - tivessem grande efeito nas decisões dos municípios em conceder ou não os serviços à iniciativa privada.

Além da grande diversidade de modelos, a fragmentação regulatória persiste, dificultando a operação de empresas em múltiplos mercados e contribuindo para a incerteza regulatória. É razoável reconhecer, contudo, que, dada a competência municipal dos serviços de saneamento básico e todos os problemas dela decorrentes, a saída de dar protagonismo aos estados cumpriu o papel de alavancar investimentos, sobretudo aqueles capturados por meio de PPPs e concessões plenas. Fato é que junto com o aumento de concessões, houve também grande aumento no nível de investimentos, estes lastreados principalmente no capital privado, ainda que complementados com empréstimos do BNDES. Além disso, a obrigação de empresas estaduais de comprovação de capacidade financeira para cumprir as metas de universalização tem também elevado o nível de investimentos por parte das companhias estaduais não privatizadas.

Três fontes de ineficiência persistem após o marco legal do saneamento, talvez inevitáveis por restrições de natureza política. A primeira trata do viés político que afeta as decisões das prefeituras sobre como ofertar o serviço de saneamento básico. O fim do contrato de programa atendia ao propósito de nivelar a competição entre companhias estaduais e privadas na concorrência pela prestação de serviços às municipalidades. Isso também ajudaria a corrigir uma distorção na escolha das autoridades municipais, já identificada na literatura, uma vez que prefeitos politicamente alinhados com os governadores tinham uma menor probabilidade de realizar concessões à iniciativa privada.[15] Após o marco legal do saneamento, o viés político não foi eliminado, mas modificado. Nos estados que decidem pela privatização das companhias estaduais, prefeitos alinhados ao governador apresentam uma maior probabilidade de adesão ao modelo proposto pelo governo estadual, bem como recebem dividendos políticos, na forma de apoio governamental e recursos do fundo eleitoral, pela sua decisão.[16]

15 Ver Saiani e Azevedo (2014).
16 Ver Soares (2024).

A segunda fonte de ineficiência não é generalizada, mas ocorre em alguns modelos que basearam o financiamento dos investimentos em saneamento básico primordialmente por meio de tarifas. São tarifas altas que explicam a elevada concorrência pela outorga em alguns dos casos relatados ao longo deste capítulo. Sendo os serviços de saneamento básico fonte de externalidades positivas diversas, sobre saúde, desempenho escolar e meio-ambiente, seria de se esperar alguma forma de subsídio que compensasse esses efeitos e, assim, estimulasse a expansão mais acelerada da oferta. Além disso, o valor da outorga não necessariamente é revertido para investimentos na infraestrutura de saneamento, podendo ser apropriado pelos poderes públicos para fins diversos, com ampla discricionariedade pelo governador ou prefeitos incumbentes. Há casos, como o da privatização da Sabesp, que o poder público se compromete a reverter uma parte da outorga para a moderação tarifária, mas não é algo generalizado e nem uma alocação integral do valor da outorga para a atividade de saneamento básico. Portanto, ao invés de ser subsidiado, como seria a solução econômica clássica para setores com fortes externalidades positivas, o saneamento básico tem aportado recursos aos estados e municípios. Deve-se reconhecer, contudo, que este tem sido um dos mecanismos para incentivar autoridades públicas a realizar concessões e atrair capital privado para que as metas de universalização sejam alcançadas.

Finalmente, o déficit de acesso aos serviços de água e esgoto, principal problema que inspirou o marco legal do saneamento básico, não decorre apenas da escassez de investimentos na área. A ocupação urbana desordenada e déficit habitacional dão margem ao surgimento de domicílios sem acesso aos serviços de saneamento básico. Como agravante, essas ocupações tornam especialmente complexa a construção da infraestrutura de saneamento básico, por não haver espaço para obras ou ordenação do espaço urbano que tornem mais viável o investimento em tubulações. Trata-se de um caso típico de interseccionalidade de políticas públicas que pode comprometer o alcance das metas de universalização em 2033, como previsto. Pelo menos, com os avanços obtidos pelo marco legal do saneamento básico, estamos caminhando mais rapidamente nessa direção.

Referências bibliográficas

BRISCOE, J.; FEACHEM, R. G.; RAHAMAN, M. M. *Evaluating health impact:* water supply, sanitation, and hygiene education. Otawa: International Development Research Centre, 1986.

CVJETANOVIC, B. Health effects and impact of water supply and sanitation. *World Health Stat Quarterly*, v. 39, n. 1, 1986.

ESREY, S. A.; FEACHEM, R. G.; HUGHES, J. M. Interventions for the control of diarrheal diseases among young children: Improving water supplies and excreta disposal facilities. *Bulletin of the World Health Organization*, v. 63, n. 4, p. 757-772, 1985.

GALIANI, S.; GERTLER, P.; SCHARGRODSKY, E. Water for life: The impact of the privatization of water services on child mortality. *Journal of Political Economy*, v. 113, n. 1, p.83-120, 2005.

GO Associados. Estudo dos avanços do Novo Marco Legal do Saneamento Básico no Brasil - 2023. Disponível em: https://tratabrasil.org.br/wp-content/uploads/2023/07/Estudo-Completo-Avancos-do-Novo-Marco-Legal-do-Saneamento-Basico-no-Brasil-%E2%80%93-2023-SNIS-2021-V1.pdf. Acesso em: 08 mai. 2024.

HELLER, L. *Saneamento e saúde.* Brasília: Organização Pan-Americana da Saúde, 1997.

Instituto Trata Brasil. Qualidade da Regulação do Saneamento no Brasil e Oportunidades de Melhoria. *Instituto Trata Brasil.* 2021. Disponível em: http://www.tratabrasil.org.br/pt/estudos/estudos-itb/itbs. Acesso em: 08 mai. 2024.

MENEZES, R. T.; SAIANI, C. C.; AZEVEDO, P. F. Público versus privado: Efeitos das privatizações sobre o acesso e a equidade no acesso a serviços de saneamento básico no Brasil. In: *Anais do XLII Encontro Nacional de Economia*, 2016.

OLIVEIRA, W. T.; SAIANI, C. Regulação, governança e qualidade de serviços públicos: Evidências para o saneamento básico brasileiro. *51º Encontro Nacional de Economia*, ANPEC, 2023.

QUÉLIN, B. V.; KIVLENIECE, I.; LAZZARINI, S. Public-private collaboration, hybridity and social value: Towards new theoretical perspectives. *Journal of Management Studies*, v. 54, n. 6, p. 763-792, 2017.

SAIANI, C.; AZEVEDO, P. F. Is privatization of sanitation services good for health?. *Utilities Policy*, v. 52, p. 27-36, 2018.

SAIANI, C.; AZEVEDO, P. F. Privatization as a political strategy: Evidence from brazilian basic sanitation. In: Conference of the International Society for New Institutional Economics (ISNIE), Florença. *17th Annual Conference of the International Society for New Institutional Economics (ISNIE)*, 2014.

SAIANI, C. C. S.; JÚNIOR, R. T.; RODRIGUES, R. L. Desafios ao cumprimento das metas de universalização do saneamento básico ratificadas pelo novo marco legal do setor. *Revista de Administração, Contabilidade e Economia da Fundace*, v. 14, n. 4, 2023.

SCRIPTORE MOREIRA, J. S.; AZZONI, C. R.; MENEZES-FILHO, N. Sanitation conditions and education outcomes in brazilian municipalities. Sustainable Development. *Wiley*, 2023.

SOARES, T. (no prelo) Political alignment and career concerns as incentives to privatize: *Evidence from the new brazilian sanitation law.* São Paulo: Insper, 2024.

CAPÍTULO 9

Pix: um testemunho

João Manoel Pinho de Mello[1]

1. INTRODUÇÃO

Neste capítulo faço um relato híbrido - muito pessoal; às vezes analítico - de uma das políticas públicas mais exitosas da história brasileira: o Pix, o arranjo de pagamentos instantâneos lançado pelo Banco Central do Brasil (BCB) em novembro de 2020. A "pessoalidade" é inerente ao privilégio que tive de ter sido diretor do BCB de 2019 a 2022, período que inclui a fase final da implantação do Pix e o primeiro ano de operação.

O destino foi particularmente generoso comigo, porque a regulamentação de meios de pagamentos e do arranjo de pagamentos Pix coube à diretoria que ocupei. Sou, portanto, testemunha direta de uma fase importante deste projeto. Mesmo quando tento ser mais analítico, são minhas, e não posições institucionais do BCB, as interpretações sobre os eventos e as intenções de agentes.

Um exemplo dessa distinção é a avaliação sobre a decisão do BCB de liderar o sistema de pagamentos instantâneos, posteriormente batizado como Pix. Na seção 2 coloco a minha opinião de que as falhas de mercado justificam amplamente a solução liderada pelo BCB e há um resumo da história dos pagamentos digitais no período anterior ao Pix. Essa história

1 Dedico este capítulo aos servidores públicos, cujas seriedade e ousadia tornaram o Pix possível.

ajuda a entender a decisão do BCB de implantar o Pix. A seção 3, mais conceitual, explica a microeconomia da indústria de pagamentos, com ênfase nas dificuldades de coordenação que podem justificar soluções parcialmente centralizadas - como é o caso do Pix - em lugar de soluções majoritariamente de mercado, como Visa e Mastercard. A seção 4 é um testemunho direto da história do Pix a partir do Comunicado 32.927 de 21 de dezembro de 2018, no qual o BCB delineia publicamente a intenção de liderar a implantação de um sistema de pagamentos instantâneos.

Concluo na seção 5 extraindo as lições que o Pix deixa para a implantação de políticas públicas.

A agenda de pagamentos, que inclui o Pix, está inserida na estratégia mais ampla de fomento à concorrência e de aumento da eficiência do Sistema Financeiro Nacional (SFN) que o Conselho Monetário Nacional (CMN) e o BCB levaram a cabo nos últimos anos.[2] Tradicionalmente, os serviços de crédito, de investimento e de pagamentos eram supridos pela mesma instituição, tipicamente um banco. O cliente tinha a sua poupança e seus empréstimos ligados à conta corrente, que é um produto de pagamentos, ou seja, uma conta com disponibilidade imediata e com a qual se pode fazer pagamentos a terceiros; o termo em inglês é bem informativo: *checkable accounts*, ou seja, contas com as quais se podia emitir um cheque (cujo equivalente moderno é o cartão de débito).

Os avanços tecnológicos permitiram que os três produtos passassem a ser ofertados separadamente. É comum que o primeiro contato das pessoas físicas e pequenos negócios seja com o sistema de pagamentos. O primeiro cartão, em geral, é um de débito. Ou seja, o pagamento é o primeiro passo rumo à inclusão financeira. A informação sobre os fluxos de recebimentos e pagamentos é valiosa para a concessão de crédito. Fica mais barato poupar pequenas sobras. Os bancos grandes têm estrutura cara - agências e sistemas mais antigos - e ônus regulatório mais pesado porque estão no modelo de prestar os serviços no pacote (crédito e poupança, o *bundling*). Por isso, costumava ser ruim a microeconomia das contas de baixo valor usadas apenas para pagamentos.

Antenada a esse processo de *unbundling*, a regulamentação se juntou ao avanço tecnológico para permitir que o serviço de pagamento pudesse ser ofertado separadamente com um ônus regulatório menor, seguindo o princípio geral da proporcionalidade regulatória, ou seja, o ônus regula-

2 O BCB elenca as linhas estratégicas gerais e as ações específicas na agenda BC# (antes BC+).

tório maior para instituições que impõe mais risco ao Sistema Financeiro Nacional (SFN) e ao Sistema de Pagamentos Brasileiro (SPB).

Dessa forma, o setor de pagamentos deu ao BCB um caminho para estimular a entrada de novos atores no mercado. Fazê-lo com segurança só foi possível pela construção institucional de uma estrutura de supervisão. Mas pouco adianta facilitar a entrada de novos atores se eles enfrentarem condições muito desvantajosas. A equalização de condições concorrenciais é um dos alicerces da agenda do BCB. O Open Finance, por exemplo, diminui a desvantagem de informação que os entrantes têm em relação aos incumbentes. De modo mais geral, a agenda BC#, da qual o Pix faz parte, tem esse norte: diminuir custos de transação, equalizar condições concorrenciais, aumentar a segurança de garantias e, assim, tornar o SFN e o SPB mais eficientes para a população.

Antes de entrarmos na parte substantiva, algumas palavras sobre este livro. Entender - e reconhecer, claro - os erros é condição necessária para aprender com eles. O mesmo vale para os acertos. Ambos são valiosíssimos para a formulação de políticas públicas exitosas. Não sem algum cabotinismo, atribuo-me um pedaço do crédito por esta ideia de um livro descrevendo acertos nas políticas públicas. Há dois anos, o Marcos José Mendes publicou outra coletânea importantíssima sobre as políticas públicas equivocadas, que não faltaram. Fiz uma provocação que deveríamos também aprender com as experiências bem-sucedidas. Acredito que essa provocação pode ter estimulado o Marcos a levar o projeto adiante.[3]

2. A HISTÓRIA DO PIX, FASE 1: PAGAMENTOS DIGITAIS NO BRASIL DE 2013 A DEZEMBRO DE 2018

A minha versão da história do Pix começa com a promulgação da Lei no 12.865/2013, que atribuiu ao Banco Central do Brasil, por meio de diretrizes gerais do Conselho Monetário Nacional (CMN), o mandato legal de assegurar a solidez e a eficiência dos meios de pagamento. Na lei, o legislador deixa claros seus objetivos: o estímulo à inovação, a ampliação da diversidade dos modelos de negócios e o atendimento às necessidades dos usuários dos serviços de pagamento.

A escolha dessa lei como marco inicial do Pix é facilmente justificável: sem ela, não haveria mandato legal para instituir o Pix. Não

3 Desconfio não ter sido o único. Pedro Miranda, atualmente no Fundo Monetário Internacional, provavelmente sugeriu o mesmo.

menos importante, o marco inicial ressalta o caráter de Estado de uma política que perpassou três administrações federais (e várias composições da diretoria colegiada do Banco Central). Nos quase sete anos entre a promulgação da lei e o lançamento do Pix, o sistema de pagamentos brasileiro mudou para melhor. Usando sem timidez o mandato que lhe foi atribuído pelo legislador e pelo CMN, o BCB introduziu duas inovações importantes: as Instituições de Pagamentos (IPs) e a conta de pagamentos (que informalmente chamo de "cartão pré-pago"). Com as IPs e o cartão pré-pago, o BCB deixa clara a possibilidade - mas não a necessidade - de separar os serviços de pagamentos dos serviços de natureza financeira (como crédito e investimentos).

Diminuíram assim o ônus de autorização e de observância regulatória das atividades de pagamento, sem perda de segurança para os usuários e para o sistema de pagamentos. Ademais, a regulamentação dos arranjos de pagamentos - tais como Visa, Mastercard, ELO - estimulou a concorrência entre os participantes do ecossistema (a saber, os bancos emissores de cartões de crédito, débito e pré-pagos) e os adquirentes (empresas de "maquininhas").

O resultado fala por si só. O uso de instrumentos digitais, como cartões de crédito e débito, aumentou significativamente. Agentes econômicos antes excluídos dos serviços financeiros - como vendedores ambulantes - foram incluídos por meio dos sistemas de pagamentos. As "maquininhas" se tornaram ubíquas. Tendo o apoio do BCB, estabeleceu-se a disputa de mercado para prover bons serviços ao cliente.

Em alguns casos, o BCB interveio para aprimorar o funcionamento do mercado. Em outros casos, o BCB estabeleceu balizas para a precificação de serviços, como no caso das taxas de intercâmbio do cartão de débito. A despeito do progresso, algumas lacunas ficaram. Segundo um relatório influente do Bank for International Settlements (BIS), o custo das transações digitais cobrado dos usuários não tinha acompanhado a enorme (r)evolução na capacidade de processamento da informação. Na América Latina, esse custo ainda era particularmente alto, o que também explicaria a ainda alta utilização do dinheiro físico.

No Brasil ainda havia aprimoramentos relevantes a serem feitos. Por um lado, já tínhamos um sistema de transferências bancárias bastante sofisticado (a TED), mas cujo caráter não imediato impedia seu uso para a maioria das transações cotidianas: não se pagava o táxi fazendo uma TED porque, ainda que as TEDs já fossem liquidadas muito rapidamente, o dinheiro ainda podia levar alguns minutos para "cair na conta" do taxista. Por outro lado, as transações com cartões e os pagamentos com boletos têm prazo imediato de confirmação de pagamento, mas prazos longos de liquidação, impondo aos clientes e à cadeia de pagamentos desnecessários custos financeiros associados ao não recebimento imediato. Daí a ideia de que não era somente desejável, mas também possível, ter pagamentos rápidos - ou "instantâneos" - para vários tipos de uso (compras, pagamentos de contas, transferências entre pessoas, pagamentos para governo e do governo, pagamentos de empresas para pessoas etc.).

Já em 2014 o BCB apresentou uma visão sobre o futuro dos pagamentos. Em particular, o Relatório de Vigilância do Sistema Brasileiro de Pagamentos (SBP) explicita o desejo de fomentar "[...] soluções que permitam, a baixo custo, pagamentos de varejo em tempo real e ininterruptos, sendo desejável que os recebedores possam ter os valores pagos disponibilizados imediatamente em sua conta". Ou seja, pagamentos instantâneos. Em 2016, o BCB organizou um seminário com os agentes de mercado para compartilhar as experiências de pagamentos instantâneos que já existiam àquela altura (como os casos da Índia e dos países escandinavos).

Esse breve resumo do histórico mostra um aspecto importante da estratégia do BCB: o desejo de que o setor privado liderasse o sistema de pagamentos instantâneos. O tempo, contudo, sugeriu que problemas de coordenação, inerentes à economia de pagamentos, dificultaram a solução liderada pelo setor privado, o que levou à decisão de alguma centralização por parte do BCB. O Comunicado 32.927 de 21 de dezembro de 2018, no qual o BCB anuncia sua decisão de liderar o ecossistema de pagamentos instantâneos, marca o fim da primeira fase da história do Pix. Antes de adentrar a segunda fase, vejamos a economia que embasa a decisão do BCB.

3. A ECONOMIA SIMPLES DOS PAGAMENTOS E O PIX

O ônus da prova é da solução mais centralizada. Ou seja, a princípio, e em princípio, o mercado privado produz a melhor solução. Dito isso, falhas de mercado abrem a possibilidade da solução centralizada, isto é, liderada pelo governo, ser superior. Não consigo enfatizar suficientemente o substantivo "possibilidade": a existência de uma falha de mercado é condição necessária, mas não suficiente, para intervenção. Acemoglu e Robinson (2012) explicam:[4] "[Na verdade], a ciência econômica não diz que o livre mercado é melhor do que a intervenção estatal ou do que o capitalismo de estado. Os problemas com o capitalismo de estado são principalmente políticos, e não econômicos. No mundo real, as economias são crivadas por muitas falhas de mercado, de modo que um governo benevolente, onipotente e onisciente pode intervir bastante de forma sensata. Mas quem conhece tal governo?".

Os sistemas de pagamentos ilustram um tipo de dificuldade que as soluções descentralizadas enfrentam: problemas de coordenação. Mesmo quando a liderança é privada, os esquemas de pagamentos exigem alguma forma de centralização. Vejamos o caso de arranjos como Visa, Mastercard e Elo. Por um lado, um grande número de estabelecimentos comerciais aceita Visa, porque muitos de seus clientes querem pagar com o Visa. Por outro, os clientes têm Visa porque ele é muito aceito. Esse atributo "ovo e galinha", chamado de economias de rede, torna valiosa a coordenação. Quanto mais clientes usarem uma bandeira de cartão, mais valor há para as lojas o aceitarem; e vice-versa. Se os clientes e lojas se "coordenassem" e usassem o mesmo cartão, o conjunto economizaria vários custos (por exemplo, as lojas terem várias maquininhas, como foi o caso brasileiro antes de 2013, ou os clientes carregarem vários cartões). Se houvesse apenas uma bandeira de cartão, por exemplo, Mastercard, muito se economizaria - o que os economistas chamam de eficiência produtiva -, mas tal bandeira não teria competição e tenderia a cobrar em demasia pelo serviço de coordenação - o que os economistas chamam de ineficiência alocativa.

Essa tensão entre as eficiências alocativa e produtiva é comum quando há falhas de descentralização; a necessidade de coordenação é um caso. É importante notar que o fato de Visa ou Mastercard serem empresas privadas não muda a essência do problema de coordenação. Elas mesmas "resolveram" o problema de coordenação em

4 Tradução do autor. ACEMOGLU, D.; ROBINSON, J. Is state capitalism winning? Project Syndicate. 2012. Disponível em: https://www.project-syndicate.org/magazine/why-china-s-growth-model-will-fail-by-daron-acemoglu-and-james-a--robinson. Acesso em: 09 mai. 2024.

algum momento, e por isso hoje desfrutam das economias de rede. Se trocássemos Visa ou Mastercard por Real ou Dólar, teríamos dois exemplos de arranjos de pagamentos cujo controlador é o governo (o BCB e Federal Reserve Board - Fed, respectivamente).

Agora vejamos o caso do Pix. Em 2014 enfrentava-se o problema do ovo e da galinha. Para tornar realidade um sistema de pagamentos instantâneos, era preciso que os recebedores - como estabelecimentos comerciais e pessoas físicas - aceitassem pagamentos nesse novo sistema. Mas, na presença de algum investimento fixo para aceitar um meio de pagamento - por exemplo, ajustar o sistema da loja -, os recebedores só o aceitariam se muita gente quisesse usá-lo para efetuar pagamentos. Alguma centralização seria necessária. O BCB, como vimos, estimulou que o setor privado levasse a cabo tal solução. Essa seria a primeira tentativa porque a solução privada é, a princípio e em princípio, a mais adequada.

No entanto, os problemas de coordenação se mostraram demasiadamente desafiadores, o que satisfez, do ponto de vista econômico, a condição necessária para que o poder público liderasse uma saída ainda mais centralizada. Para a condição suficiente, voltamos a Acemoglu e Robinson (2012). O governo é onisciente, onipotente e benevolente? Sobre a onipotência, o mandato concedido pela lei e pelo CMN deu ao BCB instrumentos suficientes para implantar o sistema de pagamentos instantâneos. Sobre onisciência, a solução centralizada não demanda muito mais informação do que os agentes privados têm. Ainda assim, como veremos na próxima seção, é possível construir um modelo de cocriação com o setor privado suprindo muitas das deficiências de informação que o BCB pudesse ter. Por fim, quanto à benevolência, deixo o leitor julgar à luz da história do BCB.

Ao decidir liderar o novo arranjo de pagamentos instantâneos, o BCB se propôs a prover dois serviços: uma plataforma de liquidação, de natureza operacional; e uma infraestrutura regulatória, ou seja, as regras do jogo do Pix. Esses dois serviços são chamados "infraestruturas essenciais". O adjetivo "essencial" advém da ideia de que um agente que queira participar do Pix não o pode fazer se lhe for negado o acesso a essa infraestrutura essencial. Por exemplo, se uma instituição quiser que seus clientes possam fazer um Pix, ela precisa ter acesso ao sistema de liquidação das transações Pix. Caso contrário, como se saberia para onde enviar o Pix?

Outra característica das infraestruturas é sua escalabilidade. Uma vez construída a plataforma de liquidação, pouco custa acomodar mais transações ou mais atores no sistema. Claro, quando for atingida a capacidade computacional, outro investimento será necessário. No caso da infraestrutura regulatória, ou seja, as regras do jogo, a escalabilidade é ainda mais evidente.

Deixando claro: o BCB não presta serviços aos usuários finais de serviços de pagamento. Ou seja, não se entra em um aplicativo do BCB para fazer ou receber um Pix. A relação comercial é entre os usuários (nós) e os prestadores de serviços de pagamentos (bancos, fintechs, cooperativas de crédito etc.). Quando alguém fax um Pix para pagar o restaurante, o pagador entra no app do seu prestador de serviço de pagamentos (PSP) e faz o Pix. O PSP do pagador passa o recurso para o PSP do restaurante, que deposita na conta do restaurante. A transação entre os PSPs é mediada pelo BCB, que controla e opera o Sistema de Pagamentos Instantâneos (SPI), uma plataforma na qual se plugam os PSPs.

4. A HISTÓRIA DO PIX, FASE 2 (JANEIRO 2019 AO PRESENTE): UM TESTEMUNHO

Algo ficou muito claro para mim ao chegar ao BCB em fevereiro de 2019. Além da qualidade excepcional dos servidores, havia a consciência clara de que os agentes de mercado tinham melhor informação sobre aspectos operacionais e de negócio. Ou seja, o BCB estava totalmente ciente de que não era onisciente, na linguagem da seção anterior. Isso se manifesta concretamente na criação, em março de 2019, do Fórum Pix, um comitê consultivo formal e permanente do BCB com os agentes de mercado. Tudo que se refere ao Pix é amplamente debatido no Fórum Pix: definição de regras, de padrões, de produtos, de requisitos técnicos, de mensageria e de segurança etc. A participação ampla, incluindo *stakeholders* com diferentes expertises e diferentes interesses, não só democratizou o processo de cocriação, mas foi fundamental para mitigar a desvantagem de informação que o BCB tinha.

Igualmente importante foi a governança. O Fórum Pix era e é um órgão consultivo. Seu papel era e é subsidiar as decisões do BCB, que tem o controle das regras do Pix. Essa clareza a respeito dos direitos de controle foi fundamental e dissipou muitas resistências que diferentes atores teriam caso o poder de decisão não fosse centralizado no BCB. Ou seja, conseguiu-se o benefício da centralização – que é mitigar os problemas de coordenação – com poucos custos da centralização, no caso a desvantagem de informação em relação ao negócio em si.

Também me pareceu bem claro desde o início que o BCB usaria seu mandato sem timidez. Ou seja, ainda que não onipotente, na linguagem de Acemoglu e Robinson (2012), o BCB tem um mandato claro dado pelo legislador e pelo CMN e demonstrou claramente que não se furtaria a utilizá-lo. E isso ajuda muito a entender o êxito do Pix. Dou dois exemplos concretos, o primeiro relacionado à característica dos pagamentos.

O BCB definiu que instituições com 500 mil contas transacionais – isto é, conta corrente, conta de poupança e conta de pagamento (a pré-paga) – seriam obrigatoriamente participantes do Pix. Isso quer dizer que teriam que prestar os serviços de receber e pagar Pix para seus clientes. Essas instituições detinham, somadas, mais de 95% das contas transacionais. Com isso, resolveu-se uma parte do problema do ovo e da galinha. Uma frase típica nas primeiras semanas era: "não tenho Pix". *Strictu sensu*, todos têm Pix, no sentido de que suas contas estão aptas a receber e a enviar Pix. Claro, ninguém era ou é obrigado a fazer um pagamento por Pix (ou aceitar).

O BCB também definiu uma experiência mínima do usuário de Pix. Isso significa definir, como decisão regulatória, onde deve aparecer o ícone do Pix no aplicativo, qual é o número máximo de telas até terminar a transação, o envio de pushes para o celular ao receber um Pix, entre outros aspectos da jornada do cliente ao fazer ou receber um Pix. O usuário tinha que perceber o Pix como fácil, intuitivo e seguro.

Não foi uma escolha fácil porque o BCB estava a imiscuir-se em decisões que, à primeira vista, cabiam a instituições privadas. Mas os benefícios superaram os custos. Além da garantia de qualidade, os padrões mínimos garantiram alguma uniformização, que é muito importante em meios de pagamentos. Uma analogia ajuda a entender a importância da uniformização. O formato do cartão de crédito é padronizado, o que facilita seu uso (por exemplo, não há necessidade de uma carteira com compartimentos diferentes para cartão emitidos por diferentes bancos). Uniformização requer, tipicamente, coordenação, um dos benefícios da centralização. Há, claro, custos. Se houvesse uniformização completa, os PSPs não poderiam concorrer pelos usuários melhorando suas experiências. O BCB buscou o equilíbrio no dilema entre uniformização e concorrência, estabelecendo padrões mínimos. A experiência mostrou que sobrou muita margem para os PSPs oferecerem serviços distintos para seus clientes (lembrando que são os PSPs que interagem com os clientes).

Um aspecto particularmente bem-sucedido da experiência do usuário foi a introdução da chave Pix, um identificador de uma conta como recebedora de Pix. A chave facilitou muito as transferências; a TED, por exemplo, exige que o pagador introduza o número da conta, da agência e o CPF, o que a torna inadequada para transações instantâneas.

Mas a importância da chave Pix foi além da facilidade. Ela provocou um forte engajamento competitivo dos PSPs, algo particularmente importante no estágio inicial do Pix. Os PSPs atribuíram, corretamente, um alto valor a que o cliente registrasse uma chave para identificar sua conta naquele PSP. A competição pelo registro das chaves mais comuns, como CPF e celular, ajudou muito a disseminar o Pix entre os usuários.

Por sinal, a comunicação foi outra dimensão crucial para o sucesso. O BCB não tem, e nem é claro que caberia ter, um grande orçamento de marketing para o investimento em construção de marca. O investimento foi feito pela concorrência entre os PSPs. E, claro, a estratégia de comunicação foi acertadíssima. Para começar, o modelo de cocriação no Fórum Pix não só proveu o BCB com informações cruciais para o desenho do Pix, como foi decisivo na comunicação com stakeholders centrais, como os PSPs.

No tema dúvidas e apreensões, faço uma digressão sobre segurança. Uma constatação: é praticamente impossível um meio de pagamento ser tão exitoso como é o Pix se os usuários não o percebessem como seguro. Um grande valor do Pix é a instantaneidade, uma inovação em relação à maior parte dos meios de pagamentos digitais. Ironicamente, a instantaneidade causava ansiedade, um sentimento de que "não dá para voltar atrás". Primeiramente, vale a lembrança de que o papel moeda é instantâneo: ao entregar a moeda ao recebedor, o pagador não tem direito ao estorno da transação de pagamentos. Ele pode ter recurso a ressarcimento comercial voluntário (e.g., o comprador devolve o produto na loja) ou involuntário (intermediado pela Justiça ou algum árbitro, papel que Visa e Mastercard fazem); ou por coação física. A ansiedade advinha, a meu ver, da digitalização e não do Pix em si: no caso de um sequestro-relâmpago, por exemplo, o sequestrador pode coagir a vítima a transferir por Pix todo o saldo da conta, e no caso do papel moeda a perda estaria restrita a quanto a vítima carrega de papel-moeda.

Em termos operacionais, a solução foi equipar os clientes. As regras do Pix garantiram uma experiência muito fácil e muito rápida para o cliente reduzir o limite; e fácil, mas não tão rápida, para o aumento de limite (que é decidido pelo banco, em última instância).

No momento do lançamento, os limites do Pix foram balizados pelos limites já existentes da TED e dos cartões de débito, mas em nível um pouco menor por prudência pela incerteza natural que a entrada em operação de um sistema de pagamentos traz. Duas razões justificam o balizamento do limite com os limites de TED e cartões. Primeiro, eles contêm informação de negócio sobre os riscos dos instrumentos digitais e do cliente. O diagnóstico do BCB era que o desafio de segurança advinha da digitalização, do fato de os clientes carregarem um banco no celular, e não do Pix em particular. Devia ser um pouco mais baixo no primeiro momento, porque o Pix seria usado para fins diferentes da TED e havia valor em ser prudente no primeiro momento. Segundo, a experiência do usuário no Pix não podia ser inferior a outros pagamentos alternativos, sob o risco de prejudicar a adoção. O BCB resolveu esse dilema entre a experiência do usuário e a segurança balizando os limites do Pix pelos limites existentes com um desconto.

Na saída do *lockdown*, ocorreu naturalmente um aumento de todos os tipos de crimes com a presença da vítima, pelo simples fato de que havia mais pessoas circulando na cidade, em um retorno ao nível existente antes do *lockdown*. Ao mesmo tempo, aumentou o número de crimes que envolviam transações Pix, pelo simples fato de que a utilização de Pix estava crescendo. Nesse momento o Pix sofreu uma certa maldição do sucesso: sua enorme exposição trouxe o tema de segurança para seu colo. Em realidade, não há evidência convincente de que o Pix esteja associado a qualquer aumento de criminalidade. Ainda assim, o BCB tomou uma decisão prudente: impôs um limite de R$ 1.000,00 em transações digitais de transferência, que incluem o Pix, no horário noturno.

A proteção aos dados pessoais é outro aspecto central de segurança. Minha visão é que qualquer iniciativa digital tem risco de vazamento de dados. É inerente à digitalização. Claro que isso não justifica descuido, muito pelo contrário, torna ainda mais necessária a atenção à segurança cibernética.

Feita a digressão sobre segurança, gostaria de concluir enfatizando que o sucesso do Pix não se deve apenas à determinação do BCB no uso de seu mandato legal. Houve também grandes acertos de concepção e de execução.

Na concepção, destaco a ideia de que o Pix fosse um meio de pagamento flexível, que servisse para vários casos de uso: transferir dinheiro, pagar contas, fazer compras online e presencialmente, pagar imposto e receber restituição, pagar por serviços públicos, fazer saques, e assim por diante. A variedade de casos de uso aumenta muito o valor social do meio de pagamento.

Como uma parte relevante do custo das instituições provedoras do Pix, incluindo aí o BCB, é fixa, mais casos de uso diluem os custos de desenvolvimento, agregando alto valor social adicional. Um exemplo disso é o combo "Pix Saque e Pix Troco": os PSPs tiveram que fazer pequenas adaptações para oferecer esses serviços; já o valor do acesso a saques em lugares afastados é enorme.

Na comunicação, ainda que os atores privados tenham ajudado muito, não é exagero dizer que a escolha do nome Pix, a construção da marca e o branding, todos feitos pelos servidores do BCB, são um sucesso estrondoso em qualquer métrica. Como princípio, a comunicação do BCB pautou-se em dois pilares essenciais: transparência e linguagem acessível, o que ajudou muito a dirimir dúvidas e apreensões, naturais em se tratando de pagamentos.

Diferentes números mostram a magnitude do sucesso.[5] O mais importante: 71 milhões de usuários tinham pouco ou nenhuma relação com o sistema de pagamentos antes do Pix. É difícil citar um caso tão notável de inclusão financeira. O Pix é, literalmente, um *case*, no caso o "222-053" da Harvard Business School.[6]

5 O Relatório de Gestão do Pix: Concepção e primeiros anos de funcionamento, publicado pelo Banco Central em 2023, mostra um sem-número de estatísticas do Pix. https://www.bcb.gov.br/content/estabilidadefinanceira/pix/relatorio_de_gestao_pix/relatorio_gestao_pix_2023.pdf. 2020-2022

6 COHEN, L.; SPENCER C. N. Hagist. The instant payment mandate: The Central Bank of Brazil and Pix. *Harvard Business School*. 2021. Disponível em: https://www.hbs.edu/faculty/Pages/item.aspx?num=61544. Acesso em: 09 mai. 2024.

5. CONCLUSÃO

O investidor e aforista Warren Buffet disse: "não é necessário fazer algo extraordinário para obter resultados extraordinários". O Pix não foi uma ideia econômica extraordinária que levou o BCB a decidir por liderar o projeto de pagamentos instantâneos. Não houve grandes momentos de clímax. Houve um trabalho que perpassou várias administrações; trabalho longo, coletivo, disciplinado e persistente. Alguns interpretam que isso é por si só, no caso do poder público, algo extraordinário. A documentação das experiências pregressas bem-sucedidas, como a feita neste livro, ajudará a tornar os casos como o Pix cada vez mais ordinários.

Referências bibliográficas

ACEMOGLU, D.; ROBINSON, J. Is state capitalism winning? *Project Syndicate.* 2012. Disponível em: https://www.project-syndicate.org/magazine/why-china-s--growth-model-will-fail-by-daron-acemoglu-and-james-a--robinson. Acesso em: 09 mai. 2024.

COHEN, L; SPENCER, C. N. H. The instant payment mandate: The Central Bank of Brazil and Pix. *Harvard Business School.* 2021. Disponível em: https://www.hbs.edu/faculty/Pages/item.aspx?num=61544. Acesso em: 09 mai. 2024.

CAPÍTULO 10

Reformas de crédito no Brasil: a experiência da nova Lei de Falências e do Crédito Consignado

Bruno Funchal

1. INTRODUÇÃO

A relação entre desenvolvimento financeiro e crescimento econômico vem sendo discutida no meio acadêmico desde o início da década de 1990. Desafios econométricos permeavam a discussão, afinal o desenvolvimento financeiro pode causar crescimento econômico, mas a volta também pode ser verdadeira, pois a expansão do mercado financeiro poderia vir a reboque do crescimento da economia. Esse problema chamamos de causalidade e é sempre um desafio econométrico a ser encarado. Levine, Loayza e Beck (2000) trataram o problema de causalidade e evidenciaram que, de fato, o desenvolvimento na intermediação financeira gera crescimento econômico. Basicamente, em uma economia com crédito mais abundante e mais barato fica mais fácil financiar novos empreendimentos, lidar com quedas inesperadas da renda, programar a aquisição de bens duráveis e de residências. Ao mesmo tempo em que melhora a previsibilidade e o nível de consumo das famílias, incentiva o investimento das empresas na provisão de bens e serviços passíveis de financiamento.

O Brasil passa a ser uma evidência rica de políticas públicas implementadas para o desenvolvimento institucional das intermediações financeiras e que contribuem para o desenvolvimento da economia. Essas evidências sendo bem documentadas podem servir de exemplo para nós mesmos em políticas públicas futuras e para países que têm os mesmos desafios que nós.

Nas últimas décadas tivemos avanços institucionais importantes no que diz respeito ao mercado de crédito. No início dos anos 2000, mudanças nos marcos legais contribuíram para o desenvolvimento deste mercado, sendo um dos principais motores do crescimento naquele período. Vale o destaque para a Lei do Crédito Consignado de 2004, a reforma da Lei de Falências e Recuperação Judicial de 2005 e, para crédito imobiliário, em 2004 tivemos a legislação sobre patrimônio de afetação, alienação fiduciária e a Lei do Incontroverso. Todas essas medidas contribuíram para desenvolver o mercado de crédito para pessoas física e jurídica.[1]

Tais resultados já foram bem documentados pela literatura empírica com Coelho, De Mello e Funchal (2012), mostrando os efeitos de queda de juros e aumento do crédito para pessoa física trazido pela Lei do Crédito Consignado; e Funchal (2008) e Araujo, Ferreira e Funchal (2012) que evidenciam o mesmo efeito de queda de juros e aumento do crédito para pessoa jurídica com a reforma da Lei de Falências e Recuperação Judicial.

Neste capítulo vamos trazer duas políticas públicas que apresentaram resultados de muito sucesso para o desenvolvimento do mercado de crédito no Brasil: na primeira seção será apresentada a Lei do Crédito Consignado de 2004 e seus impactos sobre o crédito à pessoa física; e na segunda seção o objetivo é apresentar a reforma da Lei de Falências e Recuperação Judicial de 2005 e seus impactos sobre o crédito à pessoa jurídica.

2. LEI DO CRÉDITO CONSIGNADO

O crédito consignado, em que o pagamento da dívida se faz mediante desconto direto na folha de pagamento, existe no Brasil desde 1990 com a Lei nº 8.112 que regulava a provisão de tais empréstimos para servidores do setor público. Trabalhadores e pensionistas do setor privado não estavam incluídos no escopo da lei, logo não tinham acesso a esse tipo de crédito com a garantia do desconto direto na folha de pagamento.

Em setembro de 2003, o Poder Executivo encaminhou ao Congresso nova legislação sobre o crédito consignado (Medida Provisória 130), que posteriormente foi transformada em lei (Lei nº 10.820, de dezembro de 2003). A nova lei regulamentou o uso do crédito consignado para empre-

1 Lei nº 10.820/2003; Lei nº 11.101/2005; Lei nº 4.591/2004; Lei nº 10.931/2004.

gados do setor privado e beneficiários da previdência privada do INSS. Nesta nova modalidade de crédito, as deduções mensais não podem ser superiores a 30% do salário ou benefício disponível, e os empréstimos devem ter um pagamento fixo durante o período de amortização. Os rendimentos de eventual rescisão contratual podem ser usados para a amortização do restante da dívida. Apesar de a lei valer para todos aqueles do setor privado, na prática, os aposentados são os mais importantes mutuários. A razão para isso é simples: o INSS é garantido pelo tesouro nacional. Assim, os credores enfrentam risco soberano mais um risco de morte aumentado; esse risco é diversificável.

Figura 1 - Taxa de inadimplência: financiamento de veículos x empréstimos pessoais

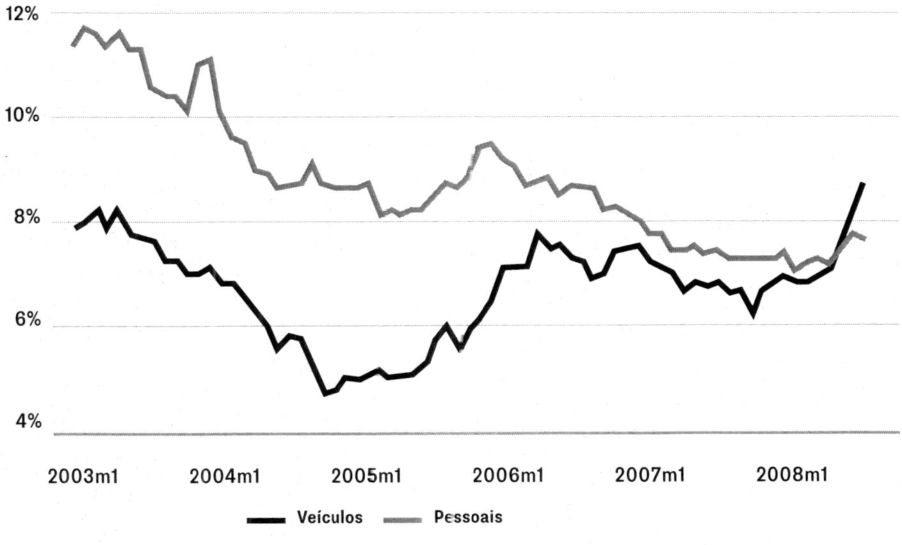

Fonte: Coelho, De Mello e Funchal (2012)

A Figura 1 mostra a evolução das taxas de inadimplência (empréstimos inadimplentes há mais de 30 dias sobre o estoque total de empréstimos) para financiamento de veículos e pessoas físicas de 2003 a 2008. O financiamento de veículos é uma boa comparação porque, nessa modalidade, o bem financiado é dado como garantia. Várias evidências importantes surgem desse quadro. Primeiro, as taxas de inadimplência de empréstimos para automóveis e pessoas físicas seguiam tendências muito semelhantes antes do início do processo de afretamento. A menor taxa de inadimplência no financiamento de veículos antes da Lei do Consignado é explicada pela existência de garantia mais sólida no caso dos veículos, o que levava a menores juros cobrados em relação aos empréstimos pessoais antes da promulgação da lei, tornando a dívida mais palatável para o devedor.

O prazo médio dos empréstimos pessoais é de dez meses. Assim, o impacto da lei sobre a inadimplência deve levar pelo menos um ano para se manifestar. De fato, após esse período, a taxa de inadimplência do crédito convergiu para taxas próximas ao crédito para veículos, indicando a importância de se ter melhorado a qualidade da garantia do crédito pessoal.

Em resumo, a lei reduziu os índices de inadimplência do crédito pessoal em termos absolutos e relativos ao financiamento de veículos. Essa mudança representa uma redução no custo marginal de subscrição de empréstimos para instituições credenciadas, o que elevou a oferta do crédito pessoal.

Figura 2 - Estoque de crédito pessoal x financiamento de veículos

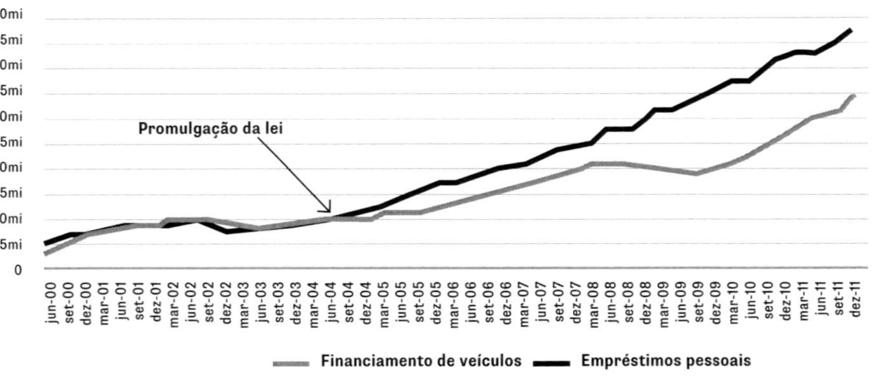

Fonte: Coelho, De Mello e Funchal (2012)

Coincidência ou não, as concessões para novos empréstimos consignados aumentaram drasticamente após o início do processo de cadastramento. A Figura 2 mostra empréstimos para automóveis versus empréstimos pessoais. O estoque das duas categorias aumentou em linha antes da promulgação da lei; depois dela, o crédito consignado cresceu muito mais rápido do que o financiamento de veículos.

O que se deseja é identificar o efeito médio que a introdução da lei teve no crédito pessoal. Na ausência de um ensaio randomizado controlado, Coelho, De Mello e Funchal (2012) utilizaram métodos não experimentais para emular o experimento ideal, comparando os empréstimos pessoais (grupo de tratamento) com um grupo de controle (empréstimos para automóveis). Com isso, foi possível identificar a diferença, em cada instituição financeira, entre o crédito pessoal e o financiamento de veículos, antes e depois da adoção da lei.

Assim, em teoria, se a garantia trazida pelo desconto automático na folha de pagamento incentivar o aumento da oferta de crédito pessoal, seria esperado observar uma queda no custo marginal e, portanto, um deslocamento da oferta, se traduzindo em um aumento no volume de crédito concedido e uma redução do seu preço, isto é, das taxas de juros cobradas. Logo nossas principais variáveis de interesse são volume de novas concessões de crédito e taxa de juros.

Para entender todo o efeito no mercado de crédito foram separados dois grupos, um contendo as instituições financeiras cadastradas para ofertar tal tipo de crédito, que foi chamado de efeito direto da lei, enquanto que o outro grupo, das que não estavam cadastradas e não iriam ofertar o crédito consignado, captaria o efeito indireto.

Enquanto o efeito direto é intuitivo a partir da redução do seu custo marginal, como mencionado anteriormente, o efeito indireto pode ser ambíguo. Para instituições não licenciadas, o custo marginal permaneceria, na melhor das hipóteses, constante. Na verdade, os custos poderiam até aumentar devido a um efeito de composição de qualidade de devedores: tomadores de empréstimo com fluxo constante de renda, como aposentados, servidores públicos e (em menor grau) trabalhadores sindicalizados do setor privado, poderiam migrar para o crédito consignado. Justamente pela constância da renda, esses mutuários são mais seguros que a média. Assim, as instituições não licenciadas podem acabar com um grupo pior de tomadores de empréstimos.

Em resumo, a teoria prevê que as instituições regulamentadas aumentarão suas quantidades; as instituições não credenciadas reduzirão as quantidades; e as taxas de juros cairão para ambos os grupos (porque os empréstimos pessoais são um bem homogêneo).

Os resultados do modelo apontam exatamente para uma expansão da curva de oferta das instituições financeiras licenciadas, com aumento do volume e redução das taxas de juros. Após a lei, na média, cada instituição financeira credenciada aumentou o crédito pessoal em R$ 46 milhões a mais que as concessões de financiamento de veículos, enquanto as taxas de juros do empréstimo pessoal caíram 7,70 pontos percentuais a mais do que as taxas do financiamento de veículos.

Em resumo, a lei levou a uma mudança na oferta de empréstimos pessoais para instituições credenciadas. A lei também provocou uma redução de cerca de 5 pontos percentuais nas taxas de juros anuais cobradas por instituições não credenciadas. Entretanto, como a teoria sugere, houve um impacto negativo no volume de crédito das instituições não licenciadas de R$ 15 milhões.

Comparando o período antes e depois do início do processo de cadastramento das instituições financeiras, as novas concessões agregadas mensais de empréstimos pessoais aumentaram R$ 1,1 bilhão a mais do que as de financiamento de veículos. Como esperado, o impacto da lei não foi imediato. As taxas de juros anuais dos empréstimos pessoais caíram 12 pontos percentuais a mais do que as taxas dos empréstimos para automóveis. As novas concessões aumentaram em dois momentos distintos. Este resultado é esperado porque, ao longo do tempo, mais e mais instituições foram criadas, acentuando assim o impacto agregado da lei.

A Figura 3 mostra o aumento da diferença agregada (soma de todas as instituições financeiras) entre crédito a pessoas físicas e financiamento de veículos. A Figura 4 mostra a redução das taxas de juros para crédito pessoal *vis a vis* financiamento de automóveis no nível da indústria.

Figura 3 - Diferença mensal de novas concessões de crédito pessoal x financiamento de veículos

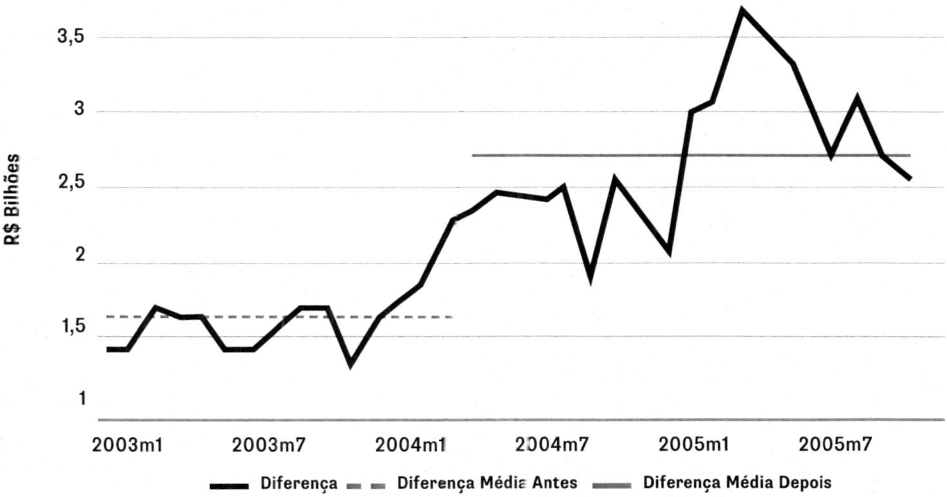

Fonte: Coelho, De Mello e Funchal (2012)

Figura 4 - Diferença mensal de taxas de juros para crédito pessoal x auto

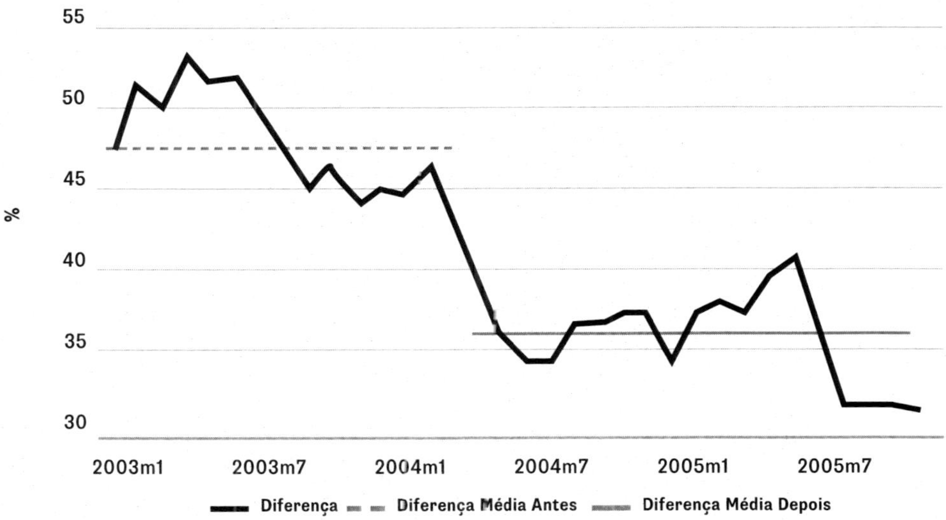

Fonte: Coelho, De Mello e Funchal (2012)

O crédito consignado foi, no início dos anos 2000, um novo instrumento de colateralização, que tem custos de recuperação relativamente baixos, porque a garantia é o dinheiro, que obviamente é o ativo mais líquido. O Brasil é um país com pontuação baixa em medidas de proteção ao credor. Nesse contexto, um instrumento de garantia simples e confiável é particularmente valioso. O impacto agregado foi fortemente positivo. Assim, em termos de política, o instrumento se mostrou bastante relevante. Com relação à validade externa, muitos outros países compartilham características de mercado de crédito semelhantes às do Brasil. Assim, não é exagero dizer que o crédito consignado é um instrumento valioso para o aprofundamento financeiro em ambientes de fraca proteção ao credor. Evidências sugerem que o crédito consignado é um dos principais impulsionadores da criação de um forte mercado consumidor interno no Brasil.

3. A REFORMA DA LEI DE FALÊNCIAS E RECUPERAÇÃO JUDICIAL

A dívida em suas diversas formas é um instrumento essencial para financiar a maioria das empresas. No entanto, para que funcione bem, o ambiente legal deve estar preparado para que os credores possam recuperar os valores emprestados de forma eficiente. Neste contexto, a Lei de Falências desempenha um papel fundamental para determinar um bom ambiente legal, regulando a relação entre credores e devedores. Os autores que formalizaram a teoria sobre o crédito privado argumentam que, quando os credores podem facilmente forçar o reembolso, eles estão mais dispostos a conceder crédito a preços mais baixos (ver Aghion e Bolton, 1992; Hart e Moore, 1994, 1998; Townsend, 1979). No entanto, a teoria mostra que o tamanho e o preço do empréstimo não são as únicas variáveis que respondem a diferentes mecanismos legais. Outras características da dívida, como maturidade, número e tipo de credores, também são sensíveis à capacidade dos credores de forçar o reembolso (ver Bolton e Scharfstein, 1996; Diamond, 2004; Gertner e Scharfstein, 1991).

Vários artigos empíricos examinaram como instituições, tal qual a Lei de Falências, afetam os mercados de crédito e outros resultados econômicos (ver La Porta et al., 1997, 1998; Djankov et al., 2007, 2008; Levine. 1998, 1999). As evidências na literatura indicam a relevância da proteção legal dos credores no apoio ao desenvolvimento dos mercados de crédito. No entanto, como afirmado por Djankov et al. (2008), as instituições que regulam a insolvência costumam ter um desempenho ruim, principalmente em países em desenvolvimento. Isso acontece porque os procedimentos de falência nesses países costumam ser extremamente ineficientes (muito longos e caros) e os direitos dos credores garantidos não são bem protegidos.

No Brasil, a maior parte da antiga legislação que regulamentava o nosso processo falimentar foi promulgada em 1945. Apesar de prescrever tanto a liquidação e recuperação judicial - esta última denominada concordata e destinada a prevenir ou reduzir a liquidação de empresas viáveis -, na prática, o processo de insolvência foi ineficaz para manter o valor dos ativos das empresas e proteger os direitos dos credores na liquidação. A regra de prioridade de pagamento, em caso de falência, era muito punitiva para as instituições financeiras e fornecedores. Era especificada a seguinte ordem de prioridade: primeiro, dívidas trabalhistas ilimitadas; em segundo lugar, dívidas fiscais; terceiro, dívidas com credores com garantia; e, finalmente, dívida com credores sem garantia (quirografários), o que inclui as dívidas comerciais.

O processo de disponibilização dos bens aos credores era lento e altamente ineficaz, principalmente pela ineficiência processual, falta de transparência e o chamado problema da sucessão, em que obrigações tributárias, trabalhistas e outras, inclusive extrapatrimoniais, eram transferidos para o comprador de um ativo vendido em liquidação. Essa transferência de passivo, e sua incerteza subjacente, depreciava o valor de mercado dos ativos de uma empresa insolvente. Além disso, a prioridade dada aos créditos trabalhistas e tributários praticamente eliminava qualquer chance de recebimento por parte dos demais credores.

O antigo processo de recuperação judicial, a concordata, basicamente apenas postergava o pagamento da dívida e não levava à efetiva reestruturação, sem renegociação entre as partes. O procedimento também incentivou o uso informal do sistema para promover renegociações consensuais, não obstante um quadro legislativo insuficiente capaz de promover a resolução. O desenho inadequado dos antigos processos de falência, os incentivos distorcidos e a falta de mecanismos eficazes de apoio à reestruturação societária resultaram em taxas de inadimplência desproporcionais de empresas potencialmente viáveis. Do ponto de vista pessoal dos controladores de empresas em dificuldade, muitas vezes valia a pena pedir concordata e até falência para deixar a dívida com os credores e sair sem comprometer o patrimônio pessoal. Do ponto de vista empresarial, muitos negócios viáveis acabavam se tornando inviáveis por rigidez nas possibilidades de renegociação de passivos e de reestruturação de empresas.

O tempo médio para fechar uma empresa insolvente no Brasil durava mais que o dobro do tempo médio da América Latina. Esta situação depreciava o valor dos ativos das empresas insolventes e, assim, o valor recebido pelos credores. As taxas de recuperação do credor anteriores à reforma ilustram o efeito final de um procedimento ineficiente com baixa proteção ao credor. No Brasil, a taxa de recuperação em caso de falência foi de apenas 0,2%, enquanto as médias dos países da América Latina e da Organização para a Cooperação e Desenvolvimento Econômico (OCDE, que hoje tem 38 países-membros) foram de 26% e 72%, respectivamente. A razão básica para a baixa recuperação foi a ordem de prioridade, uma vez que os credores ficaram atrás dos créditos trabalhistas e fiscais. Assim, o valor remanescente do processo de falência utilizado para pagar os credores era geralmente insignificante ou mesmo nulo. Como esse fato era conhecido ex-ante pelos credores, eles aumentaram a taxa de juros cobrada das empresas. Esta foi a principal razão para o *spread* de juros extremamente alto no Brasil antes da nova lei.

Em 9 de junho de 2005 entrou em vigor a nova legislação falimentar (Lei nº 11.101/2005). A nova lei aprimorou as regras existentes ao integrar o sistema de insolvência aos sistemas legais e comerciais mais amplos do País, oferecendo opções de recuperação judicial e extrajudicial e estabelecendo um equilíbrio razoável entre liquidação e recuperação. Melhorou também significativamente a flexibilidade do regime jurídico da insolvência ao permitir a conversão do processo de recuperação em liquidação, ao estabelecer um prazo para o devedor requerer a reabilitação em resposta ao processo de liquidação instaurado contra ele e ao introduzir um novo regime de recuperação extrajudicial para planos de reestruturação pré-acordados. Além disso, foi imposta uma nova restrição aos pedidos de falência dos devedores: o valor das exigibilidades finais deve exceder 40 vezes o salário mínimo mensal. Todas essas mudanças ajudaram a dissuadir os devedores de se comportarem mal.

Para o procedimento de liquidação trazido pela nova lei podemos destacar seis mudanças importantes. Primeiro, os créditos trabalhistas passaram a ser limitados a um valor igual a 150 salários mínimos mensais a cada trabalhador, sendo que o crédito trabalhista que exceda esse valor vai para uma posição "mais atrás" na fila de credores, junto com o crédito quirografário. Em segundo lugar, os créditos com garantia têm prioridade sobre os créditos tributários. Em terceiro lugar, os créditos sem garantia têm prioridade sobre alguns dos créditos fiscais. Quarto, a empresa em dificuldades pode ser vendida (de preferência como um todo) antes da constituição da lista de credores, o que pode acelerar o processo e aumentar o valor da empresa em caso de falência. Quinto, obrigações tributárias, trabalhistas e outras não são mais transferidas para o comprador de um ativo vendido em liquidação. Finalmente, qualquer novo crédito concedido durante o processo de reorganização tem prioridade em caso de liquidação.

As duas primeiras mudanças tiveram um impacto direto nas taxas de recuperação esperadas pelos credores com garantia real. Como na antiga lei de falências os credores com garantia vinham depois dos créditos trabalhistas e tributários, a prioridade dada a essa classe de credores aumentou significativamente. A terceira aumentou a prioridade dos credores quirografários. A quarta, quinta e sexta mudanças, por sua vez, tiveram por objetivo aumentar o valor das firmas em dificuldade. Seguindo Townsend (1979), Aghion e Bolton (1992) e Hart e Moore (1994, 1998), esperamos uma mudança na oferta de crédito, aumentando o montante total da dívida das empresas e reduzindo o custo de capital. Além disso, conforme argumentado por Scott (1977), o efeito mais forte deveria aparecer nos tipos de crédito que mais se beneficiaram com a melhoria na prioridade. Portanto, esperamos ver um aumento maior na dívida de longo prazo, que está mais correlacionada com a dívida garantida.

O novo procedimento de recuperação judicial do Brasil foi inspirado no Capítulo 11 do Código de Falências dos Estados Unidos. Enquanto na lei anterior não era permitida a renegociação entre os interessados e apenas alguns tinham direito a reclamar bens, a partir da lei de 2005 a administração da empresa deve fazer uma proposta abrangente de recuperação que deve ser aceita pelos trabalhadores, credores com e sem garantia (incluindo credores comerciais) ou a empresa em dificuldades será liquidada. Portanto, os credores têm um papel mais significativo no processo atual do que no anterior, incluindo a negociação e votação do plano de recuperação.

Essas mudanças motivam os credores a participarem mais ativamente do processo de recuperação judicial. Com as mudanças, a expectativa era de que tivéssemos menos dívida de curto prazo na estrutura de capital das empresas, à medida que os credores se tornam menos passivos e não precisam reduzir o risco da operação de empréstimo encurtando sua duração (Diamond, 2004). Além disso, ao reduzir o custo e a duração associados ao processo de insolvência, a nova lei tornou a reorganização da empresa mais eficiente, o que, segundo Gertner e Scharfstein (1991), permite que estas usem mais empréstimos de longo prazo, uma vez que o risco de rolagem é reduzido.

Esse novo desenho do processo falimentar brasileiro trouxe novos incentivos aos interessados. O incentivo ao *default* estratégico dos devedores se reduz por dois motivos principais: primeiro, as condições em que os devedores podem requerer a falência limitam-se às previstas em lei, sendo esses limites mais restritivos que o anterior; e segundo, um procedimento de recuperação judicial pode ser convertido em liquidação se não houver acordo sobre o plano de recuperação, uma característica que praticamente elimina o uso da recuperação judicial como mecanismo de barganha, diferente do que acontecia com a concordata que trazia esse incentivo ao mal uso do sistema.

As Figuras 5A e 5B dão uma indicação clara dessa mudança nos incentivos. Eles mostram, respectivamente, o número de pedidos de liquidação e o número de pedidos de recuperação, antes e depois da reforma falimentar brasileira.

Figura 5 - Evolução das variáveis de falência e recuperação judicial antes e depois da nova lei

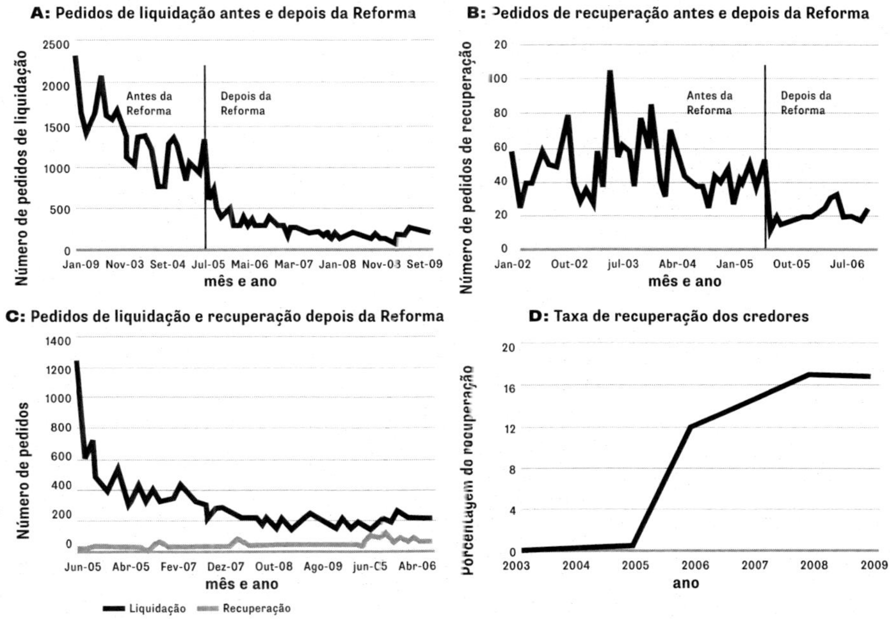

Fonte: Araujo, Ferreira e Funchal (2012)

Note-se que em ambos os casos o número de solicitações caiu abruptamente após a reforma, o que está em linha com o que seria esperado como consequência da redução de incentivos ao default estratégico.

Os credores, por outro lado, agora enfrentam novos incentivos para participar ativamente dos processos de falência, devido a três principais mudanças: primeiro, os credores passaram a ter um papel mais relevante nos processos do que antes, inclusive negociando o plano de recuperação e depois votando sobre sua validade; em segundo lugar, podem requerer a recuperação extrajudicial; e terceiro, a prioridade de seus créditos em caso de liquidação é maior agora do que na legislação anterior. Observe, na Figura 5C, que a utilização do procedimento de recuperação aumentou, principalmente em períodos de crise - como o período da crise hipotecária americana de 2008, com efeito na economia brasileira -, quando os problemas de inadimplência de liquidez eram mais evidentes. Nesse caso, o número de pedidos de liquidação, que antes era mais de dez vezes maior do que os pedidos de recuperação, caiu para praticamente o mesmo que o número de pedidos de recuperação. Isso ilustra o comportamento mais ativo dos credores.

Finalmente, a maior representação do incentivo aos credores foi o aumento do que se espera receber ao final do processo de falência. Note que antes da nova lei a taxa de recuperação de crédito era praticamente zero. Essa taxa de recuperação aumentou para 17% do que foi emprestado (Figura 5D). Isso representa uma melhora de eficiência do processo, mas também traz incentivo aos credores em participar do processo, uma vez que agora há expectativa por reaver parte significativa do que foi emprestado.

Para testar os efeitos da nova Lei de Falências no Brasil foi utilizado um modelo de diferenças em diferenças (dif-in-dif - DiD) considerando tendências diferentes (ou diferença tripla) entre o grupo de tratamento, empresas brasileiras, e grupo de controle representado por empresas não brasileiras.[2] A amostra continha dados de quase 700 empresas listadas para o período de 1999 a 2009. Cerca de metade dessas empresas (338) são brasileiras e pertencem ao grupo de tratamento; o restante das empresas, mexicanas, chilenas e argentinas, pertencem ao grupo de controle.

A Figura 6 nos traz uma ideia da diferença da dinâmica do mercado de crédito neste período entre os países analisados. Note que a diferença do tamanho do mercado de crédito brasileiro se amplifica depois de 2005. Isso ilustra um possível efeito da nova lei, porém, note que os países já vinham com tendências previas distintas, logo tal diferença pode ter sido causada por outro motivo. É por essa razão que se fez necessário o uso de um modelo de diferenças que controlasse diferentes tendências prévias entre os grupos de tratamento e controle.

2 Araujo, Ferreira e Funchal (2012).

Figura 6 - Razão entre crédito privado corporativo e PIB

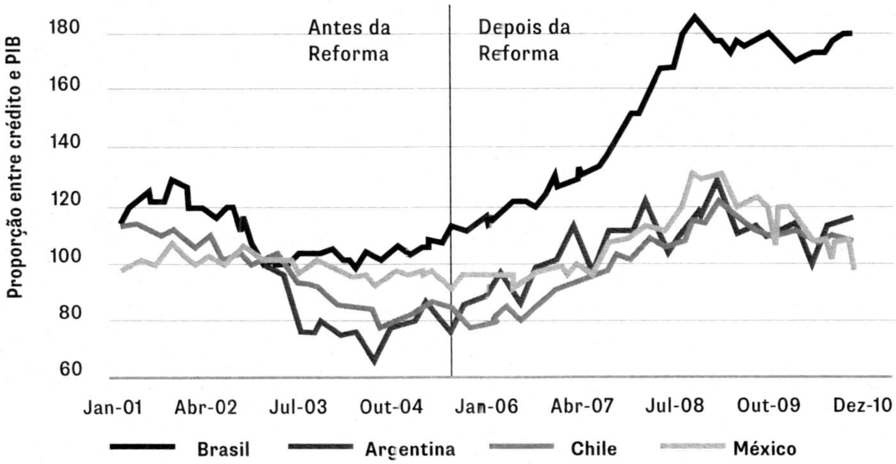

Fonte: Araújo, Ferreira e Funchal (2012)

Os resultados estimados, empregando um modelo simples de DiD, apontaram para um aumento médio no valor total da dívida e na dívida de longo prazo após a promulgação da nova legislação falimentar. De fato, as estimativas pontuais indicam um aumento de 17,8% na dívida total e de 74% na dívida de longo prazo. Não houve evidências de mudanças na dívida de curto prazo e uma queda significativa no crédito de fornecedores. Não esperávamos um grande aumento desse tipo de crédito, já que esses credores não foram beneficiados pela nova lei como os credores com garantia. De fato, a necessidade de crédito de fornecedores diminui à medida que aumenta a disponibilidade de financiamento via dívida bancária de longo prazo. Por último, foi observada uma redução de aproximadamente 16% no custo de financiamento da dívida.

Uma característica básica dos modelos de diferenças em diferenças é a suposição de que tanto o grupo de tratamento quanto o de controle estão sujeitos à mesma tendência macro influenciando seus resultados. No entanto, embora isso seja indiscutivelmente uma suposição válida, se ambos os grupos exibirem um comportamento semelhante antes da reforma da falência, essa não é uma propriedade facilmente obtida. De fato, tendências diferenciadas podem surgir na avaliação do efeito da reforma falimentar se o tratamento e os controles operarem em diferentes mercados financeiros, o que é exatamente o nosso caso.

Por causa disso, usamos uma versão modificada do modelo básico para permitir diferentes tendências de empresas em nossos grupos de tratamento e controle.

Os resultados do modelo com diferentes tendências mostram que as estimativas são qualitativamente as mesmas obtidas como a especificação anterior. Os resultados para dívida total e dívida de longo prazo foram altamente significativos. A estimativa para a dívida de curto prazo não apresentou resultado significativo. No entanto, mesmo que o montante da dívida de curto prazo permanecesse estável após a reforma da lei, o aumento da dívida de longo prazo é suficiente para concluir que a estrutura de dívida média das empresas teve seu prazo aumentado nos anos posteriores a 2005. É interessante notar que as magnitudes dos dados agregados apresentados anteriormente são semelhantes aos nossos resultados para dados em nível de empresa, embora os dados agregados contenham todos os tipos de empresas, não apenas as de capital aberto. Os modelos com dados agregados evidenciam um aumento entre 8% e 12% para as dívidas totais e de longo prazo, respectivamente. A estimativa a partir dos dados ao nível da empresa aponta para um aumento médio entre 10% e 17%, para o modelo com diferentes tendências e para o modelo sem diferenciar tendências, respectivamente. Para a taxa de juros os resultados mostram uma diminuição significativa de aproximadamente 7,8% no custo da dívida após a implementação da nova lei de falências.

As mudanças na legislação falimentar brasileira alteraram significativamente a dinâmica do mercado de crédito e, como evidenciado pelo aumento do montante de dívida e redução do custo de capital, podemos dizer que influenciaram na oferta de crédito para as empresas no nosso País. Com a nova lei, os credores agora têm mais chances de recuperar uma parcela maior de seus empréstimos e, quanto mais esperam receber quando seus devedores se tornarem insolventes, menos exigem que as empresas paguem enquanto ainda estiverem solventes e mais estarão dispostas a emprestar. São indícios de que a reforma falimentar brasileira teve um efeito positivo na oferta de crédito.

Também tivemos resultados sobre o vencimento da dívida. Observe que a dívida de longo prazo aumenta enquanto a dívida de curto prazo permanece estável, levando a uma maior proporção de dívida de longo prazo na estrutura de capital da empresa média. Este resultado é um pouco semelhante ao encontrado por Qian e Strahan (2007) e Bae e Goyal (2009). O novo desenho da Lei de Falências estimula os credores a participarem mais ativamente dos processos falimentares, eliminando a necessidade de estender apenas dívidas de curto prazo como mecanismo disciplinar e conduzindo, após a reforma, a uma estrutura de dívida com vencimento mais longo (Diamond, 2004).

Depois de quase 15 anos da nova Lei de Falências, sinais de depreciação na legislação falimentar se materializaram em uma das variáveis mais importantes para o mercado de crédito: a taxa de recuperação de crédito dos credores. Esta, que chegou a ser quase 26% em 2014 (Figura 7), em 2018 a taxa média de recuperação dos credores na América Latina foi mais de duas vezes maior que no Brasil (30,9% na AL contra 14,9% no Brasil, segundo dados do Doing Business) e o tempo do processo, apesar de ter sido reduzido de dez anos para quatro anos, depois permaneceu estagnado contra um prazo médio de 2,9 anos para os países da América Latina. Alguns fundamentos importantes da lei foram sendo afastados ou relativizados por decisões judiciais bastante heterogêneas desde sua promulgação em 2005.

Figura 7 - Evolução da taxa de recuperação de crédito no Brasil

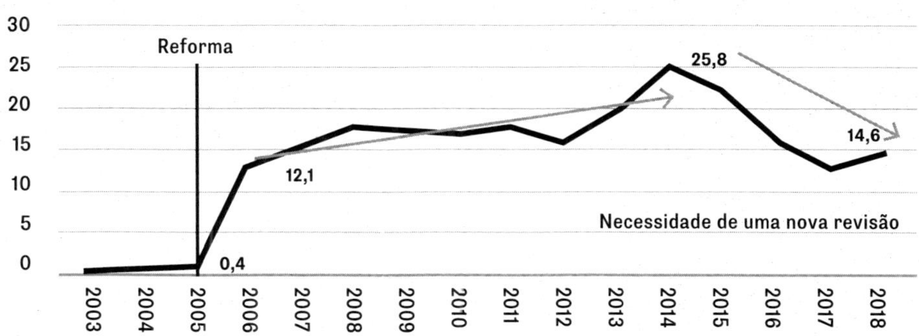

Fonte: Doing Business, World Bank

Diversas decisões judiciais divergiam muito do que foi definido pela nova lei. Alguns exemplos mais recorrentes são as inúmeras prorrogações de prazo para o *"stay period"* (período em que ficam suspensos os pagamentos de dívidas) definido em 180 dias pela lei, sendo esse prazo improrrogável (art. 6). Outras decisões judiciais acabaram por desvirtuar conceitos econômicos, criando um excesso de diferimentos no processo e concessão de recuperações judiciais a devedores inviáveis, cujas falências deveriam ter sido imediatamente decretadas para evitar fraudes e custos, além de melhor preservar o valor dos ativos.

Em outros casos, as decisões judiciais valeram-se, com muita frequência, de instrumentos que deveriam ser excepcionais, tais como a nulidade do voto do credor por abusividade e consolidação substancial de grupos econômicos,[3] que acabam por trazer muita insegurança jurídica para o processo. Esses são apenas alguns elementos que vinham onerando o sistema falimentar brasileiro, promovendo insegurança jurídica e piorando os indicadores econômicos. Fica claro que a Lei nº 11.101/2005 buscou o equilíbrio na relação entre devedor e credores, inclusive aqueles não sujeitos à recuperação judicial. No entanto, a jurisprudência, ao reverter escolhas feitas pelo legislador, desequilibrou o sistema, gerou litigiosidade e inviabilizou, no Brasil, a possibilidade de se saber qual é, afinal, a regra do jogo.

Por isso, em 2020 foi promulgada uma nova Revisão da lei de falências brasileira, a Lei nº 14.120/2020 que teve como seus principais elementos: primeiro, o reequilíbrio de forças entre devedores e credores, com a possibilidade do plano de recuperação judicial também ser proposto pelos credores, se atendido alguns requisitos; segundo, a segurança jurídica em relação a temas como voto abusivo, definindo estritamente em que situações poderá ser utilizado; terceiro, a não sucessão de passivos que trazia incertezas em relação à venda de ativos; quarto, a redução de custos e aumento de eficiência dos processos, com maior celeridade e desburocratização; quinto, a solução para polêmicas como a tributação sobre *"hair-cut"* (desconto no valor devido) e do ganho de capital na falência; sexto, a prioridade na lista de credores, em caso de falência, para os novos financiamentos concedidos durante a recuperação judicial (DIP-Financing); sétimo, o estímulo ao rápido recomeço (*fresh start*), com a redução do prazo para extinção das obrigações do falido, para facilitar seu retorno ao mercado e, finalmente, a disciplina da insolvência transnacional, observando os padrões internacionais.

Como estamos falando de uma lei recentemente implementada fica difícil ter resultados consistentes por conta da falta de uma massa de dados suficiente. Fica a sugestão para pesquisas futuras que os

3 Consolidação substancial de grupos econômicos se dá quando empresas de um mesmo grupo econômico se apresentam como bloco único de atuação e são vistas pelo mercado como unidade para fins de responsabilidade patrimonial.

efeitos desta nova reforma da lei sejam estudados, com seus diversos impactos sobre o mercado de crédito e na produtividade das empresas.

Referências bibliográficas

AGHION, P.; BOLTON, P. An Incomplete contracts approach to financial contracting. *Rev. Econ. Stud.*, v. 59, p. 473-490, 1992.

ARAUJO, A.; FERREIRA, R.; FUNCHAL, B. The brazilian bankruptcy law experience. *Journal of Corporate Finance*, v. 18, p. 994-1004, 2012.

BAE, K.; GOYAL, V. Creditor rights, enforcement and bank loans. *J. Finance*, v. 64, p. 823-860, 2009.

BECK, T.; LEVINE, R.; LOAYZA, N. Financial intermediation and growth: Causality and causes. *Journal of Monetary Economics*, v. 46, p. 31-77, 2000.

BOLTON, P.; SCHARFSTEIN, D. Optimal debt structure and the number of creditors. *J. Polit. Econ.*, v. 104, p. 1-25, 1996.

COELHO, C.; DE MELLO, J. M. P.; FUNCHAL, B. The brazilian payroll lending experiment. *The Review of Economics and Statistics*, v. 94, n. 4, p. 925-934, 2012.

DIAMOND, D. W. Committing to commit: Short-term debt when enforcement is costly. *J. Finance*, v. 59, p. 1447-1479, 2004.

DJANKOV, S. et al. Debt enforcement around the world. *J. Polit. Econ.*, v. 116, p. 1105-1149, 2008.

DJANKOV, S.; MCLIESH, C.; SHLEIFER, A. Private credit in 129 countries. *J. Financ. Econ.*, v. 84, p. 299-329, 2007.

FUNCHAL, B. The effects of the 2005 bankruptcy reform in Brazil. *Economics Letters, Elsevier*, v. 101, n. 1, p. 84-86, 2008

GERTNER, R.; SCHARFSTEIN, D. A theory of workouts and the effects of reorganization law. *J. Finance*, v. 46, p. 1189-1222, 1991.

HART, O.; MOORE, J. A theory of debt based on the inalienability of human capital. *Q. J. Econ.*, v. 109, p. 841-879, 1994.

HART, O.; MOORE, J. Default and renegotiation: a dynamic model of debt. *Q. J. Econ.*, v. 113, p. 1-42,1998.

LA PORTA, R. et al. Law and finance. *J. Polit. Econ.*, v. 106, p. 1113-1155, 1998.

LA PORTA, R. et al. Legal determinants of external finance. *J. Finance*, v. 52, p. 1131-1150, 1997.

LEVINE, R. The legal environment, banks, and long-run economic growth. *J. Money, Credit, Bank*, v. 30, p. 596-613, 1998.

QIAN, J.; STRAHAN, P. E. How law and institutions shape financial contracts: The case of bank loans. *J. Finance*, v. 62, p. 2803-2834, 2007.

SCOTT Jr. J. H. Bankruptcy, secured debt, and optimal capital structure. *J. Finance*, v. 32, p. 1-19, 1977.

TOWNSEND, R. Optimal contracts and competitive markets with costly state verification. *J. Econ. Theory*, v. 21, p. 1-29, 1979.

CAPÍTULO 11

Apropriação da economia comportamental pelo setor público: ganhos de bem-estar social

Fernando B. Meneguin

1. INTRODUÇÃO

Nos últimos anos, as ideias centrais da ciência comportamental começaram a ser utilizadas pelo setor público. Órgãos governamentais começaram a dispor de equipes treinadas para a aplicação da economia comportamental de maneira a se alcançar mais eficiência, eficácia e efetividade nas políticas públicas.

Publicações de organismos internacionais surgem relatando casos de sucesso da aplicação da economia comportamental. O Relatório do Banco Mundial de 2015 - *Mind, Society, and Behavior* - descreve, por exemplo, insights que ajudam as famílias a economizar mais, as empresas a aumentar a produtividade, as comunidades a reduzir a prevalência de doenças, os pais a melhorar o desenvolvimento cognitivo das crianças e os consumidores a economizar energia (World Bank, 2015).

A Organização para a Cooperação e Desenvolvimento Econômico (OCDE) publicou o manual *Behavioural Insights and Public Policy: Lessons from around the world*, no qual começa afirmando que os insights comportamentais não podem mais ser vistos como uma incursão de curto prazo da moda, mas que se enraizaram de várias maneiras em muitos países ao redor do mundo em uma ampla gama de setores, incluindo aplicações relacionadas a áreas como proteção do consumidor, educação, energia, meio ambiente, finanças, saúde e segurança (OCDE, 2017).

A importância da apropriação dos *insights* comportamentais na atuação do governo deve-se ao fato de que as pessoas nem sempre tomam decisões de forma perfeitamente racional, considerando todas as informações disponíveis, para maximizar seu próprio bem-estar. Ao contrário, os cidadãos de maneira muito frequente adotam atalhos cognitivos para tomarem decisões na vida cotidiana. Embora esses atalhos possam ser úteis em diversas situações, podem também acarretar prejuízos significativos, tanto do ponto de vista individual quanto do social.

Existem ferramentas e metodologias para se construir uma política pública adequada de modo a se alcançar o resultado desejado. No entanto, para qualquer metodologia utilizada, há que se ter em mente que o sucesso de qualquer atuação governamental depende de como as ações escolhidas vão influenciar ou moldar o comportamento do cidadão. Considerar que, em muitos casos, as pessoas agem com racionalidade limitada, é fundamental para o sucesso da política pública que está sendo desenhada.

Este capítulo traz os principais conceitos da área da Economia Comportamental, discute alguns vieses a que estamos sujeitos e, principalmente, como aplicar esse conhecimento para a melhoria das políticas públicas. Para ilustrar a teoria, relatamos três experimentos realizados em 2020 pela administração pública brasileira.

A primeira experiência refere-se à utilização da Ciência Comportamental pela Prefeitura de São Paulo para reduzir o absenteísmo na utilização do programa "Descomplica SP", que oferece atendimento a diversas demandas do cidadão paulistano.

A segunda aplicação relatada consiste em experimento no âmbito da Receita Federal que objetiva diminuir passivos fiscais e litígios tributários por meio de mecanismos de incentivos.

Por fim, tem-se um terceiro experimento no qual o Banco Central estuda como aprimorar o layout da fatura de cartão de crédito, de modo que se evitem gastos excessivos com juros por parte dos consumidores.

Antes do relato desses três casos, faz-se uma consolidação, na seção dois, dos principais pontos da Economia Comportamental em interseção com o estudo das políticas públicas. A seção três apresenta discussão sobre atalhos mentais e vieses comuns no dia a dia das pessoas com foco na atuação do governo. Ao final do texto, têm-se as conclusões e considerações finais.

2. ECONOMIA COMPORTAMENTAL E POLÍTICAS PÚBLICAS

A Economia Comportamental é fundamentada em observações empíricas do comportamento humano, que demonstram que as pessoas nem sempre fazem o que os economistas clássicos consideram como uma decisão racional ou ótima. Em outras palavras, as pessoas costumam agir com racionalidade limitada.

O conceito de racionalidade limitada considera que alguns aspectos dificultam a tomada de decisão humana. Enquanto os modelos econômicos clássicos pressupõem uma racionalidade estrita no comportamento das pessoas, a racionalidade limitada busca mostrar que nem sempre isso é possível. Esse conceito foi explorado pelo Prêmio Nobel de Economia Herbert Simon. Segundo Simon (1987), a racionalidade limitada é utilizada para "designar escolha racional que leva em consideração os limites cognitivos do decisor, limites tanto de conhecimento quanto de capacidade computacional".

Daniel Kahneman e Amos Tversky possuem diversos trabalhos tratando dessa limitação cognitiva e como ela propicia a criação de atalhos e desvios mentais. Kahneman (2011), também laureado com Prêmio Nobel, explica a distinção entre Sistemas 1 e 2 - maneiras diferentes de como os cidadãos processam as informações. O Sistema 1 (relacionado à intuição) opera de forma automática e rápida, com pouco ou nenhum esforço e nenhum senso de controle voluntário. O Sistema 2 (relacionado à razão) é mais lento, aloca atenção para as atividades mentais que exigem esforço, incluindo cálculos complexos.

Ainda segundo Kahneman (2011), a divisão de trabalho entre o Sistema 1 e o Sistema 2 é altamente eficiente: minimiza o esforço e otimiza o desempenho. O arranjo funciona bem na maioria das vezes porque o Sistema 1 cria modelos precisos sobre situações familiares e previsões de curto prazo, apresentando reações iniciais rápidas e apropriadas aos desafios rotineiros. No entanto, o Sistema 1 também está sujeito a vieses, causando escolhas erradas em algumas circunstâncias.

O fato é que, por conta dos limites cognitivos que todos têm, criam-se atalhos de decisão para dar respostas a questões que surgem no cotidiano. Esses atalhos são conhecidos na teoria como heurísticas, ou seja, regras práticas que simplificam as decisões, especialmente em condições de incerteza. Eles representam um processo de substituição de uma questão difícil por uma mais fácil. Em geral, as heurísticas são úteis, mas algumas vezes elas levam a erros graves e sistemáticos - vieses de comportamento - (Kahneman, 2003; Tversky e Kahneman, 1974).

Outro conceito essencial na Economia Comportamental é o conhecido como *nudge*. Thaler e Sunstein (2008) defendem que a mudança de comportamento pretendida pode ser alcançada muitas vezes apenas com o correto desenho e aplicação de *nudges*. Um *nudge* é um aspecto da arquitetura de escolha que altera o comportamento das pessoas de uma forma previsível, sem criar proibições ou alterar os incentivos econômicos. Por exemplo, colocar as frutas da lanchonete da escola em uma prateleira que fique no nível dos olhos dos alunos de modo que eles comprem e comam mais frutas é um *nudge*. Por outro lado, criar uma regulamentação que encareça ou obrigue o banimento de comidas não saudáveis nas lanchonetes escolares não é considerado um *nudge*.

Nesse ponto cabe fazer uma ponte da Economia Comportamental com a área de políticas públicas. Conforme a professora Maria Paula Dallari Bucci aponta, políticas públicas "são programas de ação governamental visando a coordenar os meios à disposição do Estado e as atividades privadas, para a realização de objetivos socialmente relevantes e politicamente determinados" (Bucci, 2006).

Tratando especificamente de políticas regulatórias, Aragão (2003) define regulação como:

> Conjunto de medidas legislativas, administrativas e convencionais, abstratas ou concretas, pelas quais o Estado, de maneira restritiva da liberdade privada ou meramente indutiva, determina, controla, ou influencia o comportamento dos agentes econômicos, evitando que lesem os interesses sociais definidos no marco da Constituição e orientando-os em direções socialmente desejáveis.

Perceba que as definições convergem no sentido de que as intervenções estatais devem caminhar para o atingimento de objetivos sociais. Para tanto, devem ser utilizados todos os meios à disposição do Estado, inclusive aqueles que influenciem o comportamento do cidadão. A Economia Comportamental pode colaborar nas políticas públicas justamente porque disponibiliza uma série de conhecimentos e ferramentas simples, que podem interferir nas escolhas das pessoas, gerando a elas incremento de utilidade com o consequente aumento do bem-estar social.

Meneguin e Ávila (2015) discorrem acerca da utilização dos *insights* comportamentais para a promoção do sucesso nas políticas públicas. Os autores citam, como exemplo, a aplicação da Economia Comportamental nas políticas públicas na área de educação. De forma geral, apenas seis em cada dez brasileiros concluem o ensino médio até os 24 anos. É o que indica a pesquisa "Combate à evasão no ensino médio: Desafios e oportunidades", da Firjan SESI, em parceria com o PNUD (Programa das Nações Unidas para o Desenvolvimento).

Mas por que tamanha evasão escolar? Se o aluno pensasse de forma puramente racional, ele se empenharia para ficar na escola, pois os retornos futuros do estudo seriam altos o bastante para compensar seu esforço. No entanto, existem fatores que desviam os estudantes dessa racionalidade como: a valorização do presente muito mais do que o retorno esperado no futuro; o contexto em que vivem; os modelos de comportamento que têm como inspiração; questões de saúde que possam impactar a sua assiduidade; o esforço exigido para chegar até a escola, entre outros (Madrian, 2014; Lavecchia et al., 2014).

Considerando todos esses aspectos, as políticas educacionais devem estar atentas a vieses comportamentais observados nos jovens, principalmente ao fato de que a tomada de decisão dos estudantes vai muito além de pesar custos e benefícios materiais. Por exemplo, Levitt et al. (2012) mostram a ineficiência dos formuladores de políticas públicas ao focarem apenas na comunicação de que a educação é um investimento que trará bons resultados no futuro. Ações simples como o envio de mensagens motivadoras, e-mails com informações para os pais ou campanhas frisando que a inteligência não é puramente genética, mas é principalmente fruto de esforço individual, têm comprovadamente conseguido aumentar a participação e as notas dos alunos.

Em síntese, as políticas públicas envolvem um conjunto articulado de etapas que abrangem a formulação, a implementação e a avaliação da ação estatal. Os gestores públicos têm o desafio de incorporar a Economia Comportamental no ciclo das políticas e transformar esse desafio em oportunidades para gerar intervenções governamentais mais efetivas e eficientes.

Na próxima seção, são apresentadas algumas heurísticas e vieses comuns na vida dos cidadãos, exemplificando como esses atalhos e desvios podem ser trabalhados no desenho das políticas públicas. A aplicação dessas heurísticas e vieses fica ilustrada também nos três casos concretos trabalhados pela administração pública brasileira que são relatados em seguida.

3. HEURÍSTICAS E VIESES

Um dos resultados empíricos mais conhecidos no âmbito da Economia Comportamental é o descrito na *Prospect Theory*. Trata-se de um modelo que indica como as pessoas são mais fortemente avessas à perda, ou seja, a ponderação adotada pelas pessoas faz com que elas valorizem com mais intensidade perdas do que de ganhos equivalentes (Kahneman e Tversky, 1979; Kahneman, 2011). O Gráfico 1 a seguir ilustra esse resultado.

Gráfico 1

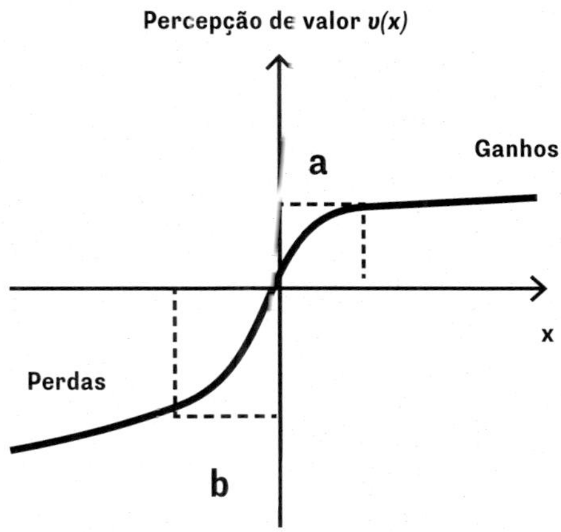

Fonte: elaboração própria

Perceba que a percepção de valor *υ(x)* é maior quando *x* é uma perda (*x*=*b*) do que a percepção de valor de um ganho equivalente (*x*=*a*). Trata-se de um viés cognitivo presente normalmente em situações de incertezas em que existe possibilidade de perda.

Esse resultado pode amplamente ser utilizado em políticas públicas. Uma aplicação desse fato está detalhada em Fryer et al. (2012), em que ele comprova que a produtividade dos professores é mais incrementada quando eles ganham antecipadamente um bônus, com a possibilidade de o perderem caso os alunos não se saiam bem, do que uma política em que o bônus é dado ao final do período letivo em decorrência da melhoria da aprendizagem do aluno.

Outro viés a que todos se sujeitam frequentemente é o referente ao chamado "comportamento de manada". Na teoria de Economia Comportamental, o conceito é apresentado com o título de normas sociais.

Meneguin e Ávila (2015) explicam que as pessoas tendem a repetir o que os outros fazem. A utilização dessa constatação nas intervenções comportamentais tem dado resultado em diversas áreas e é um instrumento poderoso à disposição dos formuladores dos programas governamentais.

No caso de sugestão de comportamentos que o Estado gostaria que fossem disseminados, o viés resultante das normas sociais sugere que as campanhas devem focar no quanto determinada norma é aceita (Dolan et al., 2010). Por exemplo, se o objetivo é incentivar o cinto de segurança, deve-se divulgar que um percentual alto de pessoas já o usa. É importante também considerar as redes sociais, pois as normas serão assimiladas conforme mais "contagioso" for seu efeito.

Uma boa estratégia é promover comparações para reforçar a norma. Em programas de racionamento de energia, cartas individuais mostrando o quanto a vizinhança conseguiu reduzir no consumo de eletricidade foram extremamente eficazes. O consumidor sempre estará atento ao que as pessoas próximas a ele estão fazendo.

Outro viés bastante comum é o do *status quo*. Trata-se da manutenção de estado atual, mesmo que uma potencial modificação representasse incrementos de utilidade. Essa inércia faz com que as pessoas tendam a seguir escolhas automáticas, padrões "pré-preenchidos".

Isso acontece porque, no geral, todos agem de forma preguiçosa aceitando o padrão sem questioná-lo (quem lê detalhadamente os "termos e condições" antes de clicar em "aceito"?). Isso é um mecanismo importantíssimo para as políticas públicas, pois estruturar os padrões de forma a garantir o máximo de benefício para a sociedade é uma maneira de influenciar o comportamento das pessoas sem restringir suas escolhas. Por exemplo, todos têm o direito de decidir se são doadores de órgãos ou não, mas a lei pode dispor que, caso a escolha não seja feita, o padrão seja ser doador.

Acerca desse tema, pesquisa interessante foi conduzida por Johnson e Goldstein (2003), na qual eles procuraram entender o fato de que países vizinhos, como Dinamarca e Suécia, tinham uma quantidade tão discrepante de doadores de órgãos - 4,25% e 85,9%, respectivamente -, sendo que as suas bases culturais são muito parecidas. O que se descobriu foi que o método utilizado para que o cidadão declarasse se era ou não efetivamente um doador desencadeava um efeito divergente entre o número de doadores dos países.

Por conta de uma forma predeterminada de preenchimento (conhecidas como *opt-in* e *opt-out*), confirmou-se que as pessoas estavam mais propensas a se declarar não doadoras quando o formulário apresentado já trazia a definição prévia do enquadramento como não doador. Isto é, os participantes receberam o padrão de não serem doadores e, para o caso de não concordarem com a escolha automática, deveriam solicitar a mudança de opção (*opt-in*).

Essa situação ressalta o viés do *status quo*, pois quando o formulário de doação já se encontra pré-preenchido, seja como doador ou não, os indivíduos tendem a não tomar nenhuma atitude, independente do benefício que uma mudança do *status quo* possa gerar. Esse efeito tem sido tamanho que a configuração de como as opções são desenhadas tem sido considerada uma das mais impactantes abordagens em Economia Comportamental aplicada a políticas públicas (Sunstein, 2014).

O relatório Mindspace (Dolan et al., 2010), divulgado pelo Cabinet Office e o Institute for Government da Inglaterra, propõe nove aspectos que podem interferir na decisão do cidadão quando se considera a alteração do comportamento das pessoas via políticas públicas. No relatório, os autores buscam reunir de forma simplificada os principais conhecimentos que devem ser apropriados pelos formuladores de políticas públicas para se conseguir mais efetividade em suas ações. A utilização de padrões é um desses aspectos.

Uma utilização exitosa de padrões no Brasil está associada à adesão à Fundação de Previdência Complementar do Servidor Público Federal (Funpresp), conforme explica Nery (2016). O autor detalha que a Funpresp funciona desde 2013 como regime de previdência complementar, facultativo, de novos servidores que têm remuneração superior ao rendimento máximo (teto) de referência para pagamento de benefícios do INSS. Esses servidores podem ou não aderir ao regime de previdência complementar para receber benefícios de valores maiores do que o teto do INSS (assim como ocorre com trabalhadores da iniciativa privada). O principal atrativo da Funpresp é a contribuição da União, que entra com contrapartida de até 100% da contribuição individual do servidor que será capitalizada.

Apesar de existir desde 2013, foi somente no final de 2015 que a adesão passou a ser automática. Quem não quisesse aderir, poderia fazê-lo por manifestação expressa (*opt-out*). Essa mudança fez com que a adesão à Funpresp aumentasse substancialmente quando comparada com a sistemática anterior em que a manifestação explícita (*opt-in*) deveria existir para que a adesão acontecesse (e não para que deixasse de acontecer).

Outra heurística bastante comum é a conhecida como saliência. Para Sunstein (2014), uma informação que é vívida e saliente tende a ter um impacto muito maior no comportamento das pessoas do que uma informação que é estatística e abstrata, uma vez que a atenção é um recurso escasso.

Em outras palavras, pode-se direcionar o cidadão para o que se quer por meio de simplificação das informações e do foco no que se considera importante. Experimentos confirmam que a atenção das pessoas é frequentemente desviada para a informação que vem destacada, que está acessível e que é simples. Isso facilita o registro mental.

Uma aplicação disso, aliada à *Prospect Theory*, em que valoramos mais as perdas do que os ganhos, consiste em dar destaque ao valor dos impostos junto às mercadorias. Como o tributo é visto como um recurso perdido pelo contribuinte, ao destacar seu valor, as pessoas tendem a consumir menos da mercadoria com a tributação ressaltada. Tal medida pode ser utilizada, por exemplo, numa política para diminuir o consumo de bebidas alcóolicas, cuja tributação normalmente é elevada.

Por fim, importante comentar a heurística da ancoragem. Trata-se de um atalho, na tomada de decisões, em que um valor numérico inicial é tido como ponto de referência para valores subsequentes - ainda que inconscientemente.

Tversky e Kahneman (1974) ilustram o efeito da ancoragem com o seguinte experimento: diversas pessoas foram solicitadas a estimar várias quantidades, expressas em porcentagens; por exemplo, a porcentagem de países africanos que integram a Organização das Nações Unidas (ONU).

Antes de os entrevistados responderem à questão sobre a porcentagem, um número entre 0 e 100 é sorteado aleatoriamente. O experimento mostra como os números arbitrários tiveram um efeito marcante nas estimativas. Por exemplo, a mediana das respostas em relação ao número de países africanos pertencentes à ONU foi 25 quando o número sorteado foi 10, enquanto houve uma estimativa mediana de

45, quando o número sorteado foi 65. Esse resultado denota como a referência aleatória (efeito âncora) afeta as respostas.

O rol de vieses e heurísticas é bastante extenso. Existem, na literatura de Economia Comportamental, inúmeros artigos tratando sobre maneiras pelas quais o comportamento humano pode ser desviado em face da racionalidade limitada. Nesta seção, optou-se por apresentar apenas alguns vieses e heurísticas por serem mais conhecidos e, principalmente, por integrarem o desenho das intervenções governamentais que serão trazidas nos três casos relatados a seguir.

4. APLICAÇÕES NA ADMINISTRAÇÃO PÚBLICA BRASILEIRA

a. Descomplica SP - Prefeitura de São Paulo

As informações do presente caso são oriundas do Projeto "Como reduzir as faltas nos atendimentos dos serviços da Prefeitura de São Paulo?" (São Paulo, 2020), conduzido pelo Programa de Ciências Comportamentais do Laboratório de Inovação em Governo da Prefeitura de São Paulo, denominado de (011).lab.[1]

A iniciativa foi aplicada no programa "Descomplica SP", política desenvolvida pela Prefeitura de São Paulo para agregar, em um só lugar, cerca de 300 serviços municipais, procurando assim otimizar o atendimento das demandas do cidadão paulistano.

A operacionalização desse atendimento começa por meio de agendamento prévio por telefone ou pelo site do programa. Uma grande dificuldade e ponto de ineficiência do programa consiste na alta taxa de absenteísmo. No caso do pedido de seguro-desemprego, por exemplo, a taxa histórica de faltas aos agendamentos é de 40%, o que faz com que haja filas de espera mais longas, chegando até a 40 dias.

Dessa maneira, tem-se um problema concreto, que gera desperdício de recursos públicos e que onera diretamente o cidadão, pois o atendimento de seu pleito fica postergado.

Assim, o governo precisava promover uma intervenção com o objetivo de estimular comportamento que diminuísse o absenteísmo no Descomplica SP. Para tanto, a ideia pensada foi a de enviar mensagens de texto para as pessoas que tinham agendamento realizado, primeiramente apenas para o serviço relativo à concessão de seguro-desemprego e, posteriormente, para todos os outros serviços.

1 https://011lab.prefeitura.sp.gov.br/.

A Economia Comportamental, nesse caso, pode colaborar de maneira que haja uma intervenção pública com menos desperdício de recursos.

Para uma boa intervenção no caso concreto, eram necessárias respostas a duas perguntas: Os lembretes funcionam para reduzir as faltas nos atendimentos presenciais? Qual motivação comportamental é mais eficaz em promover o comparecimento das pessoas aos agendamentos?

Era necessário colher evidências para responder adequadamente a essas perguntas. Perceba que o efeito que se queria aferir não se referia somente ao envio de lembrete, mas também à qual seria o melhor tipo de lembrete. Dessa maneira, foram testadas mensagens com vários aspectos comportamentais como normas sociais (os cidadãos tendem a seguir o comportamento padrão do grupo com o qual se identificam), reciprocidade (as pessoas tendem a fazer para o próximo o que gostariam que fizessem para si mesmas), entre outros.

Após a realização de alguns testes comparativos em que se investigou o efeito de diferentes aspectos comportamentais, demonstrou-se que o mecanismo comportamental mais efetivo foi o que se utilizava de lembrete com conteúdo que incorporava o aspecto relacionado às normas sociais, ou seja, lembrar o cidadão do compromisso e informá-lo de que o comportamento padrão é o comparecimento no dia agendado.

O teste do mecanismo comportamental foi realizado da seguinte maneira. Enviou-se a seguinte mensagem por SMS a um grupo de usuários:

Figura 1

Dia ___/___ espero você no Descomplica. **A maior parte das pessoas comparece.** Se não puder vir, cancele pelo 156

Fonte: São Paulo (2020)

Em uma das avaliações comparativas, realizada durante três semanas, houve a composição de um grupo de tratamento, formado por 1.269 pessoas que receberam a mensagem constante da Figura 1. Por sua vez, como contraponto, compôs-se grupo de controle integrado por 1.030 pessoas, que não receberam mensagem alguma.

No grupo de controle, o absenteísmo foi de 38,54%. Entre as pessoas que receberam o SMS, o absenteísmo foi de 35,21%.

Pode parecer pouco, mas considerando que o universo de atendimentos do programa Descomplica SP atinge quantidade superior a 483 mil por ano, uma redução conseguida no absenteísmo de 3,33 pontos percentuais significa mais de 16 mil atendimentos que poderiam ter a falta evitada por meio de uma mensagem enviada ao celular do usuário - medida simples que aumenta a eficiência e a efetividade da política pública.

b. Cumprimento de obrigações fiscais - Receita Federal do Brasil

Conforme pesquisa vencedora do Prêmio Criatividade e Inovação da Receita Federal do Brasil (RFB) em 2020, a ciência comportamental pode ser utilizada com sucesso em intervenções públicas que promovam o cumprimento espontâneo das obrigações fiscais por parte dos contribuintes. Esse é o objeto do presente caso. As informações trazidas sobre o experimento foram retiradas de Fontes (2020) e lá estão detalhadas.

Segundo o autor, há uma tentativa de mudar a abordagem de interação do fisco com o contribuinte, deixando-se de utilizar exclusivamente um modelo pautado na fiscalização tradicional, cujo foco é a emissão de autos de infração e multas de ofício. O trabalho explica que a ciência comportamental deve ser incorporada pela Receita Federal como forma de atualizar e melhorar o diálogo entre a administração tributária e o contribuinte:

> O novo modelo buscado pela RFB já vem sendo praticado pelas administrações tributárias dos países com maior relevância econômica mundial, pautado pela comunicação e orientação mais adequadas ao perfil dos contribuintes e já tem maior consolidação na pessoa física, com a malha fiscal, extrato de pendências, declaração pré-preenchida, entre outras melhorias no processo de interação com o contribuinte, restando sempre manter a comunicação em franca evolução, reflexo da mudança que ocorre na sociedade. Assim, a administração tributária precisa avançar na mudança de seus procedimentos e entender os mecanismos de incentivo capazes de modificar os comportamentos, buscando por meio de cooperação e regularização espontânea o cumprimento das obrigações e reduzindo a brecha tributária ou *tax gap*.

O objetivo da intervenção comportamental no experimento realizado era reduzir passivos fiscais e litígios tributários, possibilitando um aumento da arrecadação efetiva em relação à potencial.

Dado esse objetivo, o Estado se deparou com o problema de como melhorar o cumprimento espontâneo das obrigações fiscais sem gerar ônus adicionais tanto para o contribuinte quanto para a administração tributária.

Após estudo das causas prováveis para a existência do problema, das percepções dos contribuintes sobre os fatores que influenciam em sua tomada de decisão para o cumprimento espontâneo das obrigações tributárias e após a oitiva de especialistas na área, a equipe de pesquisa usou o método "Simplesmente"[2] para escolher intervenções comportamentais, com destaque para algumas heurísticas específicas, que fossem capazes de influenciar positivamente o comportamento do público-alvo selecionado.

A proposta escolhida para ser testada foi a de elaborar cartas comportamentais, digitais ou impressas, que trabalhassem três tipos de *insights* comportamentais:

a. **Simplificação** - *nudges* que destacam a simplicidade de executar o procedimento que está sendo solicitado, como no seguinte texto: "Veja como está simples regularizar sua situação, confira as notas fiscais utilizadas na apuração no Dossiê de Comunicação com o Contribuinte (DCC) nº dossiê".
b. **Normas sociais** - *nudges* que buscam influenciar o comportamento de acordo com o da maioria da comunidade com que o contribuinte se relaciona. Exemplo: "Você sabia que 80% dos adquirentes de produção rural NÃO caíram na malha?".
c. **Aversão à perda** - *nudges* que ressaltem as possíveis perdas que o contribuinte vai ter se não adotar o comportamento indicado, como em: "Após o prazo, você perderá a oportunidade para fazer a regularização sem a multa de ofício!".

O universo amostral definido como público-alvo consistiu em 2.439 empresas que estavam em atraso com débitos declarados entre

2 Protótipo de ferramenta, desenvolvido no âmbito da Escola Nacional de Administração Pública (ENAP), que permite a aplicação de elementos comportamentais - identificados tanto por pesquisas acadêmicas quanto por governos e organismos internacionais - ao aprimoramento das políticas públicas no Brasil.

março e maio de 2020, cujo vencimento havia sido prorrogado para 30/06/2020, e que não houve o recolhimento no vencimento.

No experimento realizado, foram definidos três tipos de intervenção (três tipos de cartas), enviadas por meio de caixa postal eletrônica. A primeira carta utilizava apenas o aspecto comportamental de normas sociais (carta 1); a segunda combinava normas sociais com simplificação (carta 2); e a terceira carta trabalhava com o insight de aversão à perda (carta 3).

Essas cartas foram enviadas a três grupos de contribuintes distintos dentro do universo amostral, todos optantes pelo Simples Nacional. Houve também outro conjunto que serviu de grupo de controle, ou seja, não recebeu nenhuma intervenção de cobrança.

O resultado do efeito das cartas pode ser aferido pelo percentual de incremento da arrecadação que cada grupo apresentou em relação ao grupo de controle. A tabela abaixo traz esses números que foram compilados pela Coordenação-Geral de Administração do Crédito Tributário da RFB:

Tabela I
Incremento da arrecadação face às intervenções comportamentais

Grupo por tipo de intervenção	Arrecadação em relação ao grupo de controle
Carta 1	-3,39%
Carta 2	0,16%
Carta 3	11,76%

Fonte: Coordenação-Geral de Administração do Crédito Tributário/SRF

Perceba que as intervenções realizadas por meio das cartas 1 e 2 não apresentaram resultados significativos em relação ao grupo de controle, porém a terceira carta conseguiu um incremento relevante na arrecadação, 11,76% maior que o grupo de controle.

Embora os três modelos de carta estivessem embasados em relações causais descritas na teoria, apenas uma delas mostrou resultado efetivo. Isso ressalta a viabilidade da utilização de *insights* comportamentais para o atingimento dos objetivos governamentais, mas também indica que, para cada caso concreto, experimentos devem ser realizados para saber qual aspecto comportamental é mais efetivo para determinada situação.

Essencial, assim, sempre haver validação empírica para certificar se as intervenções comportamentais são adequadas para a situação em análise. O funcionamento de um *insight* comportamental em determinada situação não garante que ele será positivo sempre.

c. Layout da fatura de cartão de crédito – Banco Central

Nesta terceira aplicação de Economia Comportamental às políticas públicas, tem-se experimento que procurou entender como diferentes layouts de faturas de cartão de crédito melhoram o entendimento das condições de uso do produto e potencialmente afetaram as decisões de pagamento total ou parcial da fatura. Este exercício está detalhado no Relatório de Economia Bancária de 2021, publicação do Banco Central do Brasil, cujas informações trazemos para o presente trabalho.

A motivação do estudo, conforme descrito no Relatório, consiste no fato de que:

> O cartão de crédito foi utilizado por aproximadamente 65 milhões de cidadãos (quase 40% da população adulta) em 2021. Apesar de sua conveniência como meio de pagamento, sua utilização pode custar caro ao usuário. Com taxas de juros médias anuais superiores a 300%, o crédito rotativo e o parcelamento da fatura são as modalidades de crédito mais caras do País, utilizadas principalmente por pessoas com renda inferior a dois salários mínimos.

A literatura sobre o tema aponta alguns fatores que podem incitar a utilização indevida do cartão, acarretando exageros no crédito rotativo ou no parcelamento da fatura. Possíveis causas para essa utilização indevida são desatenção e falta de conhecimento do consumidor associadas à complexidade do produto, ao baixo nível de educação financeira dos usuários e à apresentação confusa das faturas.

Nesse sentido, a simplificação das faturas é vislumbrada como um potencial facilitador para melhorar o uso mais responsável do cartão de crédito.

Com esse objetivo, o Banco Central elaborou experimento, conduzido em plataforma on-line, para testar potenciais mudanças no comportamento do consumidor.

A operacionalização do experimento aconteceu da seguinte forma: foram apresentadas a diferentes grupos de participantes faturas distintas, porém com as mesmas informações, sempre visando incentivar opções de pagamento que ensejariam menores dispêndios com juros.

Foi selecionada uma amostra de usuários de cartão de crédito balanceada por idade, sexo e status socioeconômico. De maneira aleatória, foram formados três grupos - um de controle (GC) com 1.008 participantes e dois grupos de tratamento, GT1 (com 1.008 participantes) e GT2 (com 1.006 participantes), os quais foram submetidos a situações simuladas para escolha de opções de pagamento da fatura.

As faturas apresentadas aos grupos, embora todas com o mesmo conjunto de informações, foram diferenciadas da seguinte maneira:

- O GC recebeu uma fatura semelhante às faturas usuais de cartão de crédito;
- O GT1 recebeu uma fatura aprimorada que alterou parcialmente a formatação e a redação do documento para transmitir melhores informações financeiras relacionadas a custos e taxas do cartão; e
- O GT2 acessou uma fatura como a do GT1 e, adicionalmente, foram destacadas opções de pagamento de juros mais baixos (baseada na heurística da saliência).

A metodologia da pesquisa consistiu em, primeiramente, solicitar que os participantes respondessem a perguntas que permitissem a aferição do seu nível de letramento financeiro, adaptadas conforme a renda de cada um.

Após isso, foram simulados dois cenários distintos - um em que o participante era informado de que, para fins do experimento, possuía renda para pagamento de toda a fatura (cenário 1) e outro em que ele dispunha de recursos para pagar até 60% da fatura (cenário 2), tendo que escolher entre parcelar a fatura ou requerer crédito rotativo.

Em seguida foi aplicado questionário de 14 questões sobre o entendimento da fatura, sobre as possibilidades de endividamento e os custos do cartão. Os principais resultados encontram-se na Tabela 2 a seguir:

Tabela 2

	Média de acertos das questões (unidade)	Questão sobre custo total com juros associados à opção de crédito rotativo (respostas corretas)	Decisão quanto ao valor a ser pago da fatura	
GC	4,5	1%	Cenário 1	Cenário 2
GT1	6,6	34%	82%	38%
GT2	6,8	34%	85%	42%

Fonte: Elaboração própria com base no Relatório de Economia Bancária - 2021

Em algumas análises, os GTs foram agregados, pois a diferença no resultado para os dois tratamentos apresentou-se inexpressiva.

Perceba que a simples alteração em como a apresentação das informações é realizada modifica positivamente o entendimento dos consumidores sobre a fatura e o funcionamento do cartão de crédito, como também altera a decisão sobre o percentual a ser pago da fatura, diminuindo a rolagem da dívida no cartão e o dispêndio com juros. Enfatize-se o resultado para o cenário 2, em que há recursos limitados para o pagamento da dívida e, ainda assim, o consumidor que recebe os layouts aprimorados (GT1 e GT2) decide pagar, em média, 42% da fatura, contra 38% de pagamento decidido pelos clientes que receberam a fatura usual (GC).

O Relatório do Banco Central destaca ainda que os efeitos dos novos layouts foram ainda maiores para os participantes com menor nível de escolaridade. Assim, tais resultados sugerem que a adoção de uma fatura de cartão de crédito baseada em estudos comportamentais pode impactar ainda mais positivamente nessa população.

Foi também testado o efeito da ancoragem e da escolha padrão. Para tanto, os participantes receberam uma tela para tomar a decisão de quanto pagariam. Para metade dos participantes (Grupo A), a tela trouxe um valor pré-preenchido de zero, para a outra metade (Grupo B), o valor pré-preenchido consistia no valor total da fatura. Os resultados estão na tabela 3 a seguir:

Tabela 3

	Efeito escolha padrão/ancoragem (pago da fatura)	
	Cenário 1	Cenário 2
Grupo A	77%	39%
Grupo B	91%	42%

Fonte: Elaboração própria com base no Relatório de Economia Bancária - 2021

Em ambos os cenários (disponibilidade total ou parcial de recursos para pagar a fatura), o grupo que recebeu um valor pré-preenchido com o valor total da fatura optou por pagar mais quando comparado com o grupo em que apareceu um valor nulo na quantia a ser paga. A diferença foi especialmente alta no Cenário 1: a simples mudança na âncora modificou a decisão de pagamento de 77% do valor para 91% do valor.

Importante enfatizar que a apresentação da âncora (valor total ou valor nulo) não retira a liberdade de escolha do consumidor.

Fica claro assim como mudanças triviais na apresentação da fatura, simplificando-a e destacando o essencial para o consumidor, geram comportamentos que promovem maior entendimento e, consequentemente, menor dispêndio com juros. A simples indução por meio da heurística da ancoragem também tem efeito significativo na decisão do consumidor. Trata-se de medidas simples e de baixo custo de implementação que conseguem superar os desafios da racionalidade limitada, promovendo incrementos de utilidade para o cidadão comum.

5. CONCLUSÕES E CONSIDERAÇÕES FINAIS

O campo da Economia Comportamental tem despertado crescente interesse por parte dos governos em todo o mundo, seja pela capacidade de elucidar comportamentos aparentemente irracionais, seja pelo aprimoramento das escolhas do cidadão de maneira a propiciar maior efetividade nas políticas públicas.

As pesquisas nessa área, fundamentadas em experimentos e evidências empíricas, oferecem perspectivas valiosas que devem ser integralmente incorporadas ao ciclo das políticas públicas. Os resultados demonstram que a Economia Comportamental pode gerar intervenções de baixo custo, contendo ações sutis, mas que, apesar da sutileza, podem trazer grandes ganhos de utilidade para o cidadão.

É relevante mencionar uma contínua discussão acerca da legitimidade do governo em influenciar a vida das pessoas. Nesse contexto, ressalta-se a expressão cunhada por Thaler e Sustein (2008) - "paternalismo libertário". O termo "libertário" sugere que as pessoas devem ter liberdade para tomar suas próprias decisões, enquanto o "paternalismo" surge quando o governo opta por intervir em prol do bem-estar dos cidadãos.

A convergência desses dois conceitos representa a base para a legitimidade do Estado em agir para garantir um nível mais elevado de bem-estar social (Sunstein, 2014).

Essa abordagem, no entanto, tem sido objeto de diversas críticas, sobretudo centradas no argumento de que essas pequenas intervenções que geram impactos significativos (*nudges* para determinadas ações) são realizadas sem consentimento consciente do indivíduo. Isto é, o governo estaria, de forma deliberada, assumindo saber qual é a melhor escolha para o cidadão e decidindo por ele.

Sunstein (2014) discute essas questões controversas e destaca que, mesmo que não seja de forma intencional, toda política pública gera estruturas que influenciam as escolhas das pessoas. Além do mais, o foco de toda intervenção pública sempre deve ser o atingimento de objetivos sociais, ajudando as pessoas a evitarem escolhas erradas por conta de sua racionalidade limitada.

Em síntese, considerando o atual contexto brasileiro, a ciência comportamental ainda é pouco explorada na formulação de políticas públicas, mas sua disseminação adequada deve ser estimulada. Diante da restrição orçamentária do Estado brasileiro e das grandes demandas sociais da população, a Economia Comportamental pode, sem dúvida, contribuir substancialmente para aprimorar a atuação do governo num cenário de escassez de recursos, aumentando a eficiência e a efetividade das ações do Poder Público.

Referências bibliográficas

ARAGÃO, A. S. *Agências reguladoras e a evolução do direito administrativo econômico*. 2. ed. Rio de Janeiro: Editora Forense, 2003.

BANCO CENTRAL DO BRASIL. *Relatório de Economia Bancária*. Brasília: Banco Central, 2021.

BUCCI, M. P. D. *Direito Administrativo e políticas públicas*. São Paulo: Editora Saraiva, 2006.

DOLAN, P. et al. Influencing behaviour: The mindspace way. *Journal of Economic Psychology*, v. 33, n. 1, 2012.

FONTES, D. B. *Abordagem comportamental no compliance tributário. Prêmio de Criatividade e Inovação da Receita Federal do Brasil*. Brasília: Escola Nacional de Administração Pública, 2020.

FRYER, R. G. et al. Enhancing the efficacy of teacher incentives through loss aversion: A field experiment. *National Bureau of Economic Research Working Paper*, v. 18237, 2012.

JOHNSON, E. J.; GOLDSTEIN, D. Do defaults save lives?. *Science*, v. 302, n. 5649, 2003.

KAHNEMAN, D.; TVERSKY, A. Prospect theory: An analysis of decision under risk. *Econometrica*, v. 47, n. 2, 1979.

KAHNEMAN, D. Maps of bounded rationality: Psychology for behavioral economics. *The American Economic Review*, v. 93, p. 1449-1475, 2003.

KAHNEMAN, D. *Thinking, fast and slow*. New York: Farrar, Straus and Giroux, 2011.

LAVECCHIA, A.; LIU, H.; OREOPOULUS, P. Behavioral economics of education: Progress and possibilities. *NBER Working Paper*, n. 20609, 2014.

LEVITT, S. D. et al. The behavioralist goes to school: Leveraging behavioral economics to improve educational performance. *NBER Working Papers*, n. 18165, 2012.

MADRIAN, B. C. Applying insights from behavioral economics to policy design. *Annual Review of Economics*, v. 6, p. 663-668, 2014.

MENEGUIN, F. B.; ÁVILA, F. A economia comportamental aplicada a políticas públicas. In: ÁVILA, F.; BIANCHI, A. M. (Org.). *Guia de economia comportamental e experimental*. São Paulo: EconomiaComportamental.org., 2015.

NERY, P. F. Errar é humano: Economia comportamental aplicada à aposentadoria. Brasília: Núcleo de Estudos e Pesquisas/CONLEG/Senado. Fevereiro/2016 (Texto para Discussão nº 188).

OECD. *Behavioural insights and public policy*: Lessons from around the world. Paris: OECD Publishing, 2017.

SÃO PAULO. *Laboratório de Inovação em Governo da Prefeitura de São Paulo. Como reduzir as faltas nos atendimentos dos serviços da Prefeitura de São Paulo?*. São Paulo: (011).Lab., 2020.

SIMON, H. A. Bounded rationality. In: J. EATWELL et al. *The New Palgrave Dictionary of Economics*, v. 1. Londres: MacMillan Press, 1987.

SUNSTEIN, C. R. Nudging: a very short guide. *Journal of Consumer Policy*, v. 37, n. 4, 2014.

THALER, R. H.; SUNSTEIN, C. R. *Nudge*: Improving decisions about health, wealth, and happiness. New Haven: Yale University Press, 2008.

TVERSKY, A.; KAHNEMAN, D. Judgment under uncertainty: Heuristics and biases. *Science*, v. 185, n. 4157, 1974.

WORLD BANK. *World Development Report 2015*: Mind, society, and behavior. 2015.

Este livro foi composto pela fonte Supria Sans
e impresso pela Infinity Gráfica em janeiro de 2025.
O papel de miolo é o Ivory Bolk e o de capa
é o Cartão Supremo.